INSTRUCTIONS ÉLÉMENTAIRES

CONCERNANT LES

ARMÉES EN CAMPAGNE

I. Fortifications de campagne.
II. Castramétation.
III. Marches et mouvements des armées.
IV. Service des compagnies franches.
V. Des reconnaissances et du tracé expéditif des plans militaires.

NEUF PLANCHES EXPLICATIVES

PAR

HENRI DE JARRY DE BOUFFÉMON

Membre de la Sociét d'émulation des Vosges, de plusieurs Sociétés de tir, de gymnastique;
Ancien Officier aux Corps francs et à la Mobile des Vosges.

PARIS
LIBRAIRIE MILITAIRE DE J. DUMAINE
LIBRAIRE-ÉDITEUR
30, Rue et Passage Dauphine, 30

1872

INSTRUCTIONS ÉLÉMENTAIRES

CONCERNANT

LES ARMÉES EN CAMPAGNE

PARIS. — IMPRIMERIE DE J. DUMAINE, RUE CHRISTINE, 2.

INSTRUCTIONS ÉLÉMENTAIRES

CONCERNANT LES

ARMÉES EN CAMPAGNE

A L'USAGE

DES OFFICIERS DE L'ARMÉE, DE LA MOBILE
ET DES CORPS FRANCS

PAR

HENRI DE JARRY DE BOUFFÉMON

Membre de la Société d'émulation des Vosges, de plusieurs Sociétés de tir, de gymnastique;
Ancien Officier aux Corps francs et à la Mobile des Vosges.

CINQ PARTIES

ET NEUF PLANCHES EXPLICATIVES

PARIS
LIBRAIRIE MILITAIRE DE J. DUMAINE
LIBRAIRE-ÉDITEUR
30, Rue et Passage Dauphine, 30

1871

PRÉFACE

Notre but en composant cet ouvrage a été de populariser et de rendre d'un accès plus facile l'étude des connaissances élémentaires qui constituent l'art compliqué de la guerre. Cependant nous croirions ne pas avoir rempli complétement ce programme, si nous ne jetions un regard rétrospectif sur notre organisation militaire, qui certes, on n'oserait le nier, est défectueuse sous beaucoup de rapports.

A tout seigneur tout honneur: aussi commencerons-nous par l'artillerie, en posant tout d'abord cette question : Y a-t-il jamais eu en France une commission d'artillerie ?

Si nous répondons comme citoyen en présence du budget, nous dirons : Oui ! Si au contraire nous répondons comme soldat en présence du traité de paix 1871, nous sommes forcé de dire : Non !

En effet, à quoi juger l'existence d'une commission d'artillerie si ce n'est par le progrès et les modifications apportées au matériel et aux engins qui constituent la partie de l'armement confiée à ses soins ?

Ouvrons donc l'histoire du perfectionnement des armes à feu et nous y verrons que les plus utiles inventions sur ces armes nous viennent de l'étranger, à commencer par la rayure, qui fut inventée par Gaspard Kollner, de

Leipzig, en 1498, pour aboutir, en 1866, au fusil à aiguille prussien et au canon Krupp.

Cependant l'existence de toutes ces découvertes nous est connue depuis longtemps, puisque le musée d'artillerie de Paris renferme des arquebuses du XVIe siècle, ainsi que quantité d'autres armes à percussion, se chargeant par la culasse, depuis 1700 jusqu'à nos jours.

Pourquoi, en présence de ces trésors enfouis dans nos musées, notre comité d'artillerie ne s'est-il pas mis à l'œuvre ? Pourquoi a-t-il fallu la guerre de 1866 pour nous prouver l'avantage du fusil à aiguille, et dernièrement encore celle de 1871 pour nous prouver la supériorité des canons se chargeant par la culasse ?

En présence de pareils faits, il est impossible de ne pas nier l'existence d'un comité d'artillerie en France.

Il nous faut donc remédier à ce défaut capital, chez une nation militaire, et créer définitivement dans notre pays une véritable commission d'artillerie, dont les dépenses figurent moins dans la colonne du budget intitulée *traitements* que dans celle intitulée *inventions*, *modifications*, etc.

Passons maintenant à l'infanterie, en suivant toujours l'ordre hiérarchique.

Le dernier perfectionnement de nos armes à feu portatives doit dès à présent forcer nos généraux à changer quelque peu la tactique employée jusqu'à nos jours.

La rapidité du tir permettant de fournir de part et d'autre des feux effrayants comme épaisseur, il devient évident que l'on ne peut plus se servir des charges de cavalerie et à la baïonnette avec autant d'avantages que dans nos précédentes campagnes. Répondre aux feux de l'ennemi par des feux plus nourris que les siens : voilà surtout où doit tendre une partie du nouvel effort. Or il suffit, à cet effet, d'élever dans notre armée la moyenne du tir, moyenne qui, jusqu'aux derniers moments, est restée très-basse. Il faut que le soldat s'habitue à son arme et acquière le sang-froid indispensable aux résultats du tir sur un champ de bataille. Une remarque qu'il est bon de constater ici, c'est que les bons tireurs sont toujours, au feu, meilleurs soldats que les autres, grâce simplement à leur confiance en eux-mêmes; ce qui double leur courage et leurs efforts.

En résumé il faut exiger de l'infanterie tout ce qu'on est en droit d'attendre d'elle comme impulsion ou comme résistance.

Quant à l'emploi des différentes armes, il résulte de notre dernière guerre que tout le rôle important doit être donné à l'artillerie soutenue par des masses profondes d'infanterie, reliées et éclairées par de la cavalerie et de l'infanterie légères.

Le règne de la grosse cavalerie est fini. Si l'on employait un jour les hommes ainsi que les chevaux de cette cavalerie à servir notre artillerie, nous avons beaucoup de raisons de croire qu'on ferait bien plus avantageusement ressortir les services que cette dernière doit nous rendre dorénavant. Maintenant que le fantassin a une grande confiance dans son arme, une grosse masse montée sur une autre grosse masse n'a plus pour lui rien d'effrayant. L'effet moral qu'il nous faut chercher à produire sur l'infanterie, nous ne pouvons plus que le demander à l'artillerie.

Il résulte de là que la cavalerie légère seule doit être employée dans nos armées ; or, son service est trop bien connu pour que nous ayons à en parler.

Outre tous ces changements indispensables dans notre manière de combattre, nous devons surtout en France ressusciter l'instruction militaire.

En effet, il ne suffit pas d'être sorti premier d'une

école d'officiers pour, vingt ou trente ans après, si l'on ne travaille pas sans relâche au perfectionnement de ses études, se croire capable d'atteindre et de mériter le grade de général. L'art militaire ne s'apprend qu'à la longue et avec de la pratique. Un officier posséderait-il à fond toutes les matières de la guerre, que cela ne lui suffit pas. Pour être bon général, il faut non-seulement de la théorie, mais encore une organisation spéciale, c'est-à-dire, une pensée ferme et absolue, car l'incertitude, l'hésitation, la perte de temps font avorter les meilleurs projets en donnant à l'ennemi les moyens de les déjouer. Après les bons généraux, ce qu'il faut aussi avant tout dans une armée, ce sont les bons officiers d'état-major. A qui n'est-il pas arrivé, dans une campagne, d'entendre dire qu'un projet d'attaque a échoué, parce que telle ou telle colonne a attaqué l'ennemi deux heures plus tôt qu'il ne fallait, ou que telle autre est arrivée deux heures trop tard au rendez-vous? Or, comme on pourra le voir dans le courant de notre ouvrage, de tels accidents ne doivent, avec raison, être attribués qu'au défaut d'intelligence des officiers d'état-major.

Il est démontré par l'expérience que, sans la précision dans les calculs de distances et de temps, sans la promptitude dans les marches, la vigueur dans les rencontres, la fermeté à poursuivre une pensée jusqu'à son entier accomplissement, toute manœuvre hardie peut devenir aussi funeste qu'elle eût été heureuse, bien exécutée. En un mot, la pratique rachète tout; elle fait quelquefois échouer les meilleures combinaisons et réussir les plus mauvaises. Ce qu'il faut enfin dans les armées, ce sont de bonnes troupes. Car si du manque d'unité dans le commandement naissent les défaites; de l'obéissance passive des subordonnés dépend presque toujours le succès. Cette maxime de la guerre ne cessant jamais d'être vraie, il est donc nécessaire de maintenir une sévère discipline, telle cependant qu'elle soit inspirée par le respect réciproque des soldats et des chefs. A cet effet les officiers devront toujours s'occuper minutieusement de leurs hommes ; ils devront aussi chercher tous les moyens de se faire pardonner la sévérité des règlements militaires, par beaucoup de mesure et de justice dans l'application des peines. Mais il faut pour cela que le tableau d'avancement des officiers ne se fasse pas d'après celui des punitions qu'ils ont infligées.

Quant au moyen d'arriver promptement à toutes ces réformes, il existe dans la construction, en France, d'une ligne de défense formée par des camps retranchés. Ces camps, placés sur les points stratégiques, commanderaient l'entrée des bassins, ainsi que les grandes routes, chemins de fer et cours d'eau de tout genre. Toutes les troupes appelées sous les drapeaux devraient alors occuper ces divers camps à partir du mois de mai jusqu'en octobre, c'est-à-dire cinq mois. Cet espace de temps serait employé spécialement aux grandes études de la tactique et de la stratégie; après quoi l'armée rentrerait en caserne pour l'hiver.

Nous souhaitons enfin que notre armée rejette ces milliers de détails sur l'habillement dont nous nous sommes tant occupés. On doit adopter à cet effet un costume simple, sévère et, autant que possible, le même pour chaque arme. Le temps que chaque soldat passe en garnison à astiquer des fourniments inutiles serait certainement mieux employé s'il l'était à son instruction militaire.

Maintenant que nous croyons avoir touché du bout du doigt presque tous nos défauts, il nous est bien permis d'énumérer une seule de nos qualités. Quand, en France, on voudra établir les examens pour tout grade et ne donner les places qu'au mérite, et non à la faveur, nous sommes sûr d'avance d'avoir bientôt l'armée la plus instruite de l'Europe. Ce ne sont certainement point les ouvrages militaires qui nous manquent; mais il ne suffit pas de les posséder à l'état latent dans les bibliothèques de régiment; il faut les lire, les travailler et les commenter.

Ajoutons un mot en terminant. Lorsque nous aurons apporté toutes ces réformes à notre nouvelle organisation, nous reprendrons rapidement près des grandes nations le rang militaire que nous avons perdu par notre indifférence et notre chauvinisme.

INSTRUCTIONS ÉLÉMENTAIRES

CONCERNANT

LES ARMÉES EN CAMPAGNE

NOTIONS PRÉLIMINAIRES

N° I.—Composition des armées.

La composition d'une armée doit, dans toutes les circonstances et sous tous les rapports, satisfaire à toutes les exigences de la guerre ; mais comme ce but ne peut être de même nature dans tous les pays, la composition des armées ne saurait être exactement pareille.

Les armées sont divisées en corps d'armée ; un corps d'armée se compose de divisions, celles-ci de brigades et enfin les brigades, de régiments et de bataillons.

Tous les corps d'armée comprennent les trois armes : infanterie, artillerie, cavalerie, plus les deux corps spéciaux, génie et pontonniers.

La force et la composition des divisions sont très-variables, surtout pour l'infanterie.

Une division se compose généralement de deux brigades, chaque brigade de deux régiments d'infanterie, deux régiments de cavalerie, de trois batteries d'artillerie et d'un bataillon d'infanterie légère ou de partisans.

Un régiment d'infanterie devra se composer de 8 compagnies de 150 hommes, ce qui fait 1200 par bataillon, et pour 4 bataillons un effectif de 4,800 hommes par régiment.

Un régiment de cavalerie devra se composer de même de 4 pelotons forts de 200 hommes chacun.

Quant aux batteries d'artillerie, comme nous le verrons plus loin, il est préférable de les mettre de 8 pièces, plutôt que de 6; elles composeront donc un effectif de 24 pièces pour une brigade.

Il est nécessaire d'avoir deux batteries de sept ou de douze actives et une de réserve.

Outre l'infanterie de ligne, chaque brigade possédera deux bataillons d'infanterie légère ou corps-francs. Ces bataillons s'administreront séparément, et chacune de leurs compagnies sera constituée de manière à pouvoir être détachée. L'effectif de ces compagnies doit être de 200 hommes, ce qui fait par bataillon 1600 hommes et pour les deux bataillons 3,200 hommes, commandés par un lieutenant-colonel.

D'après ce que nous venons de voir, chaque brigade peut agir séparément, ce qui donne au combat une plus grande liberté d'action et détruit presque entièrement la méthode des grandes lignes de bataille.

Il faut que dans une même journée toutes les parties d'une armée puissent donner leur effort au moment propice; car plus ces efforts seront nombreux et répétés, plus on aura de chance de rompre la ligne de bataille ennemie.

N° II. — Des différentes armes.

1. *Combinaison des différentes armes.* — Dans l'arrangement des colonnes, les différentes armes doivent s'y trouver combinées relativement à la nature des positions qu'elles doivent défendre ou attaquer. Les mouvements préparatoires sont nécessaires pour engager l'action, car ils facilitent l'emploi des différentes armes à leur soutien réciproque.

2. *De l'infanterie.* — Dans les temps anciens, l'infanterie de ligne et légère différait par l'organisation et l'armement; si de nos jours cette différence est presque nulle, il y en a

une essentielle dans leur manière de combattre et dans les services qu'elles sont appelées à rendre à la guerre.

L'infanterie de ligne doit se faire remarquer par un aspect grave et imposant; elle doit être compacte, inébranlable. L'infanterie légère, au contraire, presque toujours dispersée, trouve sa force dans le parti qu'elle sait tirer des localités et aussi la force et l'adresse de son tir. Elle n'aura recours aux formations et aux feux en masse que lorsqu'elle se trouvera surprise par la cavalerie, et seulement pour le temps qu'elle en sera menacée. Des compagnies franches, fortes de 200 hommes, commandées par un commandant et deux capitaines, formeront les corps d'infanterie légère.

L'infanterie de ligne est destinée à combattre dans le corps de bataille en ligne ou en masse, à garder les points faibles de la position, et enfin à former le noyau de la réserve. L'infanterie légère, au contraire, est destinée à commencer le combat, à l'entretenir ou à le rompre, à fouiller le terrain couvert, à en chasser l'ennemi, à couvrir les flancs de l'infanterie de ligne, enfin à faire le service des reconnaissances et des grand'gardes.

Au moment où l'infanterie de ligne entrera en action, si elle est stationnaire elle devra être déployée afin de fournir la plus gande quantité de feux possible et se soustraire aux coups de l'artillerie, qui n'a qu'une faible action sur l'ordre mince. Mais si, dans le cours de l'engagement, le feu de l'infanterie déployée a été plein de succès et qu'on veuille agir en masse sur un point, on la ploiera en colonnes d'attaque, pour tomber de tout le poids de sa force sur l'ennemi. Il faut cependant n'employer que très-rarement ce mouvement, qui doit être décisif; car, si les colonnes serrées se formaient de trop loin ou à découvert, avant que la distance entre l'ennemi soit parcourue, la déroute s'y mettrait de suite, à cause de la grande prise offerte à l'artillerie ennemie, qui ne manquerait pas de profiter de cette faute. Il est donc bon de tâter longtemps le terrain, et de ne faire agir les masses qu'après avoir balayé les devants avec l'artillerie et à un moment donné.

3. *De l'artillerie.*— Le jeu de l'artillerie dépendant en partie de sa position, il est essentiel de la placer de manière qu'elle puisse produire le plus grand effet possible.

Dans l'offensive, elle doit chercher à renverser les obstacles qui se présentent, et à frayer un passage à l'assaillant pour le mettre en contact avec son adversaire.

Dans la défensive, au contraire, elle doit agir contre les masses de cavalerie ou d'infanterie, afin d'empêcher leurs mouvements en jetant le désordre dans les rangs.

Dans tous les cas, il faut la placer de manière qu'elle puisse être défendue facilement contre toute attaque directe.

L'artillerie ne doit tirer sur de l'artillerie que lorsque celle de l'ennemi fait trop de mal à l'infanterie : alors seulement on cherche à démonter des pièces.

On peut dire que toujours l'artillerie combat en ordre serré, puisque lors même qu'on ne fait agir contre l'ennemi que deux pièces, elles sont en ordre serré en conservant leurs intervalles.

La tactique élémentaire de l'artillerie est très-simple : tous les mouvements devant l'ennemi se réduisent au déploiement de la colonne de route en batterie, et réciproquement à la formation de la batterie en colonne.

Le point essentiel est l'établissement des bouches à feu; le choix d'une position doit, pour cela, répondre au but en général et promettre le plus grand effet possible.

L'artillerie combat en ligne lorsqu'elle veut produire un effet simultané et qu'elle veut par là décider le combat ou en imposer à l'ennemi. On réduit alors les intervalles des pièces, et, pour que le déploiement soit le plus rapide possible, il est avantageux de le faire par batterie. Dans ce cas on forme hors de portée l'artillerie en plusieurs colonnes, qui en marche se tiennent à hauteur les unes des autres, jusqu'à peu de distance du point où l'on veut les mettre en batterie; on les déploie ensuite le plus promptement possible.

Dans tout autre cas l'artillerie combat par fraction.

Voici les règles générales de l'artillerie pour l'attaque :

Le rôle de l'artillerie offensive, c'est de se porter en avant et de chercher toujours une position favorable.

Cette artillerie, à moins de nécessité, ne doit jamais se placer immédiatement devant les autres troupes, et ses mouvements doivent toujours être soutenus par ces mêmes troupes.

Dans la défense, au contraire :

L'artillerie se borne à agir de la position qu'elle occupe.

Cette artillerie ne peut être placée sur le flanc d'une formation défensive, à moins d'être appuyée à un obstacle naturel; et elle doit toujours se mettre de manière à n'être point aperçue de l'ennemi et à le surprendre dans son attaque.

Il est avantageux de choisir des positions formant des angles rentrants et saillants; les batteries de 24 devront occuper les premières et celles de 12 les secondes.

Une batterie défensive doit enfin pouvoir prendre l'offensive dès que les circonstances le permettent, et pour cela le terrain de toute position doit être choisi de manière à pouvoir se porter en avant aussi bien qu'en retraite.

L'artillerie de campagne se divise en artillerie légère et en grosse artillerie. L'artillerie légère de campagne comprend des pièces de 4, 7 et 12, tandis que les pièces de 18 et de 24 doivent composer la grosse artillerie.

L'artillerie légère sert à attaquer les positions, la grosse artillerie à les défendre.

On doit compter une pièce d'artillerie légère chaque 500 hommes d'infanterie, et faire les batteries de 8 pièces au lieu de 6.

4. *De la cavalerie.* — Le rôle de la cavalerie a bien diminué depuis nos dernières guerres; malgré cela elle est encore l'arme la plus rapide : aussi ne doit-on l'employer que dans les poursuites, ou pour masquer par des rideaux mouvants les projets que l'on veut exécuter avec les autres armes.

Dans tous les cas il faut s'en servir rarement dans l'action.

Quant à la cavalerie légère, il faut en avoir beaucoup et l'instruire au service des reconnaissances et des grand'-gardes.

N° III. — De la tactique.

1. *De son but.* — La tactique étant l'art de disposer les troupes sur le terrain, son but est de porter le plus de forces possible, dans le plus bref délai, sur un point déterminé et les y mettre en action à leur plus grand avantage.

Il faut, pour l'atteindre, savoir manier les troupes et adopter les manœuvres les plus courtes et les plus simples, en donnant la préférence, toutes les fois que les circonstances et les localités le permettent, à celles qui se font par le centre, comme étant les plus sûres.

Dans l'arrangement des colonnes, les différentes armes doivent se trouver combinées relativement à la nature des positions qu'elles ont à défendre ou à attaquer.

La tactique se subdivise en tactique élémentaire et en tactique générale.

La première s'occupe de l'instruction de détail des troupes, de la formation et des manœuvres particulières à chaque arme.

Elle comprend quatre écoles principales :

École du soldat;

École de peloton ;

École de bataillon ou d'escadron ;

École de régiment.

La tactique générale embrasse l'ensemble des mouvements d'une armée conformément au plan du stratégiste. Les règles générales de cette tactique se résument aux points suivants :

Pour une bataille défensive en position, la première ligne déployée et la seconde en colonne d'attaque par bataillon offre l'ordre le plus parfait.

Pour une attaque, au contraire, on doit préférer deux lignes de bataillons en colonne sur les pelotons du centre en plaçant la seconde ligne en face des intervalles de la première. Les intervalles de la première ligne doivent être remplis par des tirailleurs (Voir *pl. I*).

Pour donner à l'action impulsive tout l'avantage possible, chaque brigade doit opérer comme seule, c'est-à-dire qu'elle aura sa première et sa seconde ligne pour que chaque général ait ses moyens de réserve à sa disposition.

Les carrés peuvent encore s'employer en défensive comme en offensive, pourvu que le terrain soit uni.

Les colonnes profondes de bataillons les uns derrière les autres ne doivent être employées que dans le cas où l'on n'aurait pas l'espace pour s'étendre, ou bien encore lorsqu'on peut les cacher sous bois. Mais dans tous les cas, il faut qu'elles soient précédées et flanquées de beaucoup de tirailleurs.

2. *Différents ordres de bataille.* — Toutes ces variantes dans la tactique ne changent en rien les principes de la grande tactique sur les différents ordres de bataille. La formation de ces ordres est ce qu'il y a de plus compliqué dans la tactique. On les distingue en deux grandes classes :

Les ordres contigus, lorsque toutes les forces de l'armée sont réunies.

Les ordres séparés, dans le cas contraire.

Les premiers se subdivisent en contigus défensifs et en contigus offensifs.

Les ordres contigus défensifs ont pour objet de se ménager des débouchés faciles pour tomber sur l'ennemi ; d'assurer à l'artillerie tout son effet défensif; de se ménager une retraite facile en évitant de s'appuyer à un fleuve ou à des obstacles impraticables.

Le but des ordres contigus offensifs, au contraire, est de chasser l'ennemi de la position qu'il occupe en entamant son armée. On peut y parvenir soit en culbutant sa ligne sur un point, soit en la débordant pour la prendre de flanc ou de revers. Pour cela il faut que l'armée qui attaque se dispose suivant un ordre de bataille approprié à l'attaque.

Le plus savant des écrivains militaires modernes, Jomini, indique douze espèces d'ordre de bataille :

1° L'ordre parallèle simple. Cet ordre est le plus élémentaire, mais aussi le plus mauvais; car il n'y a aucune science de tactique à faire combattre les deux armées à chances égales. On peut sans doute gagner des batailles en l'adoptant, mais la victoire restera nécessairement à celui qui aura les meilleures troupes. (Voir *fig. I*, *pl. II.*)

2° L'ordre parallèle avec un crochet sur les flancs. Cet ordre se prend le plus ordinairement dans une situation défensive. Le crochet est quelquefois fort exposé. (Voir *fig. II*, *pl. II.*)

3° L'ordre parallèle renforcé sur l'une des ailes est plus favorable que les deux premiers et plus conforme aux règles de la tactique, qui est de porter la masse de ses forces sur un point. (Voir *fig. III*, *pl. II.*)

4° L'ordre parallèle renforcé sur le centre est analogue au précédent, avec cette seule différence que l'effort principal de l'attaque au lieu de porter sur une aile, se porte sur le centre de la ligne ennemie. (Voir *fig. IV*, *pl. II.*)

5° L'ordre oblique simple ou renforcé sur une aile est celui qui convient le mieux à une armée faible. Ses avantages sont faciles à apprécier : car, tout en portant le gros de ses forces sur un seul point de la ligne ennemie, il refuse l'aile affaiblie et protége sa faiblesse en la tenant éloignée de l'ennemi, et cette aile qui se refuse peut servir de réserve aux troupes engagées. (Voir *fig. V*, *pl. II.*)

6° et 7° L'ordre de bataille perpendiculaire sur une ou sur les deux ailes ne peut être considéré que comme une formule de pure théorie; car l'armée attaquée perpendiculairement ne manquerait pas de changer de front pour faire face à l'ennemi, et l'armée assaillante elle-même pour attaquer l'autre et engager l'action serait obligée de quitter la perpendiculaire. L'attaque sur les deux ailes ne peut être avantageux que quand l'armée assaillante est très-supérieure en nombre, car autrement en divisant ses forces elle s'exposerait à se faire battre en détail. (Voir *fig. VI* et *VII*, *pl. II.*)

8° L'ordre concave sur le centre. Cet ordre peut être bon

par suite des événements de la journée, quand l'ennemi s'engageant imprudemment dans le centre qui cède devant lui se laisse envelopper par les deux ailes qui le prendraient par le flanc.

Au lieu de disposer l'armée suivant une courbe, il paraît plus rationnel de lui donner la forme d'une ligne brisée rentrant vers le centre et échelonnée. Cet ordre n'a pas l'inconvénient de prêter le flanc comme le demi-circulaire; néanmoins il a également ses avantages, si l'ennemi, au lieu de s'enfoncer vers le centre, donne simplement sur les ailes. (Voir *fig. VIII, pl. II.*)

9° L'ordre concave saillant au centre se prend ordinairement après le passage d'un fleuve, quand il est nécessaire de renforcer les ailes pour demeurer appuyé au fleuve et couvrir les ponts, ou bien encore avant le passage pour les mêmes raisons. (Voir *fig. IX, pl. II.*)

10° L'ordre échelonné sur les deux ailes est à peu près dans le même cas que l'ordre perpendiculaire sur les deux ailes; cependant il a cet avantage que le centre étant moins ouvert, il n'est plus aussi facile à l'armée de s'y jeter et de diviser l'armée. (Voir *fig. X* et *XI, pl. II.*)

12° L'ordre en colonne sur le centre et sur une aile est encore préférable au précédent pour l'attaque d'une ligne continue. Il est peut-être le plus rationnel de tous les ordres de bataille. L'aile qui se trouve serrée entre l'attaque du centre et celle de l'extrémité est exposée à une perte presque certaine, qui entraîne celle de l'armée. (Voir *fig. XII, pl. II.*)

Observations. — Un général qui voudrait établir sa ligne de bataille avec la même régularité que sur le papier, serait nécessairement contrarié par les accidents du terrain, et battu surtout d'après la méthode actuelle de faire la guerre. Aujourd'hui que les armées bivouaquent, que leur organisation en plusieurs corps les rendent plus mobiles, qu'elles s'abordent hors de portée de la vue, et souvent même sans avoir eu le temps de reconnaître exactement la position de l'ennemi; alors tous les ordres dessinés doivent nécessairement se trouver en défaut. Aussi ces sortes de figures n'ont-elles jamais servi qu'à désigner une disposition approximative: un système.

N°. IV — De la stratégie.

1. *Définition.*—La stratégie est l'art proprement dit de la guerre. Elle esquisse les plans, elle embrasse et détermine la marche des entreprises militaires, elle est la science des généraux en chef. Une définition plus simple, moins recherchée et tout au moins aussi exacte, est que la stratégie est l'art de diriger les masses sur les points décisifs, et la tactique celui de les y engager.

La stratégie détermine les points dont l'occupation est absolument nécessaire et indique les lignes qui doivent les lier entre eux. De deux choses l'une : ou bien l'on occupe ces points avec le projet de s'y maintenir; alors ils forment ce qu'on appelle dans la guerre défensive la ligne de défense, et dans la guerre offensive la base d'opérations : ou bien il s'agit encore d'arriver à ces points et alors ils deviennent des buts de manœuvres en même temps que les lignes qui y conduisent se nomment lignes d'opérations.

Les objets principaux qui résultent des opérations sont au nombre de cinq :

1° La base d'opération. Cette base est l'étendue de territoire avec lequel l'armée doit demeurer en communication, pour en tirer ses ressources et ses renforts, pour s'y réfugier en cas de revers; en partir en cas d'offensive et s'y appuyer dans la défensive.

La base d'opération peut être coudée, parallèle ou perpendiculaire.

2° Les points stratégiques. Ces points sont géographiques ou permanents, de manœuvre ou éventuels, parce qu'ils dépendent de la position de l'ennemi. Un point est réputé stratégique, quand sa position présente un avantage majeur pour les opérations. Les points stratégiques décisifs sont ceux qui sont susceptibles d'exercer une grande influence sur l'ensemble d'une campagne ou sur celle d'une entreprise.

Mais la nature et la configuration du théâtre de la guerre peuvent seules les déterminer.

Dans les pays de plaines il y a peu ou point de points stratégiques ; au contraire, on en rencontre un grand nombre dans les pays de montagnes ou dans les plaines couvertes de forêts, enfin où la nature a tracé irrévocablement les chemins qu'il faut prendre.

3° Le front stratégique d'une armée est l'étendue par laquelle on fait face à l'ennemi. Il doit, autant que possible, prendre appui sur des points stratégiques naturels ou artificiels que l'on appelle pivot d'opérations.

4° Les lignes d'opérations sont les lignes que parcourt l'armée pour se porter de sa base vers son objectif ou point décisif vers lequel elle tend.

Les lignes d'opérations sont simples ou multiples. Parmi ces dernières on doit distinguer les lignes centrales, les extérieures, les lignes convergentes et les divergentes.

5° Enfin les points de refuge sont nécessaires à une armée pour regagner sa base d'opération en cas de revers.

Voilà à peu près toutes les règles qui composent la stratégie ; en résumé, c'est elle qui prépare les batailles et laisse à la tactique le soin de les gagner.

I

FORTIFICATION DE CAMPAGNE

OBSERVATIONS GÉNÉRALES

La fortification est l'art d'organiser une position de telle sorte que la troupe qui l'occupe puisse résister sans trop de désavantage à une autre troupe plus considérable. On donne encore le même nom aux obstacles soit naturels, soit artificiels, que l'assailli oppose à l'assaillant : de là, la distinction des fortifications en naturelles et artificielles. Mais les obstacles de la première espèce ne présentent qu'imparfaitement les conditions nécessaires pour une bonne défense ; on est toujours obligé de les combiner avec des constructions faites de main d'homme, qui ont pour effet de donner au point fort toute la valeur possible.

On distingue les fortifications en passagères et permanentes, suivant le but qu'on se propose d'atteindre. Les premières s'emploient quand il s'agit de mettre en état de défense un point dont l'importance n'est que momentanée ; tandis qu'on a recours aux secondes quand il s'agit de soustraire à l'action de l'ennemi une ville qui renferme des magasins ou un point stratégique important.

Les fortifications permanentes ne doivent plus s'employer pour rendre une ville forte, qu'autant qu'on peut établir autour d'elle un réseau de forts assez éloigné pour la garantir contre le bombardement.

Ce qui doit, à notre époque, remplacer avantageusement les villes fortes, ce sont les camps retranchés établis sur les points stratégiques les plus importants, c'est-à-dire ceux qui défendent l'entrée du bassin d'une rivière, un réseau de route ou une ligne de chemin de fer.

Outre l'utilité de ces camps pour la défense du pays, ils serviront, en temps de paix, à instruire les troupes et à les caserner toutes à la belle saison.

Il n'est que temps de perdre, en France, l'habitude des garnisons; à partir du mois d'avril, toute l'armée devrait occuper les camps retranchés et se livrer, jusqu'en octobre, aux opérations militaires dépendant de la stratégie et de la tactique.

C'est en entrant sans hésiter dans cette voie de réformes que l'on peut espérer rétablir, pour le pays, l'instruction, la discipline et la force de l'armée.

PREMIÈRE PARTIE

FORTIFICATION DE CAMPAGNE

PRÉLIMINAIRES.

La fortification de campagne peut se diviser en plusieurs parties.

La première, relativement au but de ces institutions, comprendra les ouvrages qui se font sur le front d'une armée, à l'effet de couvrir le canon et quelque partie des troupes dans les endroits les plus exposés et pour arrêter l'ennemi par des feux croisés, lorsqu'il marche en ligne ou en colonne à dessein d'emporter la position de vive force.

Dans cette première partie, les accidents du terrain, les dispositions qui en résultent par rapport à l'artillerie, l'infanterie, la cavalerie, les circonstances et le but du combat, sont plus à considérer que l'espèce des ouvrages à faire, lesquels ne peuvent être que fort simples, à raison du peu de temps dont on peut disposer pour les construire.

La seconde partie comprendra les ouvrages qui se rapportent à la sûreté des gardes avancées et autres postes d'avertissement, ainsi qu'à ceux dont on veut faire des points résistants dans certaines circonstances.

A l'égard de la troisième division, elle ne saurait être qu'une indication des ouvrages de la fortification de campagne qui sont plus particulièrement du ressort des ingénieurs, tels que les têtes de pont, les forts et les palanques (1) pour la défense de quelque passage important et des quartiers d'hiver; les lignes employées pour couvrir une étendue de pays, etc., etc.

Nous ne parlerons de ces ouvrages et de leur construction qu'autant qu'il sera nécessaire pour faire connaître le mérite dont ils peuvent être susceptibles. De plus grands détails ne conviendraient qu'à ceux qui sont chargés de les construire.

SECTION PREMIÈRE

Des ouvrages sur le front des armées.

§ Ier.

Le premier objet de la fortification de campagne sur le front des armées, c'est-à-dire dans l'étendue du champ de bataille, est de marquer l'emplacement, la force relative et la disposition des batteries; ce qui revient à savoir faire la meilleure répartition possible de la quantité d'artillerie dont on peut disposer, eu égard aux accidents du terrain.

Il est encore d'autres considérations sur le meilleur emploi de l'artillerie, qui ne se rapportent pas directement à la fortification de campagne et qui font partie d'un chapitre à faire sur les facultés des différentes armes.

---

(1) Les têtes de ponts sont les retranchements que l'on construit en en avant d'un pont pour le mettre à l'abri des attaques de l'ennemi.

Les forts sont des ouvrages fermés au tracé desquels on emploie les fronts bastionnés. On les dit réguliers ou irréguliers suivant que leurs angles sont égaux ou inégaux.

Les palanques sont des pièces de bois équarries de 20 à 25 centimètres de côté sur 3^m^,50 de longueur et pointues à leur extrémité supérieure. On les enfonce verticalement dans le sol de manière qu'elles soient exactement jointes ensemble en formant ainsi une muraille impénétrable aux balles.

§ II.

Quand on commence à remuer la terre pour quelque ouvrage de campagne que ce soit, il faut, avant tout, établir le but et les raisons pour lesquels on travaille.

Il est rare que deux armées marchent en même temps dans le dessein de s'attaquer l'une et l'autre. Il est plus ordinaire que l'une des deux se soit postée afin de profiter des avantages du terrain sur sa route; mais, dans ce cas même, il y a des différences.

Une armée qui se trouve sur la défensive dès le commencement de la campagne, a eu le temps de préparer son poste. Tous les ouvrages dont elle se couvre doivent être construits de la manière la plus avantageuse pour la défense de la position qu'elle occupe, c'est à cet égard que l'on peut et que l'on doit observer avec exactitude ce que prescrit la fortification; mais il est nombre de ces cas fortuits, dans le cours d'une campagne, qui ne permettent pas l'observation de ces règles.

Une armée, après quelques désavantages, sera forcée de se mettre subitement en position. L'ennemi s'avance, et d'un moment à l'autre on s'attend à être attaqué. Ce n'est pas le moment de donner à des retranchements des terre-pleins, des banquettes, d'y construire des plates-formes, etc. Il s'agit, comme nous l'avons dit, de placer d'abord et de couvrir l'artillerie, et de la mettre en état d'agir avec quelque avantage. Dans ce cas, ce ne sont plus les règles de la fortification qu'il faut consulter, mais les accidents du terrain et ceux de la saison. Des pluies fréquentes et continuelles ne permettent nullement de faire ce qui serait nécessaire avec des terres fraîchement remuées; il en résulterait les plus grands inconvénients.

Sans qu'il soit question d'infortunes, il peut encore arriver qu'un corps de troupes soit détaché pour occuper une position dans le voisinage de l'ennemi, soit pour gêner ses communications ou ses fourrages, soit pour couvrir les communications et fourrages de l'armée à laquelle ce corps appartient. Ne pouvant pas savoir si l'ennemi ne prendra pas le parti de faire attaquer ce corps de troupes, dès qu'il sera informé de sa marche, il faut de même que les ouvrages qui se feront soient relatifs au peu de temps qu'on aura pour les construire.

§ III.

La principale différence entre les cas pressés et ceux qui ne le sont pas consiste à placer partout l'artillerie et les troupes sur le sol naturel, sans élévation artificielle; mais cette seule différence n'en est pas moins le sujet de beaucoup d'observations par rapport au terrain qu'on occupe et à celui dont on est environné. Quand le temps ne manque pas et qu'on peut obtenir les ouvriers et les matériaux dont on peut avoir besoin pour faire les choses en règles, tout en est mieux, tout en devient plus facile; mais lorsque le temps manque absolument et que, de plus, on est contrarié par une saison pluvieuse, les observations que nous allons faire en deviendront plus importantes à proportion que le travail devient plus difficile.

§ IV.

DE L'EMPLACEMENT ET DU TRACÉ DES BATTERIES.

Dans tous les cas pressés ou non pressés, c'est toujours sur les points les plus saillants de la position qu'on occupe qu'il convient de placer les batteries, ayant attention que ces points ne soient pas commandés à la distance de 3 à 4,000 mètres d'aucune des hauteurs dont la position pourrait être environnée.

Une position pour être parfaitement bonne ne devrait être commandée ni de près ni de loin; mais il arrive dans la pratique qu'on est souvent contrarié à cet égard. Quoi qu'il en soit, il devient nécessaire de placer les batteries sur les parties les plus hautes et les plus avancées de la position, afin de mieux découvrir la campagne et se donner des feux croisés sur les espaces que l'ennemi aurait à parcourir en marchant contre la position.

Le point sur lequel on dispose une batterie n'étant pas dominé, mais dominant sur toute la campagne à la distance de 3,000 mètres, et le canon ainsi que l'infanterie retranchée ne devant avoir pour marchepied que le sol naturel sans élévation artificielle, on avancera sur le point saillant de manière à bien découvrir toute l'étendue de la pente devant soi, et toute la campagne en face et sur les flancs.

S'il se trouve sur le front quelque chemin, quelque passage ou défilé particulier par où l'ennemi serait forcé de déboucher, comme aussi quelque bouquet de bois qu'on ne pourrait pas faire abattre, ou quelque espèce de couvert que ce soit qu'on n'aurait pas le temps de détruire, ou qui, par sa nature, ne serait pas destructible, il faut commencer par marquer la place du nombre de pièces dont on pourra disposer pour battre ces objets, en proportion du total de celles dont la batterie doit être composée, sans oublier ce qui peut être nécessaire pour se donner des feux croisés, correspondant avec ceux des autres batteries, et d'autant que ces feux croisés sont nécessaires pour la défense des intervalles entre deux batteries. Le nombre de ces pièces doit être plus grand ou plus petit, en raison de la grandeur de l'intervalle à défendre.

Cette répartition étant faite, on doublera la distance à mettre entre chaque pièce sur les différents côtés par où l'on peut supposer que l'ennemi viendrait à marcher. S'il peut se présenter également de tous côtés, il faudra doubler le nombre des embrasures de tous côtés.

La distance entre deux pièces peut être comptée de sept à huit pas ordinaires.

Dans cette première partie de la fortification de campagne, il faut s'habituer à tout faire à l'œil et au pas. Les chaînes et les autres mesures sont pour les ingénieurs.

Afin de rendre compte de cette disposition, il convient de

remarquer qu'il est rare que l'ennemi marche et s'avance à la fois et en même temps de tous côtés. Si l'on suppose une batterie de six pièces sur trois faces, avec deux pièces sur chaque face; l'ennemi, paraissant sur le front, on ne pourra canonner que de deux pièces, si l'espace ne permet pas d'en servir davantage, et les pièces, sur les flancs, pourront rester longtemps inutiles. Si l'ennemi, ayant décidé son point d'attaque, s'avance sur la droite ou sur la gauche, il convient donc de se donner la faculté de pouvoir doubler les pièces de ce côté et de les mettre toutes en activité, selon les circonstances. Six pièces disposées de cette manière, feront le service de douze, ce qui n'est pas sans conséquence et surtout dans les pays montueux où les batteries sont, à proportion, plus multipliées et souvent au point que ce qu'on a d'artillerie peut à peine y suffire. D'ailleurs, plus les batteries sont amples, plus les pièces sont séparées, moins elles sont exposées à être démontées et, au moment du besoin, on peut y faire entrer de l'infanterie pour remplir les intervalles. Le feu de cette infanterie aura encore l'avantage de faciliter la retraite des pièces. Mais jusqu'au moment d'une attaque entièrement décidée, la batterie doit rester libre pour le service de l'artillerie.

Il est encore une raison pour doubler les embrasures dans les batteries sur les points les plus exposés d'une position; comme il est d'usage d'avoir quelque artillerie de réserve pour renforcer le côté principalement attaqué, il convient que cette artillerie trouve à se placer derrière un parapet, autrement elle devrait agir à découvert contre celle de l'ennemi.

Les grandes batteries ont encore l'avantage d'en imposer au coup d'œil de ceux qui viennent les reconnaître, et il est rare qu'ils puissent en approcher d'assez près pour en compter tous les canons.

Chaque fois que les circonstances le permettent, il convient donc de donner de l'ampleur aux batteries, et d'autant que la manière dont on les construit n'occasionne pas des travaux considérables.

§ V.

Lorsque étant sur le point saillant on découvre de la même place tout ce qu'il est important de voir et de battre, alors l'étendue de la batterie est proportionnée au nombre et à la disposition des pièces qu'elle doit contenir avec l'addition dont on vient de parler. Mais il arrive assez souvent qu'on est obligé de s'écarter de droite et de gauche pour découvrir tout ce qui peut servir de passage ou d'abri à l'ennemi, de manière que les pièces se trouvent séparées par des intervalles plus grands que de besoin. En ce cas, si les distances ne sont pas considérables, on réunit ces différents points par une suite de courtines (1) dont le tracé dépend de la figure du terrain; ces parties sont occupées par de l'infanterie, et le tout ensemble compose un retranchement garni de canon et d'infanterie.

Si les distances entre les différents emplacements de l'artillerie se trouvaient excéder 900 à 1000 mètres, il sera plus expédient de considérer chacune de ces divisions comme autant de batteries séparées, et l'on formera leurs flancs en conséquence.

§ VI.

Toutes les parties d'un retranchement pour le service du canon et du fusil doivent être placées pour tirer perpendiculairement sur la place ou l'objet qu'il s'agit de battre, de flanquer, croiser ou défendre. Ces différents fronts seront joints ensemble de la manière la plus correspondante avec le terrain et sans égard à l'irrégularité de la figure qui pourrait résulter de cette disposition. L'attention doit se porter sur le terrain en avant, afin de n'en laisser aucune

---

(1) On appelle courtine un retranchement qui est rectiligne, c'est-à-dire sans aucun angle quelque petit qu'il soit.

partie à l'abri du canon et qui n'en puisse être battue, soit de la même batterie ou des batteries latérales, quand cela ne peut se faire autrement.

§ VII.

Il n'arrive pas toujours de se trouver dans une position qui domine toutes les parties de la campagne, à la distance de 3,000 mètres sur toute l'étendue de son front et de ses flancs. Souvent, soit sur le front, soit sur les flancs, on se trouve sur le bord d'une vallée coupée par une rivière ou un ruisseau dont il faut défendre le passage, tandis que le bord opposé se trouve de même hauteur que celui qu'on occupe, et à beaucoup moins que 3,000 mètres de distance.

Dans ces circonstances, lorsqu'on avance sur les parties saillantes, la première attention est de conserver l'égalité de hauteur avec le bord opposé. De là, on jettera la vue sur la pente qui conduit au fond de la vallée. Si elle est formée en glacis sans bosses, sans inégalités et de manière à découvrir toute la surface jusqu'au bord du ruisseau; alors les approches, dans cette étendue, pourront être défendues par les seules batteries du sommet de la côte.

Si la pente est arrondie et successivement convexe, si elle s'allonge en double et triple pente, ces accidents empêcheront que du sommet où il faut s'arrêter on en puisse découvrir et défendre toute l'étendue. Ces sortes de cas sont toujours embarrassants, et voici les difficultés qu'il s'agit de résoudre.

Si l'on descend le canon sur les parties de la pente d'où l'on pourrait découvrir par tout le fond de la vallée, l'ennemi occupant le bord opposé pourra se placer de manière à dominer entièrement cette batterie, et, à la distance de 15 à 1800 mètres, cette domination serait absolument dangereuse pour établir une batterie dans cette situation; il faudrait la construire comme les batteries de siége, avec des communications de même espèce, ce qui suppose du temps et des mesures de construction qui ne s'admettent pas dans les occasions pressées ou passagères, et si, faute de temps, le parapet de la batterie ne se trouvait pas suffisamment élevé pour cacher la pièce dans son recul et les hommes qui la servent, l'ennemi pouvant plonger dans la batterie, les pièces et les hommes seraient alors bientôt hors de service. Quelle que soit donc la nécessité de bien découvrir et battre le terrain en avant d'une batterie, sans y laisser d'abri où l'ennemi se trouverait couvert contre l'artillerie et la fusillade, néanmoins il faut assez souvent se soumettre à ce désavantage et chercher à y remédier par d'autres moyens.

On donne le nom de défilement à l'art de mettre les défenseurs d'un ouvrage à l'abri des coups des ouvrages qui dominent, et l'on dit qu'un ouvrage est défilé quand son intérieur est soustrait aux feux partant des hauteurs voisines. En général, on ne cherche à garantir les défenseurs que sur une zone déterminée en arrière du parapet, et l'on appelle plan du défilement cet espace. Nous verrons plus loin la manière d'établir un défilement.

§ VIII.

Voyons d'abord un des premiers moyens applicable à cet état de choses. On observera les hauteurs opposées sur lesquelles l'ennemi pourrait placer le plus avantageusement son artillerie, et en conservant toujours l'égalité de hauteur : à défaut d'avoir pour soi la domination, on dirigera les plus grosses pièces sur les points opposés les plus favorables à l'ennemi. Les batteries voisines et collatérales pourront se croiser sur ce point, et, comme l'ennemi doit d'abord s'y présenter à découvert, le dommage qu'il en recevra l'obligera à répondre aux batteries dont il aura le plus à souffrir, afin de n'être pas démonté immédiatement. Forcé de cette manière à s'engager avec les batteries hautes, l'ennemi ne pourra plus tirer avec le même avantage sur les batteries basses et sur les retranchements occupés par l'infanterie.

Mais ceci n'est encore que le premier des moyens auxquels il faut avoir recours.

§ IX.

Après l'établissement de ces batteries principales composées du gros calibre, il faut s'occuper à reconnaître les irrégularités du terrain, depuis le sommet de la côte jusqu'au fond de la vallée. On prendra d'abord en considération les principaux débouchés dont l'ennemi pourrait se servir, savoir les grands chemins, les ponts de pierre, s'il y en a, et qu'on juge à propos de les conserver, comme aussi faute de temps pour les détruire, lorsqu'ils sont d'une trop grande solidité. Certains ruisseaux bourbeux sont difficiles à passer sans ponts dans tout leur cours; si l'ennemi entreprend d'y jeter des ponts, ce sera particulièrement dans les endroits où ce travail pourra être le mieux protégé par ses batteries, et aussi dans les endroits où les bords du ruisseau lui offriraient quelque couvert avec un emplacement pour son infanterie; et comme on ne peut pas entreprendre de retrancher une armée le même jour dans toute l'étendue de son front, il importe infiniment de s'appliquer à bien distinguer les endroits où le travail est le plus nécessaire.

Quand les côtés de la position ne sont pas en glacis (1), c'est-à-dire en pente douce, et que du sommet on n'en peut pas défendre la pente dans toute son étendue jusqu'au fond de la vallée, alors il faut choisir parmi les irrégularités celles qui sont les plus saillantes et les plus avancées, et s'en servir pour défendre le pied de la côte par des feux de flancs croisés ou d'écharpe (2), autant que cela se peut, eu égard aux parties dominantes de la côte opposée, dont il faut se garantir.

---

(1) On appelle glacis un petit remblai ou talus incliné (*kjl*) que l'on construit en avant du fossé. Le glacis a pour objet d'ajouter à la force des retranchements en rendant la descente du fossé plus difficile à effectuer par l'assaillant (voir *fig.* 1, *pl. III*).

(2) Le tir est d'écharpe quand sa direction est oblique.

Dans ce cas, le canon et la fusillade étant dirigés dans le sens de la longueur de la vallée ou du cours des eaux, les ouvrages disposés de cette manière seraient vus de flanc et de revers (1) de la côte opposée, qui pourrait être occupée par l'ennemi; alors il devient indispensable de les couvrir par des traverses de force et de hauteur suffisantes, relativement à la distance et à la supériorité du commandement auquel ces sortes de retranchements pourraient être exposés. Il faut encore ajouter que le commandement contre lequel il s'agit de se couvrir doit être éloigné de 1800 à 2,000 mètres au moins et dans les cas les plus extrêmes. La première raison en est, qu'il serait très-difficile de se défendre contre une attaque de vive force étant dominé de si près. La seconde, qu'il faudrait des traverses très-hautes et très-multipliées pour couvrir le service des pièces, et qu'il ne faut jamais entreprendre des travaux extraordinaires, à moins qu'on ne soit absolument certain qu'on aura tout le temps et les moyens nécessaires pour les achever.

Lorsque la distance où l'on se trouve du commandement est hors de vraie portée, les traverses exigent moins de hauteur à proportion de sa plus grande distance. Ce qu'il y a de plus pressé est d'y faire travailler en diligence et sans relâche. Pour plus d'expédition on prend la terre des deux côtés, et l'on y emploie autant de monde que l'espace en peut contenir sans embarras pour les travailleurs.

Il reste encore à remarquer que les défenses de cette espèce ne peuvent s'employer qu'à la faveur de quelques accidents qui puissent les protéger contre les attaques de vive force.

Ces accidents peuvent être un bois épais dont les bords seront mis en abatis (2), un chemin creux bordé de haies, quelques maisons et jardins capables de résistance, ou sim-

---

(1) Une batterie est de revers quand elle frappe ou est frappée par derrière, soit un ouvrage, soit par un ouvrage.

(2) Les abatis sont des retranchements construits avec des arbres couchés dans leur longueur et entrelacés de leurs branches.

plement une haie très-forte derrière laquelle on se retranche de manière à pouvoir soutenir sans grande perte le feu que l'ennemi pourra faire sur ces parties les plus exposées.

Dans l'étendue des côtés qui bordent une vallée il s'y trouve, à des distances plus ou moins rapprochées, des ravines ou petits vallons formés par l'écoulement des eaux pluviales. Les bords en sont déchirés quand les eaux des hautes plaines y tombent en abondance et avec rapidité; il n'en résulte que des profondeurs qui conduisent, par une pente plus ou moins douce, du fond de la vallée sur le sommet de la côte où elles ont leur naissance. Les chemins suivent ordinairement ces accidents du terrain; mais quand il n'y aurait pas de chemin, ces profondeurs sont toujours favorables à l'ennemi pour se soustraire aux effets de l'artillerie, qui défend les approches de la côte. Lorsque ces vallons ont une certaine largeur et une certaine étendue, on se sert de canon et de l'infanterie retranchée pour les défendre. Il est essentiel de n'en laisser aucun sur le front que l'on occupe qui ne soit défendu de l'une ou de l'autre manière; et pour que la disposition des feux soit bonne et complète, il faut qu'il n'y ait pas une seule place, un seul endroit sur la côte à mettre en défense qui ne soit vu et battu de l'artillerie ou de la fusillade; à la portée de ces différentes armes, cette règle est générale et absolue.

Pour faciliter l'intelligence de ce que l'on vient de dire, prenons un exemple.

La vallée dont le passage est à défendre est étroite, profonde et bordée de côtes convexes à double et triple pente, ce qui empêche que du sommet on en puisse découvrir le pied; les bords opposés sont de même hauteur et tout ce qui est au-dessous de ces bords se trouve dominé par l'un ou l'autre côté.

Les hauteurs opposées semblent indiquer par leur forme et leur situation l'usage que l'ennemi en pourra faire; c'est sur ces points qu'il doit nécessairement développer son artillerie pour la faire agir au soutien de son attaque; c'est par conséquent contre ces points que nos batteries hautes doivent être dirigées à la distance où elles peuvent y atteindre.

D'un point élevé vers un autre point élevé, la côte s'allonge en forme d'arête, dont la pente est marquée par une suite de ressauts jusqu'à la vallée principale. La situation de cette arête occasionne en cet endroit une double vallée dont la naissance est en arrière sur le chemin de l'ennemi. On peut croire qu'il profitera de cette circonstance pour faire marcher à couvert les troupes de cette attaque. Elles pourront arriver, se former derrière cette arête, et y rester jusqu'à ce qu'il leur convienne d'agir sans avoir rien à souffrir de notre artillerie. C'est sur les circonstances de cette espèce que l'attention doit se porter.

Pour traverser la vallée principale, l'ennemi doit marcher en ligne ou en colonne ; mais l'une ou l'autre manœuvre se trouve indiquée par la nature du passage.

Si le ruisseau du fond de la vallée peut être passé partout sans difficulté, on peut croire que l'ennemi se présentera en ligne comme étant la manœuvre où les troupes ont moins à souffrir des effets de l'artillerie.

En ce cas, notre artillerie en face de l'arête dont il s'agit, doit être disposée pour tirer sur toute l'étendue de cette arête, et jusqu'au fond de la vallée, autant que la convexité de la côte sur laquelle elle est placée peut le permettre, afin de suivre l'ennemi pendant tout le temps qu'il mettra à parcourir cet espace.

Si le ruisseau n'est passable qu'en certains endroits, il faut en marquer le lieu et l'étendue par quelque chose de visible et diriger le feu des batteries voisines sur ces endroits De plus, il faut aviser à placer en face de ces passages des retranchements pour des postes d'infanterie, de manière qu'ils puissent se trouver sous la portée du fusil : dans ce cas il peut arriver que ces retranchements soient commandés de près par les hauteurs opposées : pour remédier à cet inconvénient il faudra les construire comme les parallèles dans les attaques des places, c'est-à-dire qu'ils soient creusés dans le sol, et que la terre en soit jetée du côté du commandement. On leur donnera deux ou trois banquettes (1) à proportion de l'élévation du commandement.

Si l'on suppose le commandement de 3,000 à 4,000 mètres de distance, laquelle distance est à peu près environ la plus grande portée du canon, on trouvera par le calcul que pour être couvert à 7 mètres en arrière du retranchement, il faut ajouter 0.70 centimètres à la hauteur d'un homme, de manière que le parapet, dans cette supposition, aurait au plus 2 mètres 60 de hauteur, ce qui exigerait quatre banquettes de chacune 40 centimètres de hauteur; et comme la première banquette serait sur la surface du sol naturel, il s'ensuit que cette espèce de tranchée aurait 1 mètre 20 centim. de profondeur. Il convient de remarquer qu'il n'est pas ordinaire de se trouver commandés de si loin, et que le travail en devient moindre à proportion.

En général la largeur du fossé se comptera toujours à la partie supérieure : elle ne peut être moindre de 4 mètres, autrement l'ennemi pourrait la franchir aisément au moyen de planches ou de madriers. Quant à sa profondeur elle ne peut dépasser 4 mètres, ni être au-dessous de 2 : car, dans le premier cas, il serait trop dificile de rejeter les terres sur la berme (2), et, dans le second, l'excavation ne présenterait pas un obstacle suffisant.

Il faudrait aussi pouvoir communiquer avec cet ouvrage, à couvert du feu de l'ennemi, cela peut se faire en continuant la tranchée, sans y faire de banquettes dans une direction quelconque à la faveur de laquelle on puisse gagner un couvert voisin, comme maison, jardin, bosquet, chemin

---

(1) On appelle banquette une marche (*bc*) horizontale en dedans du retranchement, sur laquelle se postent les défenseurs pour faire feu (voir *fig.* 1, *pl. III*).

(2) On appelle berme une partie horizontale (*fg*) de 0^{m},30 à 1 mètre de largeur, suivant que la terre est forte ou légère, qui se trouve en avant du parapet du côté de la campagne. Elle a pour objet de permettre aux hommes de relever les terres éboulées et de reculer la masse du parapet afin que son poids n'écrase pas les bords du fossé (voir *pl. I*, *fig.* 3).

creux, etc. Si ces choses ne se trouvent pas dans le voisinage, et l'ennemi étant en présence, alors les gardes placées dans ces sortes d'ouvrages ne seront pas relevées de jour, mais séparément pendant la nuit.

Les gués et passages que l'on veut défendre doivent être, lorsqu'on a le temps, rompus par des fossés transversaux ou par plusieurs rangs de puits placés en échiquier, et, quand on le peut, par de grosses branches d'arbres retenues par des piquets, afin qu'elles ne soient point emportées par le courant. De cette manière on empêche le prompt passage de l'artillerie et de la cavalerie, et l'on retient l'ennemi pendant son travail sous le feu des batteries, ce qui lui fait perdre des hommes et du temps.

L'avantage du temps est surtout précieux dans la défensive parce qu'il donne le moyen de discerner ce qu'il peut y avoir de réel dans les apparences du danger.

Et c'est ainsi seulement que l'on parvient à défendre toutes les irrégularités du terrain, soit par le feu de l'artillerie ou celui de l'infanterie.

§ X.

La défense des approches, ainsi qu'on vient de l'indiquer, consiste dans la disposition du feu de l'artillerie et de l'infanterie, de manière que l'ennemi y soit exposé dans toutes les directions possibles pendant le trajet qu'il doit faire à découvert pour déposter les troupes et s'emparer des batteries, sans lui laisser une place où il puisse se trouver à l'abri du feu de l'une ou de l'autre arme.

Ce n'est pas derrière un retranchement de 1 mètre 40 centimètres d'élévation, couvert par un fossé de quelques pieds de large, que l'on peut espérer soutenir et repousser une attaque de vive force, entreprise par des bataillons doublés à distance de peloton. Cela ne pourrait avoir lieu qu'autant que ces ouvrages seraient couverts par des obstacles dont nous parlerons ailleurs : mais le moyen suppose du temps et des secours tirés des circonstances locales, qui sont des choses qu'on ne saurait se donner à volonté. Dès lors les dispositions de cette espèce ont seulement pour objet de disputer les approches et de retarder la marche de l'ennemi, afin de pouvoir sûrement reconnaître le dessein de son attaque ainsi que les points par où il se propose de pénétrer, et se donner en conséquence le temps de faire arriver les renforts nécessaires pour combattre avec avantage dans des endroits principalement attaqués.

En pareil cas, l'artillerie et les troupes dispersées à mi-côte, pour la défense de la vallée et des passages particuliers, s'il s'y en trouve, doivent quitter leur poste et se mettre en retraite au fur et à mesure que les premiers passages sont forcés devant elles et lorsque l'ennemi commence à se former pour monter la côte, chaque poste en particulier ne doit être abandonné ni trop tôt ni trop tard. Si le poste se trouve exposé à être tourné à la fois des deux côtés, il n'y a point de temps à perdre, la retraite doit être ordonnée. Si le risque ne se montre que d'un côté, on peut chercher à se soutenir sur le flanc de l'ennemi, en s'appuyant sur les postes qui se défendent encore ou qui ne seraient pas attaqués.

La retraite devenant nécessaire, l'artillerie doit se retirer la première par le chemin qui lui aura été préparé en coupant les haies, comblant les fossés, adoucissant les talus, afin de rendre sa marche légère et facile, l'infanterie dans chaque poste fera l'arrière-garde, continuant de disputer le terrain à la faveur des accidents qu'il pourrait offrir, et en s'éparpillant à la manière des tirailleurs, ce qui doit se faire sans précipitation ni confusion. Ces sortes de manœuvres n'exigent que du sang-froid, un peu d'habitude et de connaissance du métier. Pendant le même temps, et du sommet de la hauteur, on fait avancer au soutien de celles qui se retirent quelques troupes détachées de la ligne.

Malgré la proximité où l'on pourrait être de l'ennemi, il ne faut pas s'en faire une idée dangereuse : le plus grand danger serait pour lui-même.

Si le fond de la vallée n'est pas entièrement ouvert et qu'elle ne puisse être traversée qu'en certains endroits sous un feu préparé, de quelque manière que l'ennemi s'y prenne, il aura toujours à souffrir de ce feu en défilant par les passages sur plus ou moins de largeur. C'est pourquoi la tête de son attaque ne sera formée que par des tirailleurs soutenus par de petits détachements qui chercheront à tourner les postes retranchés.

Cette manœuvre peut être contrariée par des détachements qui sortiront des postes retranchés pour défendre les intervalles et empêcher l'ennemi de tourner les postes les plus avancés.

L'ennemi soutiendra alors son attaque par de nouvelles troupes, et ses têtes de colonne avanceront dès que le passage sera forcé; à cet instant, son dessein sera manifesté, ce qui était notre principal objet.

A partir de ce moment aussi, l'artillerie ne lui sera plus d'aucune utilité parce que ses tirailleurs et ses détachements seront si près des nôtres qu'ils ne pourraient tirer sur nous sans risquer de tirer sur eux-mêmes.

Il n'en est pas de même de nos batteries basses plus fortement retranchées; elles ne sauraient être emportées par des tirailleurs, car leur ligne de défense est dirigée de manière à pouvoir tirer sans nuire à nos troupes. Alors ces batteries seront attaquées par des bataillons ou autres corps particuliers; c'est à ce moment qu'elles pourront faire retraite, si les circonstances ne permettaient pas de les soutenir et d'empêcher qu'elles ne fussent tournées. Ces sortes d'emplacements doivent être maintenus avec opiniâtreté et à tous risques, parce que l'ennemi ne saurait se former en ligne ou continuer de marcher en colonne en laissant agir ces batteries sur ses flancs, et que d'ailleurs le gain d'une bataille ne dépend pas de la perte ou de la conservation de quelques pièces de canon.

Si le fond de la vallée est partout accessible, l'attaque en sera plus générale et plus vive; l'ennemi, après avoir canonné, se portera brusquement sur les batteries basses; en même temps les intervalles seront remplis par ses troupes légères, qui s'efforceront de les tourner; et comme une attaque de cette espèce doit être soutenue de près, on verra ses têtes de colonne se présenter sur le même front, prêtes à se déployer. C'est particulièrement dans ces circonstances que les batteries basses doivent continuer d'agir à tout risque jusqu'à la dernière extrémité; c'est surtout sur le nombre et la force des colonnes que l'attention doit se porter.

Lorsqu'elles se tiennent à distance pour cacher leur faiblesse et qu'elles ne montrent qu'une tête immobile, on peut croire que le danger n'est pas de ce côté; on le voit d'ailleurs par la manière dont les tirailleurs et les détachements qui les soutiennent se conduisent. Ces derniers ne se pressent pas d'avancer, sachant bien qu'ils ne seraient pas suffisamment appuyés, et ne font alors que ce qui leur est ordonné, c'est-à-dire beaucoup de bruit et rien de décisif.

Les véritables attaques se manifestent par une impétuosité soutenue et s'accroissent avec le nombre des troupes qui se succèdent; dans ce cas, il faut que les colonnes marchent et s'avancent, il ne leur suffirait pas de se montrer : ces symptômes ne sont pas douteux, et c'est aux généraux à donner leurs ordres en conséquence.

§ XI.

Les passages étant forcés, les batteries basses et flanquantes étant emportées ou contraintes à la retraite, l'ennemi pourra occuper le fond de la vallée, ainsi que le pied des hauteurs qu'il veut attaquer sans avoir à souffrir de notre feu; il pourra donc y former à son aise les troupes de cette attaque; mais il se passera nécessairement quelque temps avant qu'il soit en état de marcher en ordre pour attaquer les batteries supérieures et les troupes en bataille sur le sommet de la hauteur.

Il faut encore répéter ici que, dans tous les combats de simple position, où l'on ne peut avoir en sa faveur que quelques accidents du terrain, on ne peut se proposer autre chose que de reconnaître sûrement et distinctement la situation des principales forces de l'ennemi, ainsi que le moment et les points où il veut les faire agir. Dans les pays couverts, les attaques de nuit sont aussi à craindre que celles de jour. C'est encore dans ce cas qu'il faut avoir recours à l'expérience. Les démonstrations qui se font sur le soir sont rarement véritables; l'ennemi peut changer ses dispositions pendant la nuit, et ce qu'on a pu voir et apprendre la veille ne sert qu'à multiplier les incertitudes. Ce sont ces difficultés qui rendent la défensive toujours plus périlleuse que l'offensive. Dans ces circonstances, le meilleur conseiller est l'étude que l'on aura faite du terrain et des avantages qu'il peut respectivement fournir à nous-mêmes ou à l'ennemi.

Il ne faut jamais compter sur la résistance des retranchements dont nous avons parlé à moins qu'on n'ait eu le temps de les couvrir de quelque obstacle, ce qui ne saurait avoir lieu qu'à l'égard de quelques points particuliers. La généralité de ces ouvrages ne doit donc être considérée que comme un moyen de marquer l'emplacement et la direction des feux qui peuvent défendre les approches, retarder la marche de l'ennemi et jeter ses troupes dans un désordre toujours plus grand à proportion de la perte qu'il éprouve. C'est donc dans cette situation que ces troupes doivent se trouver après avoir forcé les passages et emporté nos premières batteries.

L'ennemi, d'ailleurs, ne peut marcher au soutien de cette attaque, qu'en descendant la côte opposée; pendant ce trajet, on a eu l'occasion de compter ses troupes et de reconnaître la force primitive de celles qu'il aura rassemblées dans la partie de la vallée que nous ne pouvons plus découvrir et que nous ne pouvons plus battre qu'imparfaitement. Mais quelles que puissent être la vigueur et la vivacité de son attaque, si notre feu a été bien disposé, l'ennemi doit y avoir employé un certain temps, pendant lequel nos réserves, en proportion des forces qu'il aura développées, seront arrivées pour lui faire face. Voilà en quoi consiste le principal avantage de cette disposition.

§ XII.

Maintenant que l'ennemi doit monter la côte pour s'emparer de nos batteries supérieures, son artillerie, qui occupe le sommet de la côte opposée jusqu'à ce moment, aura pu continuer de tirer sur elles; mais lorsque les bataillons seront à portée de nos batteries, son artillerie, sur les hauteurs opposées, restera sans action, ne pouvant pas continuer son feu sans risquer de tirer sur ses propres troupes.

En montant la côte, l'ennemi sera réduit à ses feux de bataillon, et quand même il serait suivi d'un certain nombre de pièces de douze légères, elles resteraient inutiles : pour s'en servir, il faudrait qu'elles puissent s'arrêter quelque part. Or, si nous supposons dans notre exemple que nos batteries supérieures ne puissent découvrir qu'une partie de la pente devant elles à la distance de deux ou trois cents mètres, il faudrait que son artillerie s'arrête à cette distance pour pouvoir tirer sur nous de bas en haut et à découvert contre notre artillerie retranchée. Il est aisé de voir que cela ne servirait qu'à retarder le succès de son attaque sans la protéger. Si les troupes avancent de bas en haut, elles couvriront son artillerie; il n'y a donc qu'un moyen pour lui, celui de marcher en courant, tête baissée contre nos batteries; de pénétrer par les intervalles et de s'en rendre maître, soutenu de près par une seconde et même une troisième ligne d'infanterie en bon ordre, ainsi que par sa cavalerie en quatrième ligne, sur plusieurs colonnes. Nous disons sur plusieurs colonnes, parce qu'on ne peut pas supposer que la cavalerie puisse franchir en ligne pleine une côte inégale et retranchée en beaucoup d'endroits, par de la grosse artillerie; car les attaques par où l'on veut pénétrer doivent être profondes. L'ennemi devra donc avancer en cet ordre pour gagner du terrain et s'emparer de quelques points d'appui, comme bois, villages, ou hauteurs dominantes, et aussi afin d'y rétablir son ordre de bataille, remettre son artillerie en action et diriger les suites de son attaque selon les circonstances. De notre côté, voyons maintenant ce qui nous reste à faire.

Les pièces de nos batteries basses ayant été forcées à la retraite, seront venues occuper les places vacantes dans les batteries hautes. Vers le même temps nos réserves d'artillerie, d'infanterie et de cavalerie seront arrivées en proportion des troupes ennemies qu'on aura vues traverser la vallée pour former cette attaque. Il suit de cette disposition que nous aurons en notre faveur une grande supériorité d'artillerie, ou plutôt une grande réunion de positions contre l'ennemi qui pour le présent, au contraire, s'en trouve entièrement dépourvu.

A ce moment, notre artillerie cessera de tirer sur tout le front de l'attaque et attendra en silence le moment où l'ennemi deviendra visible en montant la côte; il sera reçu alors par une salve générale, continuée avec la plus grande vivacité possible.

Nos première et seconde lignes d'infanterie qui, jusqu'alors, ont été mises en bataille en arrière de nos batteries hautes, pour ne pas les exposer inutilement aux obus de l'ennemi tirés de la côte opposée, marcheront en avant à l'instant où notre feu se fera entendre; elles empêcheront, par leur présence, les détachements de l'ennemi de se servir des intervalles pour tourner et prendre à dos nos batteries hautes. Ces dernières peuvent être considérées comme autant de bastions dont notre première ligne d'infanterie, à soixante pas en arrière, formera la courtine. Ce mouvement doit suffire, car cette infanterie ne doit pas faire feu; ce qui lui sera expressément défendu, et, pour cet effet, les troupes resteront l'arme au bras. Dans cette attitude, elles doivent seulement laisser agir l'artillerie qui continuera de tirer sur l'ennemi visible.

On peut établir en certitude que les premières troupes de cette attaque seront repoussées et mises en désordre par notre feu croisé sur leur passage, et qu'elles seront arrêtées par la présence de notre ligne en ordre de bataille. Alors la seconde et la troisième ligne de l'ennemi auront ordre d'avancer au soutien de cette attaque. Il se peut que notre feu les repousse encore; il se peut aussi que, malgré sa perte, l'ennemi continue de marcher en avant. Cependant il ne saurait mettre ses flancs entre nos batteries; c'est pourquoi il les fera attaquer de front avant de s'engager dans les intervalles. C'est dans ce moment que notre ligne doit s'ébranler pour marcher à lui. S'il était possible d'empêcher les troupes de faire feu en pareille rencontre, la victoire nous serait assurée, parce qu'une ligne d'infanterie qui marche en avant, en conservant son feu, en impose toujours à l'ennemi.

A l'égard de l'ordre, il est à remarquer que la confusion est plutôt occasionnée par l'effet du canon que par celui des petites armes; mais l'ennemi étant encore sans grosse artillerie, notre perte serait peu de chose en comparaison de celle qu'il aurait éprouvée, puisque jusqu'à présent aucun accident n'a pu déranger notre ordre de bataille. Cependant, on peut croire qu'il arrivera ce qui arrive ordinairement; notre ligne parvenue à une certaine distance de l'ennemi s'arrêtera d'elle-même, et commencera un feu meurtrier qui ne pourra rien décider qu'à la longue.

Quant à nos batteries attaquées de front, il sera possible à l'infanterie ennemie d'en franchir le parapet; mais elles seront soutenues, à l'entrée de leur gorge, par de l'infanterie en bataille; c'est à cet effet que nos batteries doivent toujours être ouvertes par le dos. D'ailleurs, par la disposition des flancs, elles sont plus larges à la gorge que sur le front; ce qui, dans cette situation, nous donnerait l'avantage du nombre et surtout celui de l'ordre. Une troupe en bataille repoussera toujours des gens qui s'avancent isolément et dans le désordre inévitable à la suite d'un grand effort.

Dans ces circonstances, la seconde ligne doit être plus rapprochée de la première qu'elle ne l'est ordinairement dans les combats en plaine.

Lorsque le feu de part et d'autre peut agir à peu près

horizontalement, il convient de mettre six cents mètres au moins de distance entre la première et la seconde ligne, afin que la seconde ligne, qui est inactive, ne soit pas exposée à perdre du monde inutilement. Dans le cas dont il s'agit, le feu de l'ennemi étant dirigé de bas en haut, les balles ne sauraient raser la plaine. C'est par cette considération que notre seconde ligne peut être rapprochée de la première, sans courir aucun danger. Mais ce rapprochement lui donne la facilité de mieux soutenir nos batteries et de rétablir les pertes de la première ligne.

Quand nous parlerons du soutien de nos batteries, ce n'est plus de l'artillerie qu'il s'agit. Quelques pièces auront été retirées, d'autres abandonnées dans les ouvrages où l'ennemi aura pénétré. Mais il n'importe pas moins de conserver ces ouvrages, parce qu'ils se trouvent sur les flancs de nos différentes lignes engagées dans des intervalles. Ce sera donc le devoir de la seconde ligne de les soutenir et d'en chasser l'ennemi. Dans le cas où celui-ci sera parvenu à y entrer de front, et partout où nos pièces pourront être ramenées et remises en action, ce sera le moyen le plus efficace pour décider sa retraite.

Dans ces instants de crise, il est presque impossible de marquer comment les choses se termineront. La lâcheté ou le courage de certains chefs, de certains corps de troupes peuvent occasionner des accidents pour et contre. L'ennemi peut être repoussé partout, mais aussi il peut percer quelque part. C'est à quoi il faut avoir l'œil, afin de le faire charger par la cavalerie qui doit se tenir en bataille à portée, vis-à-vis les intervalles où elle peut agir et avant que le désordre se soit communiqué aux autres parties de la ligne. Il est encore d'autres ressources, en cas de malheur, dont nous ne parlerons pas ici, parce qu'elles appartiennent plutôt à la science des manœuvres qu'à la fortification de campagne.

On peut cependant remarquer encore que l'infanterie de l'ennemi ne saurait s'avancer seule sur cette haute plaine, sans être soutenue par la cavalerie; elle devra donc s'arrêter pour attendre l'arrivée et le déploiement de la cavalerie qui est à la suite. Mais il serait également difficile à l'ennemi de former son infanterie et sa cavalerie en ordre de bataille sur le bord de la côte, s'il nous reste des batteries sur les flancs, car le feu pourrait mettre le désordre dans sa cavalerie pendant son déploiement; ce qui suffirait pour donner à la nôtre l'occasion de la charger avec avantage, et comme cette mesure appartient à la fortification de campagne, elle mérite d'être remarquée.

Lorsque le terrain peut offrir des situations de cette espèce, il ne faut jamais les négliger; il convient toujours d'y faire des ouvrages quand même on manquerait d'artillerie pour les armer, d'autant plus qu'en cas d'attaque et comme on l'a vu précédemment, les pièces plus avancées devant se reployer pourront alors occuper ces sortes de places et devenir d'une grande utilité.

C'est aussi pour éviter l'inconvénient d'être exposé à des feux d'écharpe dans le fort d'une attaque que l'ennemi cherchera par préférence à s'emparer de quelques points, sur le sommet de la côte, propres à lui servir d'appui et à couvrir ses flancs, tels qu'un bois, un village, une hauteur dominante. Le parti de percer entre deux pourrait lui devenir funeste; c'est aussi pourquoi l'attention dans la défensive doit se porter sur les points de cette espèce, afin de les soutenir et de les disputer jusqu'à la dernière extrémité, comme étant les clefs du champ de bataille et pouvant servir à remédier aux accidents de la journée.

CONCLUSION.

On vient de voir que la fortification de campagne n'est pas simplement la science d'élever des parapets figurés sur les ouvrages de la fortification des places, mais que son premier objet est la bonne disposition de l'artillerie relativement aux accidents du terrain, tant pour la défense des approches et celle du champ de bataille que pour contrarier les manœuvres de l'ennemi. Si donc avant de parler de la construction des ouvrages, nous sommes entré dans des détails d'une attaque simulée, ce n'a été que pour établir plus clairement le but de la fortification de campagne, et pour en faire connaître l'importance par rapport aux points que l'on doit occuper. Il résulte de ces considérations, que le choix de l'emplacement des batteries et la distribution des pièces dont elles sont armées, ne sont pas des choses simples dont on puisse bien s'acquitter, sans y apporter plusieurs espèces de connaissances et d'attention. Les dispositions de cette espèce sont ordinairement faites de concert entre les officiers d'état-major et les principaux officiers de l'artillerie, parce que ce qui concerne les chemins, les principaux débouchés par où l'ennemi peut se présenter, l'état des ponts, des routes, la nature des gués, des bords et du fond des rivières ou ruisseaux, celle des bois, des marais, sont de la compétence de l'officier d'état-major, non-seulement sur l'étendue du front, mais encore beaucoup au delà, et aussi près de l'ennemi qu'il est possible. En résumé, les ouvrages à faire sur le front des armées pour assurer leur position, devant se régler sur ces connaissances et sur les circonstances très-variées qui tiennent aux opérations de la guerre, la fortification de campagne sous ces derniers rapports devient une science étendue et compliquée, différente de la formation des parapets qui n'en est que la partie très-subalterne. C'est la raison des ouvrages qu'il faut apprendre : quand on en sait les raisons, la forme est toujours facile à trouver.

Nous invitons donc les officiers qui ont le désir de parvenir au service d'état-major à beaucoup exercer leurs réflexions sur ce chapitre. Par la nature de nos armes, la principale action dans l'attaque et la défense se passe à coups de feu, et ce feu sera d'un grand effet ou sans effet, selon qu'il sera bien ou mal disposé.

SECTION DEUXIÈME.

De la hauteur et épaisseur à donner au parapet des ouvrages de la fortification de campagne, lorsque l'artillerie et l'infanterie doivent être placées sur le sol naturel.

§ Ier.

Lorsque l'artillerie est placée sur le sol naturel, il arrive que la pente du parapet (1), par-dessus laquelle le canon doit tirer, ne peut avoir que 1m,20 à 1m,30 de hauteur; mais, dans la distance qui se trouve entre deux canons, on élève cette partie du parapet jusqu'à 1m,50, soit pour y placer de l'infanterie quand l'intervalle est assez grand, soit pour mieux couvrir ceux qui servent le canon. Cette partie s'appelle merlon.

Il résulte de cette construction une embrasure informe, fort évasée et marquée à peine par la différence d'un pied dans l'élévation avec les autres parties du parapet.

Il faut remarquer que l'expédient de tirer à barbette (2) pour mieux découvrir l'horizon ne convient que lorsqu'on domine la campagne devant soi. Plus on est élevé, moins

---

(1) On appelle parapet ou masse couvrante (*no*) le remblai qui intercepte les projectiles (voir *fig. I, pl. III*).

(2) Les batteries à barbette sont celles qui sont à découvert et élevées de manière à tirer par-dessus le parapet et à suivre plus aisément les mouvements de l'ennemi. Une barbette n'est à proprement parler qu'une élévation au-dessus du sol destinée à élever la volée du canon au-dessus de la plongée, et le tir à barbette est celui qui se fait dans ces conditions.

les effets du feu de bas en haut sont à craindre. Plus on approche du niveau de la campagne, plus les parapets doivent avoir de hauteur à proportion, de sorte que, en rase plaine, les parapets doivent avoir six pieds de hauteur pour couvrir les troupes en arrière, car dans cette situation le feu de part et d'autre devenant rasant, un parapet de trois pieds et demi à barbette ne servirait qu'à garantir les jambes, ce qui n'est pas un grand avantage quand la tête est emportée. On ne peut aussi se dispenser de faire des banquettes à l'usage de l'infanterie dans les endroits où l'on veut en placer.

Dans les grandes batteries, sur le front d'un camp ayant sa destination particulière, il devient inutile qu'elle découvre les autres parties de l'horizon. La même pièce ne saurait tirer dans quatre directions à la fois. Il suffit donc que chaque pièce puisse assister les deux voisines ; aussi les embrasures seront suffisamment ouvertes quand elles auront cette direction.

D'ailleurs, il devient toujours facile de jeter à la pelle dans le fossé de l'ouvrage un pied de terre, si cela gênait le tir du canon.

Cette pratique de raser les parapets à la hauteur de la bouche du canon convient dans les postes avancés, qui n'ont, ordinairement, qu'une ou deux pièces de canon pour défendre la demi-circonférence de l'horizon. Ne sachant de quel côté les détachements de l'ennemi se présenteront, il devient nécessaire de les découvrir de partout avec la même pièce placée pour cet effet sur un angle saillant.

Cependant il peut arriver que, sur le front du camp, un parapet de quatre pieds suffise pour couvrir le canon et l'infanterie placés sur une élévation pour la défense de la pente en avant, tandis que les hauteurs opposées ayant la même élévation, il s'ensuivrait qu'à leur égard on serait exposé à un feu rasant.

Dans ce cas il s'agit de considérer la distance. Si elle est de 3,000 à 4,000 mètres au plus, alors le tir devient trop incertain pour en tenir compte ; si elle était, au contraire, moindre, il faudrait élever les parapets et y former des embrasures comme dans la plaine, puisque les batteries opposées se trouveraient au même niveau. Il ne convient jamais dans la pratique d'adopter une méthode sans en bien connaître la raison. Bien des gens d'expérience nous disent : je l'ai vu, cela se fait de cette façon ; on ferait bien de leur demander : en avez-vous vu aussi la raison?

C'est donc pour éviter les effets du feu rasant que les armées cherchent à se placer sur le terrain dominant. Lorsque, par la nature des lieux, on est forcé de camper en plaine, les flancs doivent être nécessairement couverts par quelque objet, comme bois ou village, qui puisse dérober la vue de la ligne à l'ennemi.

Il y a aussi d'autres raisons pour occuper les hauteurs, mais elles se rapportent à la combinaison des mouvements.

Lorsqu'on domine tout le terrain sur lequel l'ennemi pourrait établir ses batteries, on a l'avantage de voir à découvert ses affûts dans toute leur longueur, tandis qu'il ne peut apercevoir que la bouche du canon qui occupe la hauteur ; à la faveur d'un parapet de quatre pieds, ou de quatre pieds et demi, le recul de sa pièce le rend invisible et la bouche ne reparaît que lorsque la pièce est chargée.

Mais il arrive souvent, comme nous l'avons observé, qu'en voulant conserver les avantages de la domination ou seulement l'égalité, on ne peut pas bien découvrir les accidents de la pente que l'on a devant soi et en raser toutes les parties jusqu'au bas de la vallée ou au bord de la plaine.

Lorsque ces irrégularités ne sont pas fort considérables, il suffit souvent d'élever le canon et l'infanterie de deux, trois ou quatre pieds pour battre la longueur de la pente et découvrir partout l'ennemi.

Mais l'expédient d'élever le canon sur un terre-plein de deux, trois ou quatre pieds, formé de terre fraîchement remuée, exige du travail et devient une besogne que l'on ne doit jamais entreprendre sans être assuré qu'on aura le temps de finir. Il faut d'ailleurs y apporter d'autres attentions.

Si les terres sont argileuses et de nature à être facilement détrempées, on doit craindre, même après avoir achevé l'ouvrage, qu'un temps pluvieux ne survienne, auquel cas il serait impossible de se servir du canon sur ces terre-pleins formés par des terres nouvellement apportées. Non-seulement il faut avoir le temps nécessaire pour élever ces ouvrages, mais il faut encore pourvoir à ce que chaque pièce puisse être placée sur une plate-forme, comme il est d'usage pour les batteries de siége, ce qui n'est pas toujours facile quand il n'y a point de bois à ce service dans les environs.

Quant à l'infanterie, il n'y a pas autant de difficulté à l'élever sur une ou plusieurs banquettes; cependant il faut encore du temps et des bras pour donner à un parapet six, sept ou huit pieds d'élévation au-dessus du sol naturel, et très-souvent le temps manque ainsi que les bras. Si d'ailleurs ce travail est fait pendant la pluie dans des terres qui se détrempent, et que le retranchement soit attaqué lorsque la pluie dure encore, il arrivera que la banquette se changera en un tas de boue sous les pieds de l'infanterie : alors les hommes enfoncés ne pourront plus s'y tenir, ni tirer pardessus le parapet qui se trouvera beaucoup trop haut. En pareil cas et pour savoir à quoi s'en tenir, il faut comparer la quantité et l'espèce des ouvrages à faire pour occuper seulement le sommet de la hauteur avec ce que les accidents du terrain exigeraient, par rapport à la présence des côtes opposées, en s'avançant sur la pente pour en défendre le pied. Les ouvrages coupés dans le sol et ceux auxquels le sol naturel peut servir de marchepied sont toujours plus faciles à construire et plus solides que ceux qui exigent une élévation artificielle.

C'est pourquoi, lorsque la position se trouve avoir en front une plaine indéfinie ou d'une certaine étendue, comme 2,000 ou 3,000 mètres environ, il vaut mieux se placer à mi-côte sur le sol naturel, surtout quand rien ne domine et qu'il s'agit d'en défendre le pied, que d'entreprendre d'élever des remparts pour découvrir toute la pente du sommet de la hauteur. D'ailleurs, si l'on a du temps et des moyens de reste, on pourra toujours se retrancher sur la partie la plus élevée, ce qui donnera une seconde position de laquelle on pourra dominer et reprendre les premiers retranchements dans le cas où on les aurait perdus.

§ 11.

Lorsqu'on fait des batteries et retranchements à mi-côte, il faut avoir attention de pratiquer en arrière des rigoles ou fossés d'écoulement pour empêcher les eaux pluviales de descendre jusque dans cet ouvrage, où elles seraient arrêtées par les parapets et pourraient s'y rassembler pendant les grandes pluies, de sorte qu'au lieu d'une batterie on n'aurait devant soi qu'un étang.

En conséquence, la hauteur des parapets varie selon le rapport des circonstances environnantes dans lesquelles on se trouve. Lorsqu'on domine, leur hauteur peut se réduire de 1ᵐ,40 à 1ᵐ,50, selon que les pentes à défendre sont plus ou moins roides.

Lorsqu'on est de niveau et exposé aux effets d'un feu rasant, le parapet des batteries doit avoir 2 mètres d'élévation.

Dans le même cas, les retranchements qui ne contiennent que de l'infanterie pourront n'être élevés que de 1ᵐ,50 au-dessus du sol. Si, en formant le parapet, on prend la terre des deux côtés, conservant la banquette de 1 mètre de largeur dans le sol naturel, alors il en résulte un fossé intérieur dans lequel le soldat peut descendre en quittant la banquette pour recharger. Ce procédé est le plus expéditif et peut être plus particulièrement employé par les gardes d'infanterie dans les pays de plaine.

D'ailleurs on comprend que cette méthode serait défectueuse, s'il s'agissait de garantir quelque partie du champ de bataille ou du camp des effets du feu rasant sur un niveau égal, car dans ce cas les parapets construits pour cet objet ne doivent pas avoir moins de 2 mètres de hauteur.

Lorsqu'on est dominé, nous avons indiqué comment on se défile en s'enfonçant dans le sol, ou se couvrant par des traverses pour éviter les effets du commandement; nous n'avons pas à y revenir.

§ III.

Le parapet, comme nous l'avons dit, n'ayant guère qu'un mètre vingt ou un mètre trente de hauteur devant le canon qui repose sur le sol naturel, et la différence avec le surplus du retranchement étant peu de chose, il n'est pas nécessaire de revêtir les joues (1) de ces sortes d'embrasures. Lorsque les parapets doivent couvrir contre un feu rasant, il devient indispensable de revêtir les joues des embrasures en fascines ou gazons suivant les facilités que le local peut permettre ou fournir, et ces circonstances augmentent considérablement le travail. Il est peut-être bon de répéter encore ici qu'une des principales raisons pour lesquelles on occupe les hauteurs par préférence pour combattre dans la défensive, c'est parce que dans cette situation les ouvrages à faire pour se couvrir sont infiniment moindres, et que leur exécution exigeant moins de matériaux différents en devient plus prompte et plus facile.

§ IV.

Dans tous les cas l'intérieur du parapet a toujours besoin d'être revêtu.

Les revêtements les plus ordinaires se font en fascines (2) ou gazons, selon ce que le local peut fournir au plus près et pour la plus prompte expédition.

Quatre ou cinq rangs de fascines suffisent aux parapets dont le marchepied est sur le sol naturel. Les dimensions des fascines varient suivant l'usage auquel elles sont

(1) On appelle joues les faces latérales des embrasures. Ces dernières sont les ouvertures qui laissent passage aux bouches à feu.

(2) Les fascines sont des fagots de menus branchages.

destinées. Les fascines à tracer servent à indiquer par leur position bout à bout sur le sol la direction de la tranchée à ouvrir, ainsi que la portion que chaque homme doit exécuter. Elles ont 1m,30 de longueur sur 0,15 centim. de diamètre et sont reliées par deux harts (1). Les fascines provisoires servent à recouvrir momentanément les gabions (2), à mesure que les sapeurs posent ceux-ci; leur longueur, qui est de 0,65 centimètres, est juste égale au diamètre d'un gabion. Les fascines de sape s'emploient pour couronner définitivement les gabions, afin de donner au parapet toute la hauteur nécessaire. Elles sont reliées par 3 harts et ont 2 mètres de long sur 0m,22 de diamètre. Enfin les fascines à revêtir, qui sont celles dont nous parlons ici, ont les extrémités sciées carrément, afin de s'ajuster exactement les unes à la suite des autres. On désigne encore sous le nom spécial de saucissons de grandes fascines qui ont en moyenne 5 mètres de long sur 0,30 cent. de diamètre. Elles s'emploient pour des revêtements qui demandent une très-grande solidité pour la fabrication des joues, par exemple.

Chaque rang de fascines est retenu par des ancres espacées de deux mètres à 2m,60, selon que les terres ont plus ou moins de consistance. Les ancres dans les rangs supérieurs sont placées en échiquier avec celles des rangs inférieurs. Ces ancres sont des fascines qui ont pour longueur l'épaisseur du parapet. Un des bouts est fixé par un piquet sur le rang qui le retient, et le surplus est attaché par plusieurs piquets sur le travers du parapet (voir *fig. II, pl. III*).

Plus les terres sont sablonneuses et sans adhérence, plus le revêtement intérieur a besoin d'être fortifié de cette manière et plus les piquets sur les fascines doivent être plus longs et plus rapprochés. La distance entre deux piquets est communément de 0m,70 centimètres à 1 mètre.

---

(1) On appelle hart un lien fait avec du bois flexible.

(2) On appelle gabion une hotte ronde formée avec de fortes branches et remplie de terre.

L'officier chargé de la construction doit donner ses ordres en conséquence pour la quantité des fascines et la longueur des piquets.

Lorsque l'intérieur du parapet est revêtu de gazons, on les coupe sur environ un pied de largeur, et de la plus grande longueur possible par rapport à l'instrument dont on se sert; celui-ci est ordinairement la bêche, quoiqu'il y en ait un autre infiniment plus propre à cette opération, et qui devrait être compris parmi les outils du parc d'artillerie à raison de sa fréquente utilité. On place de suite deux gazons en bordure et le troisième en boutisse, c'est-à-dire que la plus grande longueur du gazon est mise en travers et dans le sens de l'épaisseur du parapet. Les rangs sont posés de niveau à la mesure de l'œil et au cordeau, et quelquefois à tâtons pendant la nuit, ce qui n'est pas sans exemple à la veille d'une bataille.

On observe de mettre ensemble les surfaces de même espèce, l'herbe sur l'herbe et les racines sur les racines.

Il arrive aussi qu'on ait à faire des ouvrages sur un terrain dont les environs ne sauraient fournir ni des fascines ni des gazons.

Dans ces cas on emploie de la paille, du chaume, ou le fourrage vert pris dans les champs; de l'une ou l'autre de ces choses on fait une espèce de torchis ou pisé avec la terre mise en mortier, dont on forme un mur de 60 à 70 centimètres d'épaisseur sur 40 centimètres de talus pour le soutien des parapets, et le nombre de travailleurs nécessaire doit être calculé d'après ces circonstances.

Souvent aussi on se trouve sur des champs qui sont restés en friche, fournissant une sorte de gazon qui peut suffire au besoin du revêtement. Dans ce cas, on les entasse confusément sur 1 mètre d'épaisseur, en les battant bien lit par lit avec la pelle, sans oublier de leur donner quelque talus.

Il faut s'habituer à agir d'après les circonstances environnantes, sans jamais perdre de vue que le plus tôt fait est toujours le meilleur, et ce qui convient davantage à la fortification de campagne.

§ V.

L'épaisseur à donner aux parapets dépend de la distance d'où ils peuvent être battus par le canon.

Lorsqu'il ne s'agit que de la fusillade, 1 mètre de gazon ou 1^{m},30 de terre peuvent suffire, mesurés au sommet du parapet. Dans tous les cas le talus extérieur est égal à la hauteur du parapet, lorsqu'il n'est pas entièrement de gazon. S'il était formé de cette manière, on donnerait au talus extérieur la moitié de la hauteur du parapet. Mais, nous le répétons, cette construction ne peut être employée que pour se couvrir contre la fusillade.

Lorsque les hauteurs dont on pourrait être canonné sont au delà de 3 à 4,000 mètres, 2^{m},90 à 3 mètres d'épaisseur seront suffisants contre l'artillerie ; si la terre était sans consistance, on pourrait y ajouter un ou deux pieds de plus, et pour les plus proches distances 4 mètres d'épaisseur au sommet du parapet sur un talus égal à sa hauteur suffiront partout contre la plus grosse artillerie de campagne.

Lorsque les ouvrages sont construits sur un terrain fort pierreux, les troupes qui sont dans les retranchements se trouvent plus incommodées des pierres que le canon enlève de la surface des parapets que des boulets mêmes. Dans ce cas, il faut avoir attention de faire mettre à part le peu de bonne terre ou de sable que le terrain peut fournir pour en former le haut des parapets.

Dans le défaut absolu de bonne terre, on peut couvrir le dessus des parapets avec des fascines attachées à cette surface par des longs piquets, ce qui retient les pierres et empêche les obus qui donnent dans le parapet de les lancer en aussi grande quantité et aussi loin.

SECTION TROISIÈME.

Suite des dimensions particulières aux ouvrages de la fortification de campagne.

§ Ier.

La largeur du fossé dans la fortification de campagne est proportionnée à la quantité des terres qu'il doit fournir pour former le parapet et d'après les circonstances qui doivent en déterminer la hauteur et la largeur. Le fossé (1) n'étant aucune défense dans les ouvrages dont il s'agit, il serait donc inutile de lui donner plus de profondeur et de largeur. Ceci toutefois ne doit s'entendre que des ouvrages à l'égard desquels il n'y a point de précautions particulières à prendre, soit qu'on ait ou qu'on n'ait pas le temps de faire des travaux plus considérables; c'est-à-dire lorsque la situation d'un ouvrage n'est pas indépendante et qu'il ne saurait résister séparément. En pareil cas, et lorsque les ouvrages doivent se protéger mutuellement, on comprend qu'ils doivent être également forts ou également faibles; ce qui les distingue des points résistants qui sont, eux, les pivots ou les appuis du champ de bataille, et dont il importe d'augmenter la défense. Dans ces ouvrages, alors, le fossé, par différents moyens dont il sera parlé ailleurs, peut devenir un obstacle par lui-même, ce qu'il faut comprendre dans les dispositions faites à loisir, bien différentes de celles où l'on a l'ennemi sur les bras.

---

(1) Le fossé se compose de trois parties distinctes : l'escarpe (*gh*) qui supporte la masse du parapet et qu'on fait aussi roide que possible; la contrescarpe (*ij*) que l'on roidit encore davantage; et le fond du fossé (*hi*) que l'on fait ordinairement horizontal, à moins qu'il ne soit très-humide, auquel cas on lui donne une légère pente pour diriger les eaux vers l'extérieur (voir *fig. I, pl. III*).

§ II.

La plongée du parapet (1) se règle sur la pente du terrain que l'on a devant soi et sur ce qu'il faut découvrir, faisant en sorte que le feu rase la surface à défendre à ceinture d'homme. Il faut cependant faire attention en même temps de n'en pas trop affaiblir la crête. La mesure à cet égard est de un sur six, ce qui donne un angle d'environ neuf degrés sous l'horizon ; c'est-à-dire que si le parapet a six pieds d'épaisseur, en mettant l'œil sur le bord intérieur du parapet et en regardant le cercle de l'horizon, le bord extérieur du parapet pourra être abaissé d'un pied au-dessous de la ligne formée par le coup d'œil avec l'horizon.

Si cette mesure ne suffisait pas pour bien raser la pente au devant, cette partie de la côte serait dans le cas de celles que l'on ne peut pas défendre directement et qu'il faut croiser d'ailleurs par des feux de flanc.

Cependant, si la différence n'était pas grande, on pourrait rétablir la défense directe en abattant le parapet et en s'enfonçant d'autant dans la terre; mais cet expédient ne peut remédier qu'à une différence de deux ou trois pieds.

Par cette raison ou pour d'autres, chaque fois qu'on s'enfonce dans le sol, il faut avoir soin d'ajouter à la tranchée un fossé d'écoulement, ce qui est toujours facile quand on occupe des hauteurs. Sans cette attention il pourrait arriver, en cas de grande pluie, que l'ouvrage fût tellement rempli d'eau, que les troupes ou l'artillerie ne puissent s'y tenir.

Quand les ouvrages sont enfoncés dans le sol, soit pour se couvrir de quelque commandement ou pour en mieux raser

---

(1) On appelle plongée du parapet le talus (*de*); il sert aux tirailleurs pour appuyer l'arme afin de diriger leur tir, et a une inclinaison telle que le défenseur puisse découvrir tout ce qui se passe en avant (voir *fig. I, pl. III*).

la pente, le parapet se forme en glacis correspondant avec la surface du terrain qu'il s'agit de défendre.

Nous avons indiqué la manière de revêtir l'intérieur des parapets dans toutes les circonstances pour le besoin du moment et lorsqu'on n'a pu employer que de la terre mouillée et battue. Cette espèce de revêtement ne se soutient qu'aussi longtemps que la terre reste humide, à moins que ce ne soient des terres fort argileuses qui durcissent après avoir été mouillées et se soutiennent bien de cette manière : mais sur le sommet d'une hauteur, l'eau n'est souvent pas à portée ; dans ce cas on commande quelques chariots du pays pour voiturer dans des barriques la quantité d'eau qui peut être nécessaire. Toutes ces circonstances doivent être présentes à l'esprit de celui qui conduit l'ouvrage, afin de ne pas perdre inutilement du temps à chercher des expédients qui ne seraient pas dans la nature des choses.

Quand les terres que l'on travaille de cette manière sont sableuses et légères et qu'il faut se couvrir promptement, sans avoir à portée ni gazon ni fascines, le moyen qui vient d'être indiqué doit être employé sans perdre de temps ; mais il arrive aussi qu'on n'est pas toujours attaqué aussi subitement qu'on avait lieu de le craindre. Dans ce cas, on emploie les voitures du pays dont on peut disposer pour apporter de plus loin des fascines ou du gazon, et à mesure que ces matériaux arrivent, on en forme successivement un nouveau revêtement à proportion que l'attaque se trouve différée, mais toujours de manière à se trouver en état de la recevoir à l'instant où elle se présente.

SECTION QUATRIÈME.

Différents ouvrages à faire sur le front des armées.

§ 1er.

Connaissant la manière de construire les retranchements, voyons maintenant leurs différentes formes en campagne.

La première de toutes et la plus simple est la ligne. On les divise en trois catégories : les lignes continues, les lignes à intervalles et les lignes à ouvrages isolés.

Les premières sont celles qui se développent sur une position sans autres interruptions que celles qui sont nécessaires pour faciliter la circulation. On les divise en lignes à redans (*fig. I, pl. IV*), lignes à crémaillère (*fig. II*), lignes à tenailles (*fig. III*), lignes à bastions (*fig. IV*), suivant les éléments dont elles sont composées. Leurs extrémités sont ordinairement défendues par des obstacles naturels, tels que des marais, des bois, etc., ou par des ouvrages avancés. Afin de ne pas interrompre entièrement la circulation et de faciliter l'entrée et la sortie des reconnaissances, on les interrompt de distance en distance, et ces interruptions appelées passages sont masquées par des retranchements qu'on désigne sous le nom de traverses.

Les lignes continues ont été d'un fréquent usage ; mais on a reconnu maintenant qu'enfermer une armée derrière des retranchements de ce genre, c'est lui enlever la mobilité et la possibilité d'agir d'une manière offensive à un moment donné.

On a donc été obligé de modifier et de se servir des lignes à intervalles.

Celles-ci sont formées par des ouvrages simples ouverts à la gorge que l'on dispose sur un ou plusieurs rangs et que l'on place à des distances convenables pour qu'ils puissent se défendre mutuellement. Les fortifications de ce genre ont cet avantage que, si l'ennemi s'en empare, il ne peut s'y abriter contre un retour offensif.

Les ouvrages ouverts à la gorge sont : le redan, la lunette, la tenaille, la queue d'aronde et le bastion.

Le redan (*fig. III, pl. II*) et (*fig.* V, *pl. IV*) se compose de deux faces égales formant un angle saillant dont l'ouverture varie entre 80° et 180°. On ne donne pas plus de 50 mètres à chacun de ses côtés. Quand les faces du redan sont inégales, l'ouvrage prend le nom de crémaillère, et l'on apppelle crochet la plus petite face, tandis que l'autre se nomme grande branche.

La lunette est un redan dont les flancs en ligne droite sont défendus (*fig. VI, pl. IV*).

La tenaille se compose de deux faces qui font un angle rentrant ; la longueur des faces ne peut pas dépasser 50 mètres ; quant à l'angle, il ne peut dépasser 120° et descendre au-dessous de 90° (*fig. VII, pl. IV*).

La queue d'aronde est une tenaille à laquelle on a ajouté deux flancs (*fig. VIII, pl. IV*).

Comme la lunette, le bastion se compose de quatre parties, deux faces, deux flancs ; seulement elles ont des dimensions différentes. L'angle formé par les faces s'appelle l'angle saillant (1), ceux formés par les flancs, les angles d'épaule (*fig. IX, pl. IV*).

Les lignes à ouvrages détachés consistent en un ou plusieurs rangs d'ouvrages indépendants les uns des autres, et ne se prêtant mutuellement aucun secours.

§ II.

Il nous reste à passer en revue certaines dispositions particulières que l'on prend soit à l'intérieur, soit à l'extérieur des ouvrages.

---

(1) On donne le nom de capitale à la ligne qui divise un angle saillant en deux parties égales, celui de face aux côtés latéraux, celui de gorge à l'ouverture qui existe entre les flancs.

Ce sont : les passages, les revêtements, les réduits, etc.

On appelle passage une solution de continuité que l'on pratique dans le parapet, pour faciliter l'entrée et la sortie des troupes.

On appelle revêtement les parties du retranchement destinées à soutenir le parapet ; on les fait ordinairement en gazon, en fascines ou en pisé.

On appelle réduit un petit ouvrage construit dans un plus grand et destiné à prolonger la défense.

Voyons maintenant les obstacles artificiels que l'on peut créer pour embarrasser la marche de l'ennemi, lorsqu'il se dirige sur un ouvrage.

Nous nous contenterons de mentionner les principales.

Les palissades sont de fortes pièces de bois rondes, aiguisées par un bout et longues de 3 mètres 50, qu'on plante verticalement dans la terre, la pointe en haut, à 7 ou 8 centimètres d'intervalle. Les palissades doivent être abritées du canon. En conséquence, on les place au milieu du fond des fossés ou bien sur la berme, en les inclinant sur le fossé d'un angle de 20 à 30 degrés, on les appelle alors fraises.

Les palanques sont des pièces de bois équarries, de 4 mètres 50 de longueur, et pointues à leur extrémité supérieure. On les enfonce verticalement dans le sol, de manière qu'elles soient exactement jointes et forment une muraille impénétrable aux balles. On y pratique ensuite des créneaux.

Les trous de loups, appelés aussi trappes ou puits défensifs, sont tout simplement des trous creusés dans le sol sur trois rangs et disposés en quinconce.

Les abatis, les chevaux de frise, les fougasses, les chausse-trapes, etc., sont des obstacles que l'on met à profit suivant les circonstances.

Nous ne devons pas oublier de parler ici des crocs-en-jambe, qui sont un genre de défense employé souvent en avant des glacis. Il consiste à enfoncer des piquets en terre à une hauteur de 20 à 30 centimètres et de les relier par des fils de fer très-fins tendus de l'un à l'autre.

§ III.

Il nous reste à citer les moyens employés à la défense des cours d'eau.

Rien n'est plus difficile que de passer une rivière, lorsque l'ennemi bien informé s'y oppose. La chose est même impossible, s'il se loge le premier sur l'une des rives ; mais rien n'est aussi plus difficile que d'empêcher qu'il ne passe, si, en beaucoup d'endroits, éloignés les uns des autres, il y a des gués ou des lieux propres à jeter des ponts. Ce que l'on a de mieux à faire en cette occasion, c'est d'élever de petites redoutes, non-seulement dans ces lieux suspects, mais encore entre deux et assez près l'une de l'autre, pour former une chaîne de sentinelles et de patrouilles.

Lorsqu'il y a quelqu'île à portée, il faut, en cas qu'elle puisse nuire, la faire occuper par des troupes couvertes, ou du moins en raser les bois et les futaies pour qu'il ne s'y passe rien qu'on ne le voie.

Lorsqu'il y a un pont à défendre, on construit ce qu'on appelle les têtes de ponts. Le développement et la forme de ces ouvrages sont subordonnés à l'importance de la position.

Tantôt ce sont de simples redans ou des lunettes ; tantôt ce sont des ouvrages à cornes qu'enveloppe un ouvrage à couronne (*fig. X, pl. IV*). Quelquefois ils consistent en lignes continues dont les extrémités s'appuient à la rivière.

SECTION CINQUIÈME.

Considérations relatives aux ouvrages à faire sur le front des armées.

§ Ier.

Il nous reste à ajouter aux observations précédentes quelques considérations particulières qui compléteront notre travail sur la fortification de campagne : la première est de renfermer à développement égal, dans les ouvrages, le plus de terrain qu'il est possible, eu égard aux circonstances ; la seconde, que s'il y a plusieurs ouvrages à portée l'un de l'autre, leurs lignes de défense soient dirigées de façon qu'ils se protégent mutuellement, sans pouvoir se nuire par leur feu; la troisième, de ne compter sur la défense de la fusillade que pour les parties qui en sont battues à angle droit; la quatrième, de n'avoir recours au feu de courtine que lorsqu'on ne pourra faire autrement ; la cinquième, que l'angle flanquant soit toujours droit ou plus ouvert qu'un droit, mais qu'il n'excède pas malgré cela 100° ; la sixième, que les parties flanquantes aient assez de saillie pour que l'intérieur de leur parapet batte au moins toute la largeur du fossé de la partie opposée ; la septième, de ne jamais faire de fossé en terrain sec s'il n'est enfilé sur toute son étendue; la huitième, que les parties les plus saillantes et, par conséquent, les plus faibles par elles-mêmes, soient les mieux défendues.

Ajoutons à ces considérations les suivantes :

Lorsque les batteries ou retranchements ont au devant d'eux et à la portée du fusil ou du canon, des défilés et des passages particuliers à travers des marais, ruisseaux ou rivières, nous avons déjà remarqué qu'il convient de rompre les gués ou passages autant qu'on le pouvait, soit en y faisant des coupures profondes ou des puits, soit en y faisant tomber des arbres, s'il s'y en trouve à portée, ou en y plaçant des grosses branches en forme d'abatis. Cependant la totalité de ces passages ne doit pas être fermée de manière à empêcher la rentrée et la sortie des gardes avancées, postes d'avertissement ou patrouilles qui pourraient être employés de l'autre côté. Ces passages seront plus ou moins multipliés à proportion du service extérieur, dont le terrain au delà et les autres circonstances seront susceptibles. En ce cas, ces derniers seront toujours placés au devant des retranchements ou batteries les plus rapprochées, dont le feu est mieux disposé pour empêcher l'ennemi d'en profiter. Les autres, plus écartés et moins bien commandés, seront entièrement fermés; les routes des détachements employés au service extérieur seront marquées alors en conséquence.

§ II.

La fortification de campagne sur le front des armées, ne se borne pas entièrement à la construction des batteries et retranchements : elle comprend le savoir-mettre à profit des accidents du terrain et des obstacles naturels qu'on peut employer contre l'ennemi. C'est à cet égard que les haies ne sont point à négliger; elles offrent, par elles-mêmes, plusieurs combinaisons lorsqu'elles se présentent de front; c'est une excellente défense à mettre devant l'infanterie.

Quelquefois, pour découvrir le terrain en avant, il serait nécessaire d'élever le marche-pied en arrière. Quelquefois, le fossé ou chemin creux qui borde la haie peut servir de rétranchement enfoncé; alors chaque homme fait devant lui une ouverture dans le pied de la haie pour y passer son fusil. Quand la haie est bien disposée et qu'elle a devant elle une belle découverte, cette espèce de feu caché est d'un grand effet, et si elle ne pouvait être facilement tournée, elle serait susceptible de la défense la plus opiniâtre.

Il peut suffire aussi de prendre quelque terre en avant ou derrière la haie, pour en former un parapet dans lequel la haie se trouve renfermée, les hommes n'en sont que mieux couverts.

La principale attention dans ces sortes de cas, c'est d'assurer les flancs de la haie qu'on occupe de cette manière, et d'empêcher qu'elle soit tournée, soit par la présence de la ligne ou par la situation de quelque autre haie plus en arrière, ou par quelques redans faits exprès pour couvrir les flancs et assurer au besoin la retraite, lorsqu'elle devient nécessaire par les progrès de l'ennemi dans quelque autre partie.

Un clos, environné de haies, peut encore fournir des feux croisés et une défense de flanc, lorsque le terrain n'est pas commandé. C'est alors une redoute toute faite indiquée par la nature, et si l'on se trouvait exposé de front à quelque commandement, il se pourrait qu'on en fût couvert par quelque bâtiment ou bosquet; dans ce cas, on ferait bien d'en profiter pour y établir des feux croisés et de flancs.

Ces obstacles naturels étant bien occupés peuvent arrêter bien longtemps l'ennemi et contribuer beaucoup à faire échouer son attaque.

Il en est de même des maisons, des jardins, des bosquets ou bouquets de bois qui peuvent se rencontrer sur les pentes et les approches du terrain que l'on se propose de défendre. Nous mettons de côté les projets de défense indiqués par certains auteurs qui traitent de la fortification de campagne. Le temps est passé où quelques soldats enfermés dans un colombier pouvaient arrêter une armée entière. Les fermes et bâtiments retranchés dans leur intérieur ont encore leur utilité dans les avant-postes. Ces expédients sont nuls sur le front des armées, par rapport à la quantité d'artillerie à laquelle ces fortifications sont exposées et particulièrement aux obus dont l'effet est de mettre tout en feu, et dont les éclats ne sont pas supportables pour les troupes enfermées dans une chambre ou une grange crénelée.

Quant aux villes et aux villages, il nous répugne d'en parler comme points de défense. Les dernières expériences que l'on a faites des villes même fortifiées dans la dernière guerre en France prouvent assez combien ce genre de défense est peu avantageux.

D'ailleurs, il est de toute humanité, de ne plus jamais attirer le feu de l'ennemi sur les grands centres habités : c'est faire volontairement victimes les femmes et les enfants. Honte donc à tout jamais à ceux qui vont derrière les remparts d'une ville ou d'un village cacher leur faiblesse; la civilisation et le progrès les condamnent. En dehors de cela, rien ne doit être négligé pour retarder les progrès de l'ennemi comme étant le moyen le plus certain pour bien reconnaître le dessein et la force de son attaque; mais la prudence exige qu'il soit fait en même temps les dispositions nécessaires pour assurer les flancs et la retraite de ces postes détachés, en sorte qu'ils ne puissent être subitement enveloppés par des forces supérieures.

Addition à la Fortification de campagne.

DES BATTERIES MASQUÉES.

Les batteries masquées sont celles dont l'ennemi ne peut prendre connaissance par le dehors du camp. Les batteries de cette espèce ne sauraient canonner avec celle de l'ennemi ni défendre les approches du camp; elles sont disposées pour agir seulement contre les troupes attaquantes, en supposant qu'elles ont pénétré jusque dans telle ou telle partie du champ de bataille.

Lorsqu'une armée s'avance pour camper et prendre poste en face d'une autre armée qui occupe le terrain opposé depuis quelque temps, il peut arriver que le front ou quelque partie du front du nouveau camp se trouve si rapproché des hauteurs dont l'ennemi est en possession, qu'il serait difficile de se retrancher sur le bord de la même vallée, sans s'exposer à une grande perte d'hommes, ce qui serait inutile et contre la supposition, car lorsqu'on va de soi-même au-devant de l'ennemi, ce ne saurait être pour se tenir entièrement sur la défensive. En pareille circonstance, il suffit donc de camper de manière à pouvoir combattre sans désavantage dans toute l'étendue du champ de bataille, en cas que l'on soit attaqué.

Si les sommets des hauteurs bordant la vallée, ne sont éloignées que de 3,000 à 4,000 mètres, et si l'ennemi peut avancer à mi-côte et au delà, à la faveur des haies, des bois, etc., il est évident qu'en voulant faire des retranchements et des abatis pour la défense de la vallée et des hauteurs que l'on occupe, on se trouverait exposé à un feu continuel d'artillerie et de mousqueterie de la part de l'ennemi. Si quelques travaux de cette espèce étaient jugés nécessaires, il faudrait les faire pendant la nuit pour ce qui concerne seulement le remuage des terres qui peut se faire sans un grand bruit. A l'égard des abatis, ce travail serait encore dangereux puisque, les coups de hache et la chute des arbres se faisant entendre d'assez loin, cela suffirait pour attirer le feu de l'ennemi.

D'ailleurs, et comme on l'a remarqué, ces précautions seraient contre la supposition qu'en marchant à l'ennemi, on ne doit point craindre d'être attaqué partout où le terrain ne peut lui donner aucun avantage.

C'est particulièrement dans ces circonstances que l'on peut faire usage des batteries masquées employées à la défense intérieure du champ de bataille.

La disposition de ces batteries se trouvant dépendre des accidents du terrain, il faut nécessairement les rapporter à un exemple qui exprime la situation dans laquelle on veut s'en servir.

Pour cet effet, supposons une vallée séparant les deux camps d'environ 3,000 mètres.

Pour défendre la vallée et la pente des hauteurs du côté du camp, il faudrait pouvoir construire des batteries aux endroits opposés au sommet des hauteurs dont l'ennemi est en possession, ainsi que des bois et des haies qui bordent le ruisseau de son côté.

Il est bien évident qu'on ne pourrait travailler à ces ouvrages qu'avec la permission de l'ennemi, ou en attirant sur soi un feu continuel de jour et de nuit.

C'est alors que l'on a recours aux batteries masquées; on cherche sur le revers d'un bois voisin un emplacement pour y établir une batterie de cette espèce.

Les travailleurs, étant entièrement couverts par le bois, ne sauraient être ni vus, ni incommodés par l'ennemi.

La tête de l'ouvrage sur le bord du bois n'est pas attaquable à cause de l'abatis qui la couvre et du feu du parapet qui défend l'abatis.

Pour attaquer par ce front, l'ennemi doit monter la côte et se présenter en colonne ou en bataille dans l'étendue de la trouée ou sur le bord du bois.

De quelque manière qu'il se présente, il ne peut employer son artillerie contre la batterie masquée sans montrer le flanc aux troupes qui sont en bataille à 3,000 mètres en arrière.

Dans cette situation, il est exposé, aussitôt qu'il a monté la côte, au feu des canons de la batterie masquée qui enfile ou bat d'écharpe toute l'étendue de ce front d'attaque.

Ces sortes de batteries étant ordinairement armées avec la plus grosse artillerie de campagne, leur effet en est d'autant plus grand que l'ennemi se trouve soumis à leur feu, à petite distance, et sans l'avoir prévu. S'il continue de marcher en avant, il éprouvera une grande perte et se trouvera inévitablement en désordre avant d'avoir pu effectuer sa charge; dans cet état, quelques escadrons lâchés sur lui suffiront pour le mettre en fuite et achever sa déroute. Les batteries masquées peuvent être avantageusement employées pour la défense intérieure des camps. Cependant, comme on ne peut les établir sans quelque circonstance particulière au local, on ne saurait les mettre au nombre des mesures générales.

Il nous suffit d'avoir indiqué leur grande utilité, lorsqu'il y aura occasion de s'en servir.

En résumé, on remarquera qu'il n'y a ni expédient, ni mesure de tactique à prendre en tombant à l'improviste sous le feu de ces sortes de batteries. C'est donc à ceux qui font des projets d'attaque, ainsi que des dispositions, à chercher à reconnaître si, par la nature des lieux, l'ennemi peut se procurer ou non de pareils avantages, auquel cas on fera bien de ne pas engager une attaque principale par ces sortes de terrain. C'est une dernière preuve que l'art de la guerre consiste principalement dans l'étude, la reconnaissance et la combinaison des accidents du local sur lequel on se trouve.

II

CASTRAMÉTATION

OBSERVATIONS GÉNÉRALES

Nous nous sommes seulement proposé dans cette partie d'indiquer et d'expliquer la formation générale d'un camp. Mais nous ne pouvons traiter convenablement cette matière sans énumérer les différentes manières de camper. Il existe, dans toutes les armées de l'Europe, trois espèces de camps : le camp fixe avec baraques ou camp retranché, le camp passager avec tentes ou bivouacs et le camp par cantonnements.

Les camps fixes sont ceux établis en permanence dans un pays; c'est là que, d'époques en époques, les armées sont appelées et exercées aux manœuvres d'ensemble.

Nous n'en parlerons pas, ils sont du ressort de la fortification permanente.

Quant aux camps passagers, nous les traitons dans cette partie de notre ouvrage. Il nous reste donc à parler des cantonnements.

Il est souvent nécessaire de faire camper les troupes dans leurs positions offensives ou défensives, à l'approche d'une mauvaise saison ; on est quelquefois même obligé de les y laisser pour un certain temps. Mais il n'est pas toujours possible de se procurer, sur la position, des approvisionnements en bois, paille, fourrages, sans une trop grande perte de temps, ou sans trop de fatigue pour les troupes ; de plus, les mauvais temps déciment les hommes et les chevaux. On se décide donc bientôt à loger les troupes ou au moins une partie dans les villes avoisinantes, les villages, les hameaux, les fermes. Cette partie de l'armée trouve ainsi un repos convenable, tandis que l'autre continue à camper et à veiller à la sécurité générale.

On doit chercher à cantonner la cavalerie le plus souvent possible, alors qu'on n'oserait accorder le même avantage à l'infanterie.

Les règles du cantonnement se déduisent de son étendue et de la facilité des réunions pour la reprise des hostilités, c'est-à-dire, suivant que l'on est ou pas devant l'ennemi. Dans le premier cas, c'est surtout de la sûreté des troupes qu'il est nécessaire de s'occuper; on fait donc le cantonnement petit, et on l'entoure d'un cordon d'avant-postes. Les mesures générales de sûreté sont alors subordonnées aux localités; elles doivent assurer le rassemblement des troupes le plus rapidement possible, la transmission des ordres pour l'opérer à temps et enfin les moyens d'arrêter l'ennemi.

Lorsqu'on est loin de l'ennemi, ou qu'on n'a aucun motif de craindre une surprise de sa part, on cantonne les troupes de manière à concilier leur intérêt avec celui du pays.

Dans ce cas, un bon système de cantonnement doit être établi suivant une statistique complète des localités. Cette connaissance consiste, non-seulement en celle du nombre d'habitants des lieux, mais encore en celle de leurs ressources.

Dans la répartition des différentes armes, on doit principalement avoir égard aux considérations suivantes :

Il faut cantonner l'artillerie sur les grandes routes ou à leur proximité.

On assigne à la cavalerie les lieux les plus abondants en fourrages, c'est-à-dire, plutôt les vallées que les hauteurs.

Quant à l'infanterie, elle doit, autant que possible, être placée suivant son ordre de bataille.

DEUXIÈME PARTIE

CASTRAMÉTATION

DÉFINITION.

La castramétation est l'art de tracer un camp et d'y placer les troupes dans l'ordre où le général veut les faire combattre. Il convient de distinguer la castramétation proprement dite de la science des positions : une position suppose un camp, mais un camp ne suppose pas toujours une position.

Il y a des camps de passage dans lesquels on ne considère que la commodité. Quelques camps se rapportent à des mesures purement défensives, d'autres à des mesures purement offensives et d'autres encore à des mesures mixtes, comme celles qui ont lieu lorsque de part et d'autre les forces sont égales.

Dans cette partie, nous nous bornerons à indiquer ce qui concerne le tracé du camp sur le terrain désigné par le général, sans entrer dans les raisons pour lesquelles le camp peut être occupé. Il ne s'agira que des règles qui concernent tous les camps, ne considérant dans cette partie de la castramétation que la mesure du terrain nécessaire à chaque espèce de troupes pour y établir son camp et se trouver en état d'agir selon ses facultés.

Une invariable maxime à la guerre est de camper comme on veut combattre; mais comme on ne peut combattre avantageusement sans avoir égard au terrain du champ de bataille, il résulte que les dispositions et les ordres de bataille sont sujets à varier selon la nature des lieux, de même que la situation des troupes dans leur camp.

Il est d'usage de former pour chaque corps d'armée un ordre de bataille fixe, qu'on ne suppose pas être celui dans lequel les troupes doivent camper et combattre en toute occasion, mais tel qu'il pourrait être dans une plaine rase sans aucun accident. Cet ordre de bataille sert particulièrement à former le tableau de la force de l'armée, et à régler l'ordre du service par rapport aux officiers supérieurs eta ux troupes qui sont sous leurs ordres.

Toutes les troupes étant formées en bataillons et en escadrons, et ces différents corps pouvant être considérés comme les éléments d'une armée, nous commencerons par ce qui concerne le camp d'un bataillon et celui d'un escadron, afin de connaître l'étendue qu'un certain nombre de bataillons et d'escadrons pourront occuper dans l'ordre de bataille.

SECTION PREMIÈRE

Des règles, attentions et précautions qui concernent la mesure et le tracé des camps.

§ I.

DU BATAILLON.

La première chose qui se présente à examiner, c'est le nombre d'hommes dont un bataillon est composé et sur combien de rangs ces hommes se mettent en bataille. Dans cet examen nous prendrons le bataillon tel que chaque nation est dans l'habitude de le former. Ce que tous les bataillons ont de commun, c'est l'espace nécessaire pour faire agir une file, et encore n'est-on pas bien d'accord sur ce point ; les uns ne comptent que $0^m,60$ d'épaisseur par file, d'autres comptent $0^m,50$; sur quoi on peut faire observer que pour faire feu sur trois rangs (1) avec plus de facilité, il serait nécessaire que les files ne fussent pas si exactement collées les unes sur les autres, et comme toutes les troupes de ligne se mettent en bataille sur trois rangs, il semble que l'épaisseur d'une file sera plus justement fixée à $0^m,60$ qu'à $0^m,50$.

Pour connaître l'étendue du front d'un bataillon, il suffit de savoir de combien de files il doit être composé selon sa formation. Si l'on suppose que cette formation soit de 400 files, le front du bataillon sera de 240 mètres.

Voyons maintenant les dispositions à prendre pour le campement d'une compagnie, et nous aurons de suite l'ensemble du bataillon.

Le bataillon étant en bataille et correctement aligné, on fait former les faisceaux, puis, dans chaque compagnie, le capitaine commande : Par demi-section en arrière à gauche, et le peloton rompt en arrière par demi-section. (Voir *fig. I, pl. V.*)

Chaque demi-section contient 12 files de 3 hommes chacune, ce qui fait 36 hommes par demi-section et 12 tentes; puisqu'on peut se mettre 3 hommes par tente.

Les hommes de chaque demi-section établissent donc leurs tentes sur deux lignes (voir *fig. I, pl. V*), les files impaires sur le rang de gauche, et les files paires sur celui de droite. Le campement de chaque demi-section doit être séparé du voisin par 0^m50, l'intervalle entre les deux lignes de tentes doit être de 2^m80; c'est dans cet intervalle que les hommes établiront leurs marmites. A B est la ligne des faisceaux.

La profondeur du camp sera de 17^m80. Ce que nous venons de dire pour une demi-section est vrai pour tout le peloton. Dans chaque compagnie il y aura donc 48 tentes, plus les 2 tentes des sous-officiers, ce qui fait en tout 50 tentes et un effectif de 150 hommes. Les sous-officiers établiront

(1) Nous rétablissons l'ordre sur trois rangs comme étant le meilleur et le plus meurtrier dans les feux; plus loin nous expliquerons pourquoi.

leurs tentes ainsi qu'il suit : Le sergent-major, le fourrier et le sous-officier de remplacement à droite de la compagnie ; les trois autres sergents à gauche.

L'intervalle qui sépare les compagnies du bataillon est ordinairement de deux pas, l'intervalle qui sépare les bataillons est de vingt-quatre pas, comme dans l'ordre de bataille.

Les tentes des officiers sont en arrière du bataillon à vingt pas environ.

La mesure la plus commune dont on se sert à la guerre est le pas, mais on doit en compter de trois grandeurs : le pas de manœuvre estimé de deux pieds, c'est celui dont on se sert sur le front de l'infanterie ; le pas de marche ordinaire est de deux pieds et demi ; le pas allongé peut être compté de trois pieds, on s'en sert pour les mesures qui concernent la cavalerie.

En considérant les troupes d'une armée divisées par bataillons et par escadrons, il y a encore quelques divisions d'usage, comme celles par régiments et par brigades, à l'égard desquelles on n'a rien à observer.

§ II.

DE L'ESCADRON.

Ce que nous avons dit par rapport à la force et à la formation du bataillon peut se répéter par rapport à celle de l'escadron. Il n'y a encore rien de fixé à cet égard, et le nombre de files dont il sera composé peut seulement faire connaître l'étendue de son front dans l'ordre de bataille. Quoique les chevaux soient assez différents les uns des autres dans leur taille et leur grosseur, cependant quand ils sont en nombre et en ligne, on trouve qu'ils occupent à peu près le même espace, assez généralement un mètre pour l'épaisseur d'une file, ou pour chaque cavalier dans le rang. On connaîtra donc le front qu'un escadron doit occuper dans l'ordre de bataille en connaissant le nombre de ses files. Comme il n'y a point de règle généralement adoptée par rapport aux intervalles à donner entre chaque escadron, on se conformera aussi sur ce point au règlement particulier à chaque nation.

En France, chaque escadron a deux files de tentes, une par division. Les chevaux de chaque division sont placés sur une seule rangée faisant face à l'ouverture des tentes; ils sont attachés par des cordes à des piquets plantés fortement en terre à une distance de trois à six pas de la file des tentes de la division. L'intervalle qui sépare les files de tentes doit être tel que, le régiment étant rompu en colonne par division, chaque division de la colonne soit sur l'alignement de l'emplacement où doivent être attachés ses chevaux.

Les chevaux du second rang sont chacun à la gauche de leur chef de file. Les chevaux des lieutenants et sous-lieutenants sont à la droite des pelotons, ceux du capitaine commandant à la droite de la première division, ceux du capitaine en second à la droite de la seconde.

Le nombre des chevaux à placer dans une rangée détermine la profondeur du camp de la troupe, et la distance entre les files des tentes. Les fourrages se placent entre les files.

Tous les officiers, comme dans l'infanterie, campent en arrière de la troupe à une distance d'environ trente pas.

Par rapport à l'ordre de bataille, il n'y a point d'observations à faire sur la formation de l'escadron sur deux ou trois rangs. Cette différence ne pourrait seulement influer que sur la profondeur du camp, qui n'est elle-même réglée que par certains arrangements d'usage.

§ III.

REMARQUE CONCERNANT L'ÉTENDUE ET LA PROFONDEUR A DONNER AU PARC D'ARTILLERIE A PROPORTION DU NOMBRE DES PIÈCES DONT LE TRAIN SE COMPOSE.

L'étendue du front du parc peut se compter à raison de dix-huit pieds par pièce. L'usage est de les ranger sur une ligne autant que cela se peut et que le terrain permet qu'on s'y mette à l'aise. Lorsque le terrain manque sur le front, les pièces se rangent sur deux lignes, et, dans ce cas, la queue du parc doit avoir le double de profondeur.

Les pièces étant sur une ligne, la profondeur ordinaire pour tout l'équipage est de deux cent quarante pas de deux pieds et demi, et de quatre cent quatre-vingts pas, lorsqu'elles sont sur deux lignes.

Cette distance est nécessaire afin de pouvoir camper les conducteurs à une certaine distance des caissons qui contiennent de la poudre.

Les régiments d'artillerie campent séparément sur les ailes du parc et sur le même front de bandière, autant que cela se peut.

Le parc d'artillerie doit être à quelque distance de toute espèce d'habitation pour éviter les accidents du feu. Il faut éviter aussi de l'exposer à la vue de l'ennemi et à la portée des obus.

Lorsque le terrain sur lequel on se trouve manque de profondeur, les chevaux d'artillerie peuvent camper sur la droite ou sur la gauche du parc, en arrière du bataillon d'artillerie.

Dans l'arrangement d'un parc, l'important se réduit à placer les pièces et les caissons, chariots d'outils, pontons, etc., etc., de manière que chaque chose puisse entrer et sortir séparément, sans difficulté ni confusion.

L'artillerie à cheval campe ordinairement en seconde ligne, sur les ailes de la cavalerie ou vers le centre en troisième ligne, la cavalerie est sur deux lignes. Cet arrangement dépend plutôt des circonstances du terrain que d'une règle particulière. Elle campe aussi sur une des ailes du grand parc, lorsque la cavalerie n'est pas campée ensemble et qu'elle ne peut être employée qu'au soutien de l'infanterie, lorsque celle-ci compose toute la première ligne.

§ IV.

DE L'ARMÉE ET DE L'ORDRE DE BATAILLE.

L'armée est la réunion d'un nombre plus ou moins considérable de bataillons et d'escadrons disposés pour agir ensemble contre l'ennemi; on comprend aussi, dans ce qui compose l'armée, l'artillerie, c'est-à-dire le canon et autres espèces de pièces qu'il est d'usage d'employer à la guerre, dans l'attaque et la défense.

Si la formation des bataillons et des escadrons consiste dans l'arrangement des files qui les composent, de même la formation de l'armée dépend de l'arrangement des bataillons et des escadrons; et, comme l'action la plus considérable que les troupes puissent faire est celle de livrer bataille, on appelle l'ordre de bataille la formation ou l'arrangement des bataillons et des escadrons dont l'armée est composée.

En plaçant les bataillons et les escadrons à côté les uns des autres, on les met en ligne.

Le nombre des lignes sur lequel une armée doit combattre n'est pas fixé. L'étendue du terrain, la nature des lieux, le nombre des troupes, la disposition des campements de l'ennemi peuvent y apporter de grands changements. Cependant l'usage le plus ordinaire est de former l'armée sur deux lignes de troupes, cavalerie et infanterie.

La ligne la plus proche de l'ennemi est appelée première ligne; celle qui suit immédiatement est appelée la seconde ligne; celle qui suit, la troisième et, ainsi de suite, s'il arrive que l'armée soit formée sur un plus grand nombre de lignes. C'est une maxime à la guerre de garder quelques troupes outre celles qui composent les deux lignes, pour porter du secours dans les endroits où il deviendrait nécessaire. Ce corps, composé de bataillons et d'escadrons, est appelé réserve.

Dans l'ordre de bataille des grandes armées, on voit quelquefois plusieurs réserves. Le poste le plus ordinaire des réserves est derrière la seconde ligne, ce qui peut varier selon les circonstances et l'usage que l'on en veut faire. Ordinairement l'infanterie occupe le centre des lignes.

Si l'on suppose chaque ligne d'infanterie séparée par le centre en deux parties égales, une de ces parties sera la droite de la première ligne; l'autre partie en sera la gauche, relativement à l'ordre dans lequel on fait face à l'ennemi, et de même par rapport à la seconde ligne. La partie de la cavalerie qui est mise en ligne sur le flanc de chaque ligne d'infanterie, se nomme aile de cavalerie de la droite ou de la gauche de la première ou de la seconde ligne, etc. Il arrive aussi que toute l'infanterie n'occupe pas toujours le centre des lignes et qu'une partie, selon les circonstances du terrain, se trouve placée sur les flancs de la position. Quelquefois la plus grande partie de la cavalerie est placée sur une seule aile et le surplus derrière l'infanterie.

Quelles que puissent être ces variations, on peut dire que l'ordre de bataille sera toujours l'arrangement des bataillons et escadrons d'une armée, par rapport au terrain et aux desseins du général. Une maxime de l'ordre de bataille est de placer la seconde ligne à la distance d'environ sept cents à mille mètres de la première ligne, afin que le feu de la fusillade ne parvienne pas jusqu'à l'endroit qu'elle occupe. Cette distance peut varier selon les circonstances du terrain; mais il faut y avoir égard, en mettant les troupes en bataille. Lorsque la première ligne d'infanterie est formée sans autre intervalle que ce qu'il lui faut réglementairement, il est d'usage de ne pas mettre en seconde ligne autant de bataillons que dans la première, afin que, si la première était mise en déroute, elle puisse trouver d'assez grands intervalles pour traverser la seconde sans y porter de désordre. Ou bien on suppose que le succès du combat dépend de l'effort de la première ligne; et, dans ce cas, la deuxième ligne n'est guère considérée que comme une grosse réserve. La même observation peut avoir lieu à l'égard de la seconde ligne de la cavalerie, et surtout lorsque les escadrons de la première ligne ne mettent entre eux que quelques pas d'intervalle, comme il est d'usage dans l'ordre de bataille de la cavalerie prussienne lorsqu'elle se trouve sur un terrain uni et parfaitement découvert.

Dans quelque ordre de bataille on trouve des escadrons de dragons ou de hussards mis hors ligne pour couvrir les flancs des ailes de cavalerie. On peut dire qu'ils sont hors ligne, parce que la troupe qui est destinée à couvrir le flanc d'une autre ne doit pas être placée sur la même ligne, mais à une certaine distance plus en arrière.

La situation du parc d'artillerie appartient aussi à l'ordre de bataille. Sa place n'est pas précisément fixée. Le plus souvent elle est derrière le centre de la seconde ligne d'infanterie à la distance de 800 à 1000 mètres, et à la hauteur de la réserve, ou derrière la réserve à la même distance. Dans d'autres circonstances, le parc d'artillerie se place vers le centre, plus ou moins rapproché de la première ligne d'infanterie.

§ V.

DU CAMP.

Après avoir donné une idée de l'ordre dans lequel les troupes doivent combattre, nous suivrons les détails qui concernent le camp.

Ce qui caractérise un camp, selon nos usages, ce sont les tentes dont on se sert pour camper. C'est la place qu'elles doivent occuper et leur arrangement particulier joint aux précautions qui concernent la sûreté et la commodité d'un camp qui constituent l'art de camper.

L'ordre de bataille fixé par le général devant être considéré comme la meilleure disposition dans laquelle l'armée puisse combattre, il s'en suit que les troupes doivent camper de manière à pouvoir se rassembler dans cet ordre toutes les fois qu'elles prennent les armes. C'est ainsi l'ordre de bataille régulier ou irrégulier qui doit décider de celui du campement, et les troupes par bataillons et par escadrons doivent absolument camper dans le même ordre.

D'où il suit, comme première règle, que l'étendue de droite à gauche des camps particuliers des bataillons et des escadrons doit être égale au front que ces mêmes troupes occupent en bataille, et qu'il doit y avoir entre les camps des intervalles égaux à ceux qu'on met aussi entre les mêmes troupes, lorsqu'elles sont en bataille. Par cette disposition, l'étendue du front de tout le camp de droite à gauche étant égale au front de l'ordre de bataille, et l'armée étant en bataille sur ce front, chaque bataillon et chaque escadron pourra faire tendre son camp derrière lui. Ce qui étant fait, toutes les troupes pourront entrer ensemble dans leur camp, s'y placer en un moment et en sortir de même, s'il s'agit de combattre. Si le camp avait un front plus grand que celui de l'armée en bataille, les troupes en se formant à la tête du camp, laisseraient de plus grands intervalles, ce qui changerait et affaiblirait l'ordre de bataille. Si, au contraire, le front du camp était plus petit, les troupes n'auraient pas l'espace nécessaire pour se former en avant avec les distances d'usage et prescrites. D'où l'on voit que, pour éviter ces deux inconvénients, il faut que le front du camp se trouve sensiblement égal à celui de l'armée rangée en bataille, et c'est pour cela qu'il faut que le camp particulier de chaque troupe, joint à l'intervalle qui le sépare du camp voisin, fasse un front égal à celui de la même troupe et de son intervalle en bataille.

§ VI.

SUR LES INTERVALLES QU'ON DOIT LAISSER ENTRE LES CAMPS DES DIFFÉRENTES TROUPES DE L'ARMÉE.

Nous avons vu plus haut que l'intervalle entre deux bataillons sous les armes se réduit à l'espace de vingt-quatre pas. Le même intervalle doit se trouver, entre le camp, de deux bataillons. Quant à ce qui concerne la division des troupes par bataillons et par escadrons, ainsi que quelques autres divisions d'usage, comme celles par régiments et par brigades, il est à remarquer, par rapport à cette seconde division, que, pour faciliter le passage à travers les lignes, on donne ordinairement dix à douze pas de plus entre une brigade et une autre, pour la distance entre leurs camps, non compris ce qu'il leur faut pour la place de leurs canons. Les mêmes distances sont également observées dans l'ordre de bataille.

Il est aussi d'usage de laisser un intervalle de cent ou cent vingt pas (de deux pieds) entre les ailes de cavalerie et les droite et gauche de chaque ligne d'infanterie.

§ VII.

SUR LA DISPOSITION DES CAMPS DE LA SECONDE LIGNE.

Les camps de chaque ligne devant conserver entre eux le même ordre que les troupes observent en bataille, il s'en suit que le camp de la seconde ligne doit être tracé à environ 1000 mètres du front de la première.

La seconde ligne ayant besoin, comme la première, d'avoir un espace libre pour se mettre en bataille à la tête de son camp, il faut que l'arrangement du camp des bataillons et escadrons de la première ligne soit fait de manière que la queue des camps de cette première ligne ne vienne pas s'étendre trop près de la tête du camp de la seconde ligne, ce qui l'empêcherait de se mettre en bataille et de marcher par sa droite ou par sa gauche, comme il pourrait devenir nécessaire. Cette remarque est commune au camp de la réserve et à celui de toutes les troupes placées en troisième ou quatrième ligne.

Nous avons remarqué que les secondes lignes ne sont pas toujours aussi fortes que les premières. Quelle que soit cette différence, on commence toujours la distribution des troupes de la seconde ligne par soutenir les droites et les gauches de la première ligne, tant pour la cavalerie que pour l'infanterie. Ce sont les centres que l'on garnit plus légèrement, par la raison que dans le combat il arrive fréquemment que les secondes lignes se trouvent avoir différentes manœuvres à exécuter sur les droites et les gauches de l'infanterie, ainsi que sur les ailes de la cavalerie.

§ VIII.

DE LA PROFONDEUR DES CAMPS PARTICULIERS DU BATAILLON ET DE L'ESCADRON.

La profondeur du camp d'un bataillon n'est pas fixée par des rapports géométriques. Elle dépend de la quantité et de l'arrangement de ses tentes et du nombre d'hommes que chaque tente peut contenir. Chaque nation ayant un règlement particulier, il ne s'agit que de s'y conformer. Ce qu'on peut dire de plus général à cet égard, et afin que cet arrangement se fasse sans confusion, c'est qu'il faut compter environ cent pas pour la profondeur du camp d'un bataillon, y compris la place des cuisines, les tentes des vivandières, celles des officiers, etc. (Voir *fig. II*, *pl. II*).

Par les mêmes raisons, la profondeur du camp d'un escadron ne saurait être précisément fixée. On remarquera seulement que la profondeur du camp de la cavalerie est ordinairement double de celui de l'infanterie, c'est-à-dire d'environ deux cents pas.

Pour la propreté du camp, tous les bataillons et escadrons de la première ligne sont obligés de pratiquer à environ cent cinquante pas de leur front des latrines sur le bord desquelles on fait placer des appuis, et auxquelles les soldats et cavaliers sont obligés d'aller pour ne pas empuantir le camp, Lorsque l'armée fait quelque séjour dans un camp on en creuse de nouvelles et l'on couvre les anciennes. Les latrines de la seconde ligne sont placées à soixante pas en arrière des dernières tentes des officiers de cette seconde ligne.

§ IX.

SUR LES AUTRES DÉTAILS QUI CONCERNENT LE CAMP.

La tête du camp au devant de chaque ligne doit être toute nue, libre et ouverte pour les communications latérales sur environ cinquante pas de largeur, afin que les troupes, étant en bataille à la tête de leur camp, puissent marcher par la droite ou par la gauche sans rencontrer aucun empêchement.

Dans cette étendue on fera abattre les arbres, les haies, combler les fossés et rabattre en rampe douce les bords des chemins creux et des ravines, s'il s'y en trouve, de manière à rendre partout le passage facile, tant de jour que de nuit. Ces attentions sont un des premiers devoirs des chefs d'état-major de l'armée, et ils doivent s'en occuper aussitôt que le camp aura été marqué. Il faut également que leur attention se porte sur toute l'étendue du terrain, entre la première et la seconde ligne et les autres lignes, si l'armée est rangée sur plus de deux lignes; ces différentes lignes, étant destinées à marcher au soutien les unes des autres, il faut qu'elles puissent le faire sans se trouver arrêtées ou séparées par des défilés ou d'autres obstacles; et si les bois étaient trop grands pour qu'on puisse les abattre en totalité, il faudrait au moins y faire des ouvertures assez larges pour pouvoir les traverser facilement en colonne par pelotons. Lorsqu'il y a des retranchements en avant de la première ligne, il faut de même avoir soin que les troupes puissent communiquer librement avec les retranchements qu'elles doivent défendre. Si le retranchement doit être défendu par un corps campé séparément, il faut mettre environ soixante pas de distance entre le retranchement et son camp de soutien, afin que les troupes qui le composent puissent se mettre en bataille et marcher sans être gênées par le retranchement. Le plus grand des inconvénients dans le camp d'une armée, c'est lorsqu'il se trouve coupé ou traversé par des ruisseaux, qui, par la nature du fond ou la profondeur de l'eau, seraient difficiles à passer; dans ce cas, il faut les couvrir de ponts dans les endroits ou l'on peut prévoir qu'il y aura des mouvements à faire. De pareils camps ne devraient pas être occupés en présence de l'ennemi; mais souvent la bizarrerie des circonstances pousse une armée sur un terrain désavantageux dont elle ne peut sortir sans combattre. Tout ce qu'on peut faire alors, c'est de diminuer ces désavantages par des travaux de prévoyance.

§ X.

DU QUARTIER GÉNÉRAL.

On appelle quartier général, la ville, le bourg ou le village dans lequel le général d'armée a fixé son logement, et c'est de cet endroit que le camp prend le nom.

Dans le même lieu sont ordinairement logés les officiers supérieurs ayant des fonctions à remplir dans l'état-major. Le commandant de l'artillerie, celui du génie, les fournisseurs des vivres et fourrages, le trésorier de l'armée, le commandant de cavalerie chargé des reconnaissances, de plus les marchands et les vivandiers autorisés à suivre le quartier général.

Autant qu'il est possible, le quartier général doit être pris à la queue du camp, vers le centre et de manière qu'en cas d'attaque, l'ennemi ne puisse ni le canonner, ni l'insulter. Ce sont ces considérations qui doivent décider du choix du quartier général bien plus que la commodité des logements.

Si le quartier général, par son éloignement du centre de l'armée, se trouvait exposé à quelques insultes, il faudrait le couvrir par des troupes tirées de la réserve, ou même par la réserve toute entière lors que les circonstances ne la rendent pas nécessaire ailleurs.

Aux environs du quartier général, et plus particulièrement à portée du grand chemin par lequel se voiturent les subsistances, on choisit un emplacement pour le parc des vivres. C'est l'endroit où les commis et chariots, ou fourgons chargés du service des vivres se rassemblent.

Le parc des vivres n'est pas toujours l'endroit où le pain se cuit ; le plus souvent, il est manutentionné dans une ville des environs. On le transporte au camp dans des caissons destinés à ce service et la distribution s'en fait vers le centre de l'armée entre les deux lignes pour l'infanterie et vers le milieu des ailes pour la cavalerie.

On choisit encore, mais plus en arrière du quartier général, un lieu commode pour l'hôpital et les chariots attachés à ce service. On prend pour cela les maisons situées dans le voisinage de quelque ruisseau ou rivière, qui ne soient pas trop proches du camp des troupes et qui soient au-dessous de l'endroit où elles vont prendre de l'eau. Cette attention ne saurait être omise par rapport aux linges des malades qui se lavent dans le ruisseau.

Il n'est guère d'usage dans les armées européennes de voir camper les généraux. Presque toujours il se trouve assez de maisons autour du camp pour les loger. Les officiers d'ordonnance, qui sont ordinairement sous les ordres des officiers d'état-major de l'armée, sont commis par eux pour marquer les logements des officiers généraux, le plus près possible, des troupes sous leurs ordres.

§ XI.

DE LA RECONNAISSANCE A FAIRE AVANT LE TRACÉ DU CAMP PAR RAPPORT A LA NATURE DU TERRAIN.

Avant de tracer un camp, il est d'usage de le faire reconnaître dans toute son étendue. L'officier chargé de cette besogne examinera donc si, dans l'étendue du front de bandière, le terrain est libre, s'il ne s'y trouve point des endroits humides ou marécageux, des chemins creux, des ravines, des ruisseaux, des bouquets de bois qui en interrompent la communication, si le terrain sera suffisant pour la quantité des troupes qui doivent former la première ligne, et si, en avant de cette ligne, les troupes pourront se mettre en bataille conformément à la disposition ordonnée par le général. Il faut, autant qu'il est possible, que le champ de bataille des deux lignes puisse être en avant de la première, c'est-à-dire à 2 ou 3 kilomètres au plus en avant de la première ligne, afin que la seconde ligne étant en bataille derrière la première, à la distance ordinaire, puisse être hors des tentes et des embarras du camp. C'est sur la connaissance des terrains trop bas et trop humides pour y pouvoir camper, qu'il faudra régler les alignements de la première ligne et l'étendue qu'elle doit occuper, car on sera obligé de mettre en intervalles tous les endroits où l'on ne pourra pas placer les tentes: ce qui allongera d'autant l'étendue du camp. Il faut encore supposer que dans le choix qu'on aura fait de ce camp, on aura examiné si les troupes sont à portée d'avoir aisément de l'eau, du bois et du fourrage, pour au moins la première nuit. Dans plusieurs circonstances on peut pourvoir au besoin du bois et du fourrage en les faisant délivrer par des magasins; mais, à l'égard de l'eau, c'est un article qu'il faut absolument trouver sur les lieux, et cet objet demande des attentions particulières.

§ XII.

DES ATTENTIONS QUI CONCERNENT LE BESOIN DE L'EAU POUR LES ARMÉES.

Autant que l'on peut, on doit faire camper les armées auprès des rivières ou des ruisseaux, par la nécessité d'avoir de l'eau.

Les rivières ou les ruisseaux peuvent être sur le front de l'armée et en avant du champ de bataille. S'il n'y avait point d'autres eaux en arrière et à portée dn camp, il faudrait soigneusement examiner cette situation du champ de bataille, car il se pourrait qu'il y eût au delà de la rivière des hauteurs, desquelles l'ennemi après s'en être rendu maître serait à portée de canonner dangereusement ceux qui viendraient puiser de l'eau. Ou bien encore le pays étant couvert, il pourrait encore arriver que l'ennemi, en s'approchant du bord opposé, parvînt à nous empêcher de nous servir de la rivière pour abreuver les hommes et les chevaux. Ce grave inconvénient pourrait forcer une armée à abandonner une position nécessaire à conserver. Dans ce cas, il faudrait chercher à y remédier en détournant les eaux du ruisseau ou une partie de celles de la rivière, en les faisant passer par quelque endroit couvert hors de la vue de l'ennemi, et sous la protection des hauteurs que l'on occupe ; ou bien il faudrait fortifier quelques-unes des hauteurs sur le bord opposé et y placer des troupes pour couvrir ceux qui iront à l'eau. Si rien de tout cela ne pouvait se faire sans trop de difficultés, alors on serait réduit à ne pouvoir aller à l'eau que de nuit, ce qui ne serait pas sans inconvénients.

Lorsque les ruisseaux sont derrière l'armée, et qu'ils sont peu abondants, il y a plusieurs précautions à prendre afin que les hommes et les chevaux puissent continuer d'en boire. Pour cet effet, de distance en distance on fait des batardeaux (1) pour retenir l'eau qui se perdrait inutilement pendant la nuit. Il faut de plus empêcher que les chevaux n'entrent dans le ruisseau, et faire défense d'y blanchir du linge et d'y puiser de l'eau avec des marmites, mais seulement avec des seaux et des gamelles. Si l'on permettait aux cavaliers et aux ordonnances de faire entrer leurs chevaux dans le ruisseau pour les faire boire ou les laver, la vase du fond se détrempant rendrait l'eau bourbeuse, et la fiente des chevaux l'infecterait.

Pour prévenir cet inconvénient et lorsqu'on craint de manquer d'eau bonne à boire, il faut obliger les cavaliers à faire boire les chevaux sur le bord du ruisseau, sans y entrer, en se servant d'un seau ou d'une gamelle, et l'on met des gardes tout le long du ruisseau pour empêcher qu'on n'en gâte l'eau.

Si l'on campe sur un terrain ou il n'y a pas même de

(1) On nomme batardeau un encaissement, en argile battu et maintenu avec des pieux, que l'on fait dans le fond des ruisseaux ou des rivières pour maintenir l'eau. Pour que cette construction ait sa raison d'être, il faut que le fond soit de terre solide ou d'argile, car lors même que les parois du batardeau sont impénétrables à l'eau, l'eau s'infiltre à travers la substance du sol en trop grande quantité pour maintenir un niveau constant. Ce moyen est employé généralement lorsqu'on veut faire des constructions dans le lit des rivières ; au cas présent, on l'emploie seulement pour maintenir l'eau à un volume convenable.

ruisseau, mais seulement quelques étangs, quelques petites fontaines ou des puits, il faut y mettre partout des gardes avant l'arrivée de l'armée, autrement, les soldats ne manqueraient pas de lever la bonde des étangs pour prendre plus facilement le poisson. Il faut absolument ne laisser entrer aucun cheval dans ces étangs, et obliger tout le monde à puiser de l'eau dans des vases propres.

Quand le terrain le permet, on fait creuser de nouveaux puits et on y met de même des sentinelles. Sans ces précautions dans les camps, où il se trouve peu d'eau à portée, les armées souffrent beaucoup, et pour prévenir le dépérissement des hommes et des chevaux il faut une police vigilante et active. Si elle est bien observée on trouvera qu'un ruisseau médiocre peut suffire aux besoins d'une grande armée : supposons, par exemple, que la largeur réduite d'un ruisseau se trouve de $1^m,90$, sa profondeur réduite de $0^m,25$, sa vitesse de $1^m,30$ par seconde ; il pourra, en conséquence de ces dimensions, fournir en toute circonstance un volume de 3 mètres cubes d'eau, lequel volume étant gardé et ménagé pourra, en vingt-quatre heures, suffire à tous les besoins d'une armée de 80,000 hommes et 36,000 chevaux de toute description.

§ XIII.

DU TRACÉ DU CAMP.

On appelle le campement, l'assemblage des différentes personnes commandées pour aller marquer, aligner ou tracer le camp, joint aux troupes qui leur servent d'escorte, et qui sont ordinairement celles destinées à la garde du camp. Ces gardes sont commandées par l'officier de jour qui a reçu les ordres du général en chef pour faire marquer le camp en désignant la droite, la gauche et le quartier général. La principale fonction de l'officier supérieur de jour est de conduire le campement et de placer les gardes dans les endroits qu'il juge les plus convenables pour la sûreté de l'armée.

L'officier le plus particulièrement chargé du tracé du

camp est ordinairement le chef d'état-major (1), avec ses aides. Chaque nation a ses usages particuliers par rapport aux officiers qui sont chargés de recevoir le terrain sur lequel les régiments ou les brigades doivent camper; ces officiers, quels qu'ils soient, en font ensuite la distribution aux adjudants-majors des régiments qui ont accompagné le campement.

Le chef d'état-major commence son opération en faisant planter un grand jalon à une des ailes du camp que nous supposerons l'aile droite, — qui lui a été désignée par l'officier général de jour; — alors, d'après la connaissance qu'il aura du terrain, il désigne un point sur la gauche dans l'alignement qui lui a été indiqué. Ce point peut être un clocher, un arbre, un buisson ou une partie apparente de quelque bâtiment.

C'est à partir de ce premier jalon et sur cet alignement que l'on commence à tracer le camp.

Si l'on suppose que l'aile droite de la cavalerie est composée de quinze escadrons, on mesurera sur cet alignement l'étendue nécessaire pour le front de ces quinze escadrons à proportion du nombre de files dont chaque escadron est composé et de l'intervalle qu'il doit y avoir entre les escadrons. S'il se trouve dans cet alignement quelques places trop humides sur lesquelles les tentes et les piquets pour les chevaux seraient mal placés, il ne faudra pas les comprendre dans l'étendue nécessaire. Quant aux chemins qui mènent d'un village à un autre et les routes qui pourraient traverser le camp d'un escadron, on les laissera libres sans les comprendre dans la mesure du front du camp, et ce que le chemin prendra sur le camp de l'escadron lui sera rendu sur l'intervalle le plus prochain, ce qui n'empêchera pas l'es-

(1) Une armée commandée par un maréchal de France a pour chef d'état-major général un lieutenant général; une armée commandée par un lieutenant général a pour chef d'état-major un général de brigade; une division a pour chef d'état-major un colonel ou lieutenant-colonel d'état-major.

cadron de se mettre en bataille sur la place qu'il doit occuper.

Quand il s'agit de prendre un camp en présence de l'ennemi et d'y placer les troupes dans l'ordre où elles doivent combattre, il arrive rarement qu'on ne soit pas gêné sur quelque point dans le tracé du camp. Il pourra donc arriver que le premier alignement ne puisse pas se continuer d'un bout à l'autre du camp et qu'il en faille changer plusieurs fois. Avant d'entrer dans ces détails, il faut parler d'une règle qui est encore à observer dans le tracé des camps : c'est que, de quelque manière que le front de bandière puisse être rompu, et quels que puissent être les différents alignements, il n'en faut pas moins que chaque partie du camp soit à peu près parallèle à la partie du champ de bataille que les troupes auront à défendre, de manière que de la tête de leur camp elles puissent marcher de jour comme de nuit droit devant elles pour aller occuper la place qui leur est destinée sur le champ de bataille. A quoi il faut ajouter par rapport à la cavalerie que le champ de bataille de tous les escadrons qui doivent charger ensemble, ne pouvant jamais être pris qu'en ligne droite et perpendiculaire à l'ouverture du terrain sur lequel doit se faire la charge, il en résulte que le camp de la cavalerie, pour tous les escadrons qui doivent charger ensemble, doit être pris de même en ligne droite et parallèle à celle de leur champ de bataille. Ce n'est pas tout à fait la même chose par rapport à l'infanterie, lorsqu'elle doit seulement combattre pour la conservation de son champ de bataille. Il peut alors s'y trouver des angles saillants ou rentrants occasionnés par la forme des hauteurs que l'infanterie doit défendre, et il suffit que le camp pris en arrière soit tracé à peu près parallèlement à ces irrégularités ; observant seulement que chaque bataillon puisse marcher droit à son champ de bataille sans rencontrer les ailes des bataillons voisins.

D'après ce qui vient d'être dit, le camp d'une aile de cavalerie doit être tracé et mesuré sur le même alignement si cette aile doit combattre ensemble, et tout alignement de cavalerie ne peut être rompu qu'en supposant deux corps disposés pour agir et charger séparément.

Après avoir tracé et mesuré le terrain nécessaire au front de bandière de l'aile droite, on laissera entre le camp de la cavalerie et celui de l'infanterie la distance prescrite plus haut, au paragraphe des intervalles à laisser entre les camps des différentes troupes.

En continuant le tracé du camp de l'infanterie, il peut arriver, comme nous l'avons déjà fait observer, qu'il s'y trouve quelques angles rentrants ou saillants. A l'égard des premiers, il n'y a rien à remarquer; mais quant aux angles saillants, il faut faire attention que la queue du camp d'un bataillon ou d'un escadron ne tombe pas sur la queue d'un autre.

Après avoir campé tous les bataillons qui doivent se trouver en première ligne, on marquera la distance qu'il doit y avoir entre la gauche de l'infanterie et la droite de l'aile gauche de la cavalerie, ainsi qu'elle est prescrite. De ce point on prendra un alignement sur l'endroit où l'on doit appuyer ou placer l'aile gauche de la cavalerie, à laquelle on distribuera le terrain comme il a été dit pour l'aile droite.

Dans la pratique, on ne distribue pas le terrain successivement en commençant par l'aile droite pour finir par l'aile gauche. Le chef d'état-major général, ayant reconnu le camp dans toute son étendue, marquera la place de l'aile droite, celle de l'infanterie et celle de l'aile gauche de la cavalerie. Les fourriers de l'infanterie se portent sur le terrain qu'elle doit occuper, et ceux de la cavalerie aux ailes où doivent être placés leurs régiments.

Pendant ce temps, l'officier général de jour ayant fait reconnaître le terrain en avant du camp et posté les gardes, fait savoir quand on peut commencer le détail du campement. Alors les adjudants-majors et les officiers de la ligne, envoyés avec les fourriers de chaque régiment, commenceront à la fois la distribution du terrain aux ailes et au centre, ce qui fait que les camps de toutes les troupes se trouvent à peu près tracés et marqués en même temps.

Il faut encore remarquer que les ailes de la cavalerie ne sauraient s'appuyer à un village ou à un bois, sans que le village ou le bois soit occupé par de l'infanterie, à moins que cette aile n'en fût éloignée bien au delà de la portée du fusil; et cela doit s'entendre de toute espèce de terrain couvert, quoique ce ne fût ni un bois ni un village.

Les ailes de la cavalerie sont mal postées si elles ont entièrement à dos un bois, une rivière, un marais, un ruisseau non guéable ou difficile à passer, par la nature de ses bords encaissés ou par celle de son fond embourbé.

Pour l'action de la cavalerie, il est absolument nécessaire que le terrain soit ouvert et les passages libres sur ses derrières. Si elle est rompue, il lui faut du terrain pour se reformer, ou bien il lui sera impossible de revenir à la charge ni même de faire une retraite honorable.

La cavalerie qu'on place au soutien de l'infanterie n'a pas besoin pour agir d'un terrain aussi profond que la cavalerie, qui n'a devant elle que de la cavalerie. La cavalerie ne pouvant être utile qu'autant qu'elle est placée sur un terrain qui convient à son action, son camp doit toujours être choisi d'après cette importante considération.

Nous avons dit que le camp de la seconde ligne se marquait à environ 1000 mètres en arrière et parallèlement à la première ligne. Son emplacement étant marqué par le chef d'état-major général, on s'y prendra, quant à la distribution du terrain, de la même manière que pour la première ligne; et ainsi pour la réserve et les autres corps que l'on aurait à camper séparément. Pour le surplus, on se conformera aux règles générales qui ont été prescrites.

Ayant exposé dans cette section les règles et les mesures qu'il convient d'observer dans le tracé des camps, soit pour la totalité de l'armée, soit en particulier pour chaque corps et chaque espèce de troupes, ainsi que les attentions et précautions qui concernent la communication de toutes les parties du camp entre elles et avec le champ de bataille, il ne nous reste qu'à recommander à ceux qui voudront en profiter, de beaucoup s'exercer à les mettre en pratique sur différents terrains, par des tracés simulés, comme étant le meilleur moyen de se convaincre de l'importance de cette étude et des difficultés très-multipliées qu'on rencontre en campagne pour unir partout la commodité du camp avec les règles et les dispositions qui concernent le champ de bataille.

SECTION DEUXIÈME.

Du service extérieur des camps et de la garde des armées.

Il y a plusieurs sortes de services extérieurs par rapport au corps de l'armée, lesquels peuvent être considérés séparément. La première de ces divisions comprendra ce qui concerne la chaîne des gardes qui environne le camp.

§ 1er.

DES GARDES DONT LES FONCTIONS SONT DE VEILLER A LA SURETÉ DU CAMP ET A LE TENIR AVERTI CONTRE TOUTE SURPRISE.

En parlant de la mesure et du tracé des camps, nous avons dit que les troupes, tant cavalerie qu'infanterie, destinées à former la chaîne sur le front et les flancs du nouveau camp, marchaient à la tête du campement, composé de tous les fourriers des régiments, et que ce corps était commandé par l'officier général de jour, ou par tout autre officier supérieur chargé de marquer l'emplacement du camp.

Cet officier, quel qu'il soit, après avoir donné l'alignement du camp et avoir marqué la droite et la gauche et désigné le quartier général aux officiers chargés des détails, doit s'avancer avec les gardes, les brigadiers et colonels de jour, aussi loin qu'il le juge à propos pour faire reconnaître le terrain et s'assurer qu'il n'y a point de partis ennemis.

D'après cette première reconnaissance, il fait savoir aux officiers chargés du tracé du camp qu'ils peuvent commencer leurs opérations.

Pendant la reconnaissance, il examine quelles seront l'étendue et la situation de la chaîne, en marquant aux brigadiers et colonels de jour, dont il est accompagné, les principaux points de son enceinte, tels que les hauteurs, les bois, les villages et maisons par où elle doit passer, ainsi que les ruisseaux et les vallées qu'elle doit laisser devant elle, et que l'on doit garder ; il leur indique aussi jusqu'où les flancs de la chaîne doivent s'étendre et s'appuyer, ou si, faute d'appui, elle doit envelopper le camp plus ou moins sur ses derrières. Cette partie de la chaîne, qui est destinée à faire face à l'ennemi, sur toutes les approches du camp, doit être distinguée des gardes que l'on place aussi à dos de l'armée, mais dont l'objet est plus particulièrement d'empêcher les troupes de s'écarter du camp pour aller à la maraude ou pour déserter. Ces sortes de gardes de police sont placées après celles qui doivent former la chaîne.

L'étendue et la situation de la chaîne sont susceptibles de plusieurs considérations. La première concerne la distance où l'on peut être de l'ennemi ; la seconde, si l'armée aura besoin de prendre du fourrage, de la paille, du bois, et même de l'eau en avant de son camp. Alors il faut que la chaîne s'étende à proportion de ses besoins pour couvrir et protéger les troupes pendant qu'elles iront se pourvoir de ce qui peut leur être nécessaire.

Troisièmement, les gardes les plus avancées ne doivent pas être entièrement hors de la vue du camp, afin qu'on puisse les faire soutenir promptement en cas d'attaque. Ces différentes considérations ne sont pas toujours faciles à concilier avec la nature des lieux.

Quoi qu'il en soit, c'est au chef d'état-major de jour à marquer la situation de la chaîne et son étendue relativement aux circonstances, et à placer les premières gardes de cavalerie.

Lorsqu'il s'agit d'une grande armée, l'étendue occupée par la chaîne devenant considérable, le chef d'état-major général de jour, pour avancer la besogne, partage le soin de placer les gardes plus en détail, aux brigadiers et aux colonels dont il est accompagné, en divisant la chaîne par droite, par centre et par gauche, ou seulement par droite et par gauche, et en limitant par quelque objet visible l'étendue de chacune de ces divisions.

C'est aux brigadiers et aux colonels de cavalerie à achever la reconnaissance du pays, et à s'assurer qu'il n'y a point de partis ennemis embusqués à la tête de l'armée dans l'étendue de la chaîne, et à placer sur le contour désigné les gardes avancées de la cavalerie.

Les brigadiers et colonels d'infanterie ou les chefs d'état-major de brigade, selon les usages de chaque service, sont chargés de placer l'infanterie destinée à couvrir le camp dans les endroits qui ne peuvent pas être gardés par la cavalerie. Après que chacun d'eux s'est acquitté de sa commission, il en vient rendre compte au chef d'état-major général de jour, en lui remettant par écrit l'état des gardes, tant par rapport au nombre d'hommes employés dans chaque poste que par rapport aux chemins, villages, bois et hauteurs où les gardes sont placées. Après quoi le devoir du major général de jour est de visiter lui-même ces différents postes, et d'y faire les changements qu'il jugera nécessaires.

Quand cette inspection est faite, il va en personne en rendre compte au général en chef, auquel il remet aussi un état de toutes ces gardes et postes, afin d'en régler le service avec tous les régiments de l'armée et pour que copie de ce même état soit remise aux officiers généraux qui entreront de service après lui.

Telles sont les dispositions générales qui concernent la chaîne, mais il en reste de particulières à la nature des lieux qui demandent d'autres détails.

En remarquant la situation de la chaîne, on aura soin de

comprendre dans son circuit, autant que faire se pourra, les hauteurs desquelles on pourrait découvrir le camp, en reconnaître la force, l'étendue, la disposition et voir ce qui s'y passe.

Si l'on ne pouvait pas sans inconvénient étendre la chaîne jusque-là, on examinera si l'on peut placer sur cette hauteur un détachement particulier, en prenant les précautions nécessaires pour le soutenir au besoin et assurer sa retraite.

Il est désavantageux de continuer la chaîne par le travers des bois. Il faut placer les postes sur le bord extérieur qui regarde l'ennemi; et si, à cause de l'étendue du bois ou de la forêt, cela ne se pourrait pas faire sans trop multiplier les gardes ou affaiblir la chaîne, on verrait alors à placer les gardes sur le travers du bois, le long d'un grand chemin, ou par le cours d'un ruisseau ou d'une vallée, ce qui donnerait plus de facilité aux gardes pour découvrir devant elles.

Si l'intérieur du bois se trouvait très-épais, sans ruisseau et sans chemin dans la direction de la chaîne, alors il faudrait laisser le bois devant soi, se tenir un peu au delà de la portée du fusil et se contenter de tenir dans le bois et les chemins qui s'y trouvent, de petits postes d'infanterie ou patrouilles fixes pour être averti de l'approche de l'ennemi, tant de jour que de nuit.

En plaçant la chaîne par le travers d'un bois épais qui ne permettrait pas aux sentinelles de se voir et d'arrêter les espions et les déserteurs, on manquerait à la règle la plus essentielle du service de la chaîne; c'est pourquoi il vaut mieux dans ce cas laisser un tel bois devant soi.

Cependant, s'il arrivait que la queue du bois se trouvât trop rapprochée du camp, alors il deviendrait indispensable de le traverser d'une manière ou d'une autre, soit au moyen d'un abatis lestement pratiqué, ou en multiplant les gardes d'infanterie.

En postant les gardes de cavalerie, on observe que ce soit de manière que la grand'garde ne puisse être vue de l'ennemi. Pour cet effet on lui marque sa place dans quelque fond, ou sur le revers d'une hauteur, ou en arrière de quelque petit bouquet de bois, d'une maison, etc., à la distance de sept à huit cents pas en deçà de la ligne sur laquelle sont placées les vedettes.

Entre la grand'garde et les vedettes, on place la petite garde à environ trois cents pas des vedettes, mais de manière qu'elle puisse être vue distinctement de la grand'garde, et que la petite garde puisse voir de même et également bien les vedettes en avant d'elle. Il faut aussi que chaque vedette puisse voir la vedette voisine sur sa droite et sur sa gauche, et que le terrain entre deux vedettes puisse être vu par l'une ou par l'autre, de manière que rien ne puisse passer entre elles sans être vu et arrêté.

Cette règle constitue ce que l'on appelle la formation de la chaîne, dont l'objet est d'empêcher les espions et les déserteurs de la traverser, et c'est pour cela qu'il est nécessaire que les vedettes soient doubles sur chaque point, afin qu'une des deux puisse se détacher pour arrêter ceux qui cherchent à pénétrer dans le camp ou à en sortir: autrement une seule vedette ne pourrait pas remplir cet objet; ne pouvant pas quitter son poste, elle ne pourra qu'appeler à elle la petite garde, et avant que celle-ci soit arrivée, l'espion ou le déserteur pourrait s'échapper de vitesse à la faveur de quelque couvert.

Lorsque par les circonstances du terrain on est obligé de placer une vedette plus loin du petit poste que la distance ordinaire, il est encore nécessaire que la vedette soit double, car, en la supposant toujours en vue de la petite garde, il pourrait se faire qu'elle fût difficilement entendue. Dans ce cas, une des deux vedettes se détache pour donner avis à la petite garde de ce qui arrive sur le front, afin qu'elle s'avance pour reconnaître et en donner en même temps avis à la grand'garde.

En plaçant les vedettes, il faut encore observer de ne pas trop les approcher du bord des bois et de tous les lieux couverts qui pourraient être occupés par l'ennemi. On doit les en éloigner à la distance de cinq à six cents pas. Il arrive assez souvent que, par la situation des lieux, une seule petite garde ne suffit pas pour voir et correspondre avec toutes les vedettes que la grand'garde doit tenir sur la chaîne. Dans ce cas, les vedettes sont partagées pour correspondre avec une seconde petite garde qui, de même que la première, doit être vue de la grand'garde. Il faut une grande attention dans la distribution des gardes, pour combiner la régularité du service avec le plus petit nombre de troupes possible qu'il convient d'y employer, attendu que ce service est des plus fatigants pour la cavalerie.

Quant aux vedettes, elles doivent être plus particulièrement placées sur les hauteurs et aux endroits d'où elles peuvent découvrir de plus loin, ainsi qu'à l'entrée des chemins et de manière à inspecter les ravines, les chemins creux et toute espèce de passages sur le front de la chaîne. S'il se trouve quelques arbres à portée et du pied desquels on puisse également tout découvrir, on en profitera pour cacher la vedette à l'ennemi. Mais pour tout voir, il faut souvent renoncer à l'avantage de n'être pas vu.

En traitant de la fortification de campagne, nous avons remarqué que les grand'gardes d'infanterie devaient toujours être couvertes par quelque fortification naturelle ou artificielle. On se conformera à cette règle en marquant leur poste sur la chaîne.

Le poste des gardes d'infanterie est également fixé de jour ou de nuit; on en doit placer à la tête de tous les passages et défilés par lesquels la cavalerie serait dans le cas de se retirer. Les gardes d'infanterie et de cavalerie se doivent une protection mutuelle; et si dans quelques endroits l'infanterie se trouve en première ligne sur la chaîne, les sentinelles de la droite et de la gauche doivent voir les vedettes voisines et en être vues.

Dans le cas où les gardes de cavalerie se retirent pendant la nuit derrière les postes d'infanterie, elles placent les vedettes sur leurs flancs et en arrière, pour leur sûreté particulière, et elles envoient au dehors des patrouilles fixes et latérales. Si le terrain était ouvert et dénué de haies et de maisons, qu'on ne puisse placer nulle part aucun poste d'infanterie, alors les gardes de cavalerie se rapprochent un peu du camp lorsque la nuit est tout à fait obscure. Les précautions qu'elles ont à prendre dans ce nouveau poste seront indiquées séparément. C'est aux officiers supérieurs chargés des détails de la chaîne à marquer aux gardes de cavalerie leur poste de jour et à leur indiquer le poste de nuit.

Lorsque les postes de cavalerie sur la chaîne se trouvent border une rivière, un ruisseau, un marais, il faut en faire reconnaître soigneusement les passages et la nature du fond. Si le ruisseau ou le marais sont partout traversables, alors les gardes de cavalerie se retirent à l'ordinaire sur les postes de nuit qui leur auront été désignés. Si la rivière n'est traversable qu'à certains gués ou sur des ponts, si l'on ne peut traverser le marais que par quelque chemin ou sentier, c'est ce qu'il faudra reconnaître pour placer les vedettes en face des débouchés. En pareille circonstance les gardes continuent à garder le même poste pendant la nuit, et les vedettes se rapprochent tout près du passage ou débouché. Si le pont est de bois, on en fait ôter les planches du tablier, mais de manière qu'on puisse les replacer au besoin.

Si les bords du ruisseau étaient fort couverts et que son lit ne fût pas guéable, il faudrait placer des gardes d'infanterie au-devant des passages, plutôt que des gardes de cavalerie.

Si le ruisseau était traversable en trop d'endroits avec une plaine en arrière, alors il doit être gardé par la cavalerie, et les vedettes pendant le jour se tiendront hors de portée du fusil des bords du ruisseau.

Lorsque la chaîne, pour différents motifs, vient à s'étendre au delà de la distance où les gardes, en cas d'attaque, ne pourraient plus être facilement secourues, on en fait soutenir les parties trop éloignées par des détachements intermédiaires de cavalerie ou d'infanterie.

§ II.

DES DEVOIRS ET FONCTIONS A REMPLIR PAR L'OFFICIER COMMANDANT UNE GARDE DE CAVALERIE.

La grand'garde, la petite garde et les vedettes ayant été placées conformément aux premières dispositions faites par l'officier supérieur chargé des détails de la chaîne, il est en outre nécessaire que l'officier qui commande la grand'garde soit parfaitement informé des devoirs qui lui restent à remplir.

Il y a chez quelques nations un règlement qui prescrit tous les détails de ce service; chez d'autres, il n'est indiqué qu'imparfaitement. C'est pourquoi nous croyons utile de rappeler ici la partie d'instruction qui est commune à toutes les armées et dont elles ont le même besoin. L'officier commandant une garde de cavalerie connaît ou ne connaît pas le terrain sur lequel il se trouve. S'il connaît le terrain et ses environs, il lui suffira de se conduire en conséquence. Dans les deux cas, il lui sera toujours utile d'être pourvu d'une bonne carte du pays et d'une lunette d'approche.

Si le pays lui est inconnu, aussitôt après avoir établi ses postes, son premier soin sera de faire venir à lui quelques gens du lieu, qu'il enverra chercher dans les maisons voisines ou dans les villages les plus prochains. Prenant sa carte en main, il les questionnera sur les objets voisins marqués sur cette carte, et sur tous ceux qui seront visibles, en s'informant avec exactitude du nom des hameaux et maisons isolées, des bois, des ruisseaux, des montagnes considérables, etc., etc. S'il peut dessiner, il en fera une petite carte à vue, en marquant dessus le nom des objets dont il se sera informé, ou bien il en écrira les noms sur ses tablettes à la manière d'un itinéraire, afin de pouvoir répondre aux questions que les généraux pourront lui faire à ce sujet, et aussi pour mieux prendre ses mesures de sûreté en cas d'attaque. Il se renseignera avec soin auprès des gens du pays, sur chaque chemin en particulier et sur chaque sentier qui croisent l'étendue des environs de son poste, afin de savoir où ils conduisent. Il leur demandera de plus, quelle est la nature de ces chemins depuis son poste jusqu'aux villages les plus voisins? Si on peut passer partout avec des voitures? S'il s'y trouve des défilés, des ravines, des chemins creux, des marais, des bois à traverser? S'il faut passer des ruisseaux, sinon les passer à gué ou sur des ponts? Si ces ponts sont de bois ou de pierre? Si ces ruisseaux sont guéables partout ou seulement dans les endroits de passage?

Après avoir fait ainsi le tour de son poste et s'être bien assuré de la connaissance de tous les chemins par où l'ennemi pourrait venir à lui directement ou en le tournant, il ira à toutes les vedettes pour les instruire de ce qu'elles auront à faire en conséquence des éclaircissements qu'il aura reçus; il leur marquera les chemins, les bois, les ravines et passages sur lesquels elles doivent avoir continuellement les yeux.

C'est aussi lorsqu'il y aura beaucoup d'objets à surveiller d'un seul point qu'il faut que les vedettes soient doubles.

D'après les connaissances et les informations prises des gens du pays, l'officier de garde instruira ses patrouilles des endroits jusqu'où elles doivent aller et des précautions qu'elles doivent prendre.

Pendant le temps employé à ces dispositions toute la garde se tiendra à cheval. Au retour de l'officier, et si d'après les circonstances il peut juger que le poste est en parfaite sécurité, la garde pourra mettre pied à terre et faire manger les chevaux, s'il en est temps. Les petites gardes sont pour reconnaître et soutenir les vedettes; elles doivent rester constamment à cheval. On les relève avec les vedettes.

Mais si la proximité de l'ennemi laissait quelque inquiétude, l'officier, en faisant mettre pied à terre, ne permettra qu'à la moitié de sa troupe de débrider, ce qu'elle fera alternativement. Ceux qui n'auront pas débridé étant pied à terre, tiendront leurs chevaux par la longe, les rênes sur la selle, tout prêts à monter.

Dans un moment d'alarme, la moitié restera constamment

montée. Les chevaux ne seront débridés que successivement pour en agir à leur tour.

Toute la nourriture doit leur être donnée pendant le jour ; on les fait boire un peu avant le coucher du soleil. Il est défendu de les faire manger ou boire pendant la nuit.

Les honneurs qui sont dus aux généraux sont prescrits par les règlements. Pour remplir ce devoir, les grand'gardes tiennent une vedette du côté du camp. Cependant il est à observer que si la grand'garde se trouvait placée trop à découvert et que l'ennemi pût discerner tous ses mouvements, il serait plus convenable de ne point rendre les honneurs, afin que l'ennemi ne soit pas informé de la présence du général, et qu'il ne puisse saisir cette occasion pour le troubler dans sa visite et empêcher la reconnaissance du terrain qu'il aurait l'intention de faire sur le front de la chaîne.

Il arrive souvent que le général de jour ou le général commandant, voulant reconnaître l'ennemi de plus près, se fait accompagner par l'officier de la grand'garde avec quelques troupes pour leur servir de protection. Les vedettes et les petites gardes restant à leur place, l'officier pourra prendre le surplus de sa troupe pour en former une escorte; à cet effet il divisera sa troupe en deux parties égales, l'une pour couvrir le front de la marche, l'autre pour en couvrir le front du côté de l'ennemi à la distance de quatre ou cinq cents pas du général. Les flanqueurs marcheront à cinquante ou soixante pas les uns des autres. L'officier se tiendra avec quelques hommes un peu en dedans de ses flanqueurs, à la hauteur du flanc du général et à la distance d'environ trois cents pas. L'officier et les flanqueurs auront les yeux constamment tournés du côté de l'ennemi et s'occuperont à prévenir que rien n'approche du général qui puisse nuire à sa sûreté et empêcher sa reconnaissance. L'officier le conduira ainsi jusqu'au poste voisin, ou au delà, si cela lui est ordonné; après quoi il retournera à son poste par l'intérieur de la chaîne.

De la même manière et par les mêmes raisons, il arrive aussi que les généraux de l'ennemi, en s'approchant de la chaîne sous une escorte plus ou moins forte, en font attaquer les vedettes pour les déposter des hauteurs où elles sont placées, afin de s'y porter de leur personne pour reconnaître le camp et ses environs.

Aussitôt que l'officier de la grand'garde sera averti de leur approche par ses vedettes, il en informera au même instant l'officier supérieur sous les ordres duquel il se trouve, et, sans perdre de temps, il marchera au soutien de ses vedettes, faisant tout son possible pour conserver son terrain et empêcher l'ennemi de s'emparer des hauteurs et de faire sa reconnaissance.

S'il se présente un trompette venant du camp de l'ennemi, qu'il soit seul ou accompagné d'un officier, une des vedettes avancera environ cinquante pas vers eux et leur fera tourner la face du côté où ils viennent, les empêchant de regarder du côté du camp. La petite garde s'avancera sur la chaîne pour savoir de quoi il s'agit, et en fera informer l'officier de la grand'garde. Quelquefois il ne s'agit que d'une lettre ou d'un paquet qui peuvent être délivrés sans autre cérémonie. Quelquefois il s'agit d'une réponse ou de quelques paroles qu'un officier est chargé de porter.

Dans ce cas, l'officier de la grand'garde se rendra à ses avant-postes et fera bander les yeux au porteur, soit de lettre ou de paroles. Il peut aussi envoyer à sa place un sous-officier qu'il chargera de les conduire les yeux bandés à la grand'garde. Il en donnera avis au général et attendra ses ordres pour faire conduire ces envoyés au camp. Les vedettes se conduiront de la même manière à l'égard des déserteurs qui se présenteront sur la chaîne. En arrivant à eux, la petite garde leur fera rendre les armes et les conduira immédiatement à la grand'garde. Mais si ces déserteurs se présentent plusieurs à la fois, la petite garde les retiendra en dehors de la chaîne, et l'officier, ayant fait monter à cheval, s'avancera avec ce qu'il jugera à propos de sa troupe, pour leur faire poser les armes et mettre pied à terre, si c'est de la cavalerie, les faisant défiler un à un sur la droite ou sur la gauche, jusqu'à quelque distance du poste en arrière, où ils seront retenus et gardés par un nombre de cavaliers proportionné au leur, et leurs armes seront déposées à la grand'garde. On les tiendra dans cette situation jusqu'à l'arrivée des ordres du général, auquel l'officier de la grand'garde aura fait passer son rapport contenant les particularités qu'il aura pu apprendre de ces déserteurs.

L'officier de la grand'garde aura soin d'examiner soigneusement par lui-même toutes espèces de personnes venant du côté de l'ennemi, voyageurs ou gens du pays. Il s'informera d'où ils viennent, où ils vont; qu'elle espèce d'affaires ils ont aux environs du camp? Il les questionnera sur ce qu'ils peuvent savoir de l'ennemi, sur sa situation, sur ce qu'ils auront vu ou rencontré chemin faisant? Sur ce qu'ils ont ouï dire? Sur quoi il les arrêtera, ou les laissera passer, ou les renverra d'où ils viennent, conformément aux ordres qui lui auront été donnés à ce sujet. Il aura attention de se conduire avec bonté envers les gens de la campagne qui apportent des provisions au camp, ne souffrant pas que sa troupe prenne rien d'eux sans payer, ni qu'il leur soit fait aucune injure; et, s'il lui est défendu de les laisser passer, il les renverra avec courtoisie et de manière à les engager à répondre à ses questions, ce qui est quelquefois le moyen d'apprendre quelque chose d'intéressant. Il y a néanmoins des circonstances où l'on peut prévoir que l'ennemi cherchera à faire passer ses espions dans le camp, sous prétexte d'y apporter des vivres. Dans ces occasions, la prudence exige qu'on examine de près les hommes et les femmes qui se présentent de cette manière; mais l'officier ne doit pas les faire fouiller à la garde, c'est au quartier général que cela se fait par l'ordre du général commandant.

Après que les premières vedettes auront été changées, l'officier fera une visite entière de ses postes afin d'interroger ses vedettes et s'assurer qu'elles sont instruites de ce qu'elles ont à faire et que la consigne donnée leur a été exactement transmise.

Si les vedettes sont placées sur une hauteur de laquelle on puisse découvrir le camp de l'ennemi et distinguer ce qui s'y passe, au moyen d'une lunette d'approche, l'officier s'y portera souvent pour reconnaître si le camp reste tranquille et dans la même situation; s'il y entre, ou s'il en sort des troupes. S'il s'aperçoit de quelque changement ou de quelque mouvement que ce puisse être, son devoir est d'en donner de suite avis au général commandant.

C'est, particulièrement au point du jour, et avant d'être remplacé par la nouvelle garde, que l'officier pourra reconnaître, si pendant la nuit il n'est pas survenu quelque changement dans la situation de l'ennemi, par comparaison avec ce qu'il a vu la veille.

Si, pendant le jour, on peut apercevoir que l'ennemi se prépare à décamper, l'officier de la garde en fera aussitôt son rapport, et tenant toute sa troupe à cheval il surveillera les mouvements de l'ennemi, afin de le suivre au moment ou il verra que ses postes se replient pour faire l'arrière-garde comme d'usage; mais en les suivant il le fera avec circonspection, évitant de s'engager avant d'être soutenu et d'en avoir reçu l'ordre. En attendant, il se tiendra seulement à portée de reconnaître par quel côté l'ennemi s'est mis en marche, continuant de faire son rapport sur tout ce qu'il pourra apercevoir.

Si c'est notre armée qui décampe pendant le jour, il n'y a point de mouvements à faire avant le temps du départ. Ce moment pour les grand'gardes est toujours fixé par le général commandant, et jusqu'à ce moment tout doit rester tranquille et dans le plus grand calme. En montrant de l'inquiétude et de la précipitation à monter à cheval, cela pourrait faire connaître à l'ennemi que l'armée va se mettre en marche, et plus tôt l'ennemi sera averti de ce mouvement et plus tôt il sera en mesure de poursuivre vivement l'arrière-garde, ce qu'il faut éviter. C'est pourquoi l'officier prendra toutes les précautions possibles pour cacher son départ. Il ne faut pas même que sa troupe en soit instruite, jusqu'au moment où il fait retirer les vedettes par un sous-officier qui les rassemblera pour en faire l'arrière-garde de sa troupe.

Lorsque les vedettes voient approcher pendant le jour un

parti ennemi, une des deux se détache pour en donner avis à la grand'garde, et en même temps la petite garde se rapproche de ses vedettes pour les soutenir au besoin. L'officier ayant fait monter la grand'garde, elle continuera de rester couverte dans son poste tandis qu'il s'avancera seul jusqu'à la petite garde, pour examiner les dispositions de l'ennemi et en reconnaître la force. Après quoi, et selon l'état des choses, il en fera rapidement au crayon son rapport au général commandant, et en attendant un renfort et de nouveaux ordres, toute son attention se bornera à conserver intacte la partie de la chaîne dont la garde lui a été confiée. Nous avons remarqué que, quand il se trouvait sur le front de la chaîne une rivière, un ruisseau, un marais passables dans quelques endroits seulement; les vedettes étaient postées vis-à-vis de ces passages, et qu'on les y laissait pendant la nuit. L'officier qui se trouvera sur cette partie de la chaîne examinera soigneusement s'il n'y a point d'autres passages que ceux qui lui ont été indiqués. S'il s'en trouvait d'autres il y placerait des vedettes pendant la nuit. S'il a devant lui des fossés ou des chemins creux, il examinera de même les endroits où il sera plus ou moins facile de les passer. Il examinera aussi la connexité de son poste avec les deux postes voisins de droite et de gauche, afin de prendre sur ses flancs les précautions nécessaires.

Une heure ou deux environ avant le coucher du soleil, l'officier commandant la grand'garde enverra, par un sous-officier, le rapport de la journée au général commandant. Il y mentionnera ce qu'il aura observé et ce qu'il aura appris d'ailleurs par les patrouilles ou par les gens du pays ; et recevra par le retour de ce même sous-officier le mot d'ordre. Le mot d'ordre se donne aux vedettes au moment où elles entrent en fonction, ce qui se fait toutes les deux heures ou toutes les heures selon le temps et la saison. On doit comme il a été dit, faire boire les chevaux un peu avant le coucher du soleil, et leur donner le reste de leur nourriture. Peu après le coucher du soleil, les chevaux doivent être tous bridés. Pendant le jour, et aussitôt qu'il pourra le faire, l'officier ira reconnaître son poste de nuit. Lorsqu'il n'y a point de passages particuliers sur le front de la chaîne, il est d'usage que les grand'gardes de cavalerie se retirent pendant la nuit sur les postes d'infanterie placés plus en arrière et dans des endroits où ces postes sont couverts, comme il a été dit, par quelque défense naturelle ou artificielle.

C'est à l'officier de cavalerie à choisir une place sous la protection du poste d'infanterie pour s'y tenir pendant la nuit derrière quelque haie ou verger; communiquant librement avec le chemin du camp.

Il examinera la connexion de ce poste d'infanterie avec les autres postes de la chaîne, et si la communication doit se faire par des patrouilles latérales de cavalerie ou d'infanterie selon la nature des lieux. Par rapport aux patrouilles de cavalerie qui seront faites en avant et sur le front, il examinera de même le chemin qu'elles doivent tenir et la nature des lieux, afin de les instruire des précautions qu'elles auront à prendre. Plus le pays est couvert, plus elles doivent marcher lentement et s'arrêter souvent pour écouter. Dans plusieurs circonstances et lorsqu'on a lieu de craindre quelque mouvement de la part de l'ennemi, il est plus convenable de se servir de patrouilles fixes que de patrouilles mobiles pour être sûrement averti de tout ce qui peut venir de front.

Ces patrouilles fixes ne sont à proprement parler que des vedettes de nuit que l'on pousse jusqu'à une certaine distance sur la route par laquelle on attend l'ennemi. Elles sont ordinairement de trois hommes; on les place à la file à quatre-vingts ou cent pas les unes des autres. Arrivée à son point fixe, la patrouille se place sur un des côtés du chemin; elle ne doit pas occuper le sommet d'aucune hauteur, mais se tenir dans le bas, attendu que pendant la nuit on distingue mieux de bas en haut que de haut en bas.

La vedette qui a la tête de la patrouille, laisse approcher ceux qui viennent jusqu'à la portée de la voix; alors selon la réponse ou le silence, elle fait feu et se retire plus ou moins vite selon qu'elle est poursuivie.

La seconde vedette, ayant laissé passer la première, fait également feu et se retire légèrement s'il est nécessaire. Quant à la troisième et dernière vedette, au premier coup de carabine, elle va de sa plus vive allure donner avis au poste de l'approche de l'ennemi.

Souvent il arrive que ce n'est qu'une patrouille de l'ennemi qui s'arrête bientôt après avoir un peu poursuivi. C'est ce que les deux hommes qui sont restés en arrière peuvent aisément reconnaître en s'arrêtant de temps en temps pour écouter. S'ils remarquent qu'ils ne sont plus poursuivis, ils doivent s'arrêter, et si, après avoir laissé passer quelque temps, l'ennemi se fait entendre de nouveau, ou si le silence continue, une des deux vedettes va en donner avis au poste, tandis que l'autre continue d'observer ce qui peut venir à elle. Il est donc nécessaire que l'officier, avant de faire partir une patrouille fixe, prenne le soin d'informer les trois hommes qui la composent de ce qu'ils auront à faire selon le cas. S'il ne veut pas placer lui-même la première patrouille, il doit en commettre le soin à un sous-officier auquel il indiquera à peu près la distance où cette patrouille devra s'arrêter et se fixer, d'après la connaissance qu'il aura pu prendre du pays pendant le jour. La patrouille qui doit relever la première doit marcher doucement et en silence jusqu'à l'endroit où la première a été fixée, et les trois hommes remplaceront les trois hommes avec le moins de bruit possible.

Lorsqu'on a quelque raison d'appréhender un mouvement de la part de l'ennemi, les patrouilles fixes sont d'un meilleur service que les patrouilles mobiles, parce que la patrouille mobile, après avoir poussé aussi loin qu'il lui a été ordonné, doit revenir et qu'elle peut être suivie d'assez près par l'ennemi sans en avoir connaissance et particulièrement quand l'ennemi est sous le vent, ainsi que par une grande pluie. Il peut donc arriver que la patrouille rentrante annonce que tout est tranquille bien que l'ennemi soit sur ses talons. C'est de cette manière que beaucoup de postes ont été surpris.

Quant aux patrouilles latérales qui se font à deux ou trois cents pas en avant de la chaîne pour entretenir la communication entre les postes, elles sont toujours mobiles. Elles reviennent après s'être rencontrées. On doit leur recommander d'aller doucement et de s'arrêter souvent pour se mettre aux écoutes, surtout avant de passer par des endroits couverts. Lorsque la chaîne passe par un terrain sur lequel on ne peut trouver à placer aucun poste d'infanterie derrière lequel la garde de cavalerie puisse se placer pendant la nuit, alors les précautions pour la cavalerie deviennent plus étendues et sont susceptibles de quelques autres détails.

La grand'garde devant prendre son poste de nuit à découvert, l'officier pendant le jour ira reconnaître la place la plus propre pour s'y retirer pendant la nuit, à cinq ou six cents pas plus en arrière. Pour cet effet il choisira quelques fonds sur le revers des hauteurs qu'il laissera devant lui. Il en visitera les environs pour s'assurer s'il y a, ou non, des fossés, des chemins creux, des parties marécageuses dans la direction qu'il aurait à suivre pour se retirer sur le camp, ou pour communiquer par des patrouilles latérales avec les gardes voisines. Il fera à cet égard ses remarques et ses observations pour se reconnaître pendant la nuit, et pouvoir instruire ses patrouilles.

Quelque temps après le coucher du soleil et tout à fait au déclin du jour, les chevaux ayant mangé et bu, toute la garde montera à cheval et attendra que l'obscurité soit telle que l'ennemi ne puisse plus discerner la retraite des vedettes, alors la grand'garde ira prendre son poste de nuit où elle se tiendra à cheval et en silence. L'officier, accompagné d'un sous-officier, ira placer lui-même le nombre de vedettes qui sera nécessaire à la sûreté de son nouveau poste.

Il a déjà été dit qu'en pays montueux, les vedettes de nuit se placent au pied des hauteurs et non au sommet.

Cela fait, l'officier ira à la petite garde qui jusque-là sera restée en place; il fera replier les vedettes de jour sur la petite garde et ramènera celle-ci au poste de nuit. Les vedettes doivent toujours être doublées pendant la nuit.

La petite garde, pendant la nuit, doit se placer également à la portée de la voix des vedettes. Les dispositions pour le placement des vedettes sont les mêmes que pendant le jour; c'est-à-dire qu'on doit en placer sur les chemins et au-devant de tous les passages. Elles sont seulement plus rapprochées entre elles et de la grand'garde. Le vide qui se trouve sur la chaîne par le rapprochement des vedettes entre deux postes voisins, est occupé par le mouvement continuel des patrouilles latérales qui vont à la rencontre les unes des autres.

Si par la proximité de l'ennemi quelque mouvement de sa part était à craindre, la grand'garde doit rester à cheval pendant toute la nuit. Si aucun danger ne paraît prochain, la moitié de la garde peut mettre pied à terre, mais les chevaux doivent rester bridés. Si la saison est froide et que les circonstances le permettent, la garde pourra allumer du feu dans quelque creux auprès du poste, mais de manière à n'être pas facilement aperçue, et il faudra avoir la précaution de tenir tout près du gazon, du sable ou de la terre pour en couvrir le feu à la moindre alarme. L'officier doit avoir soin que les hommes de sa troupe qui ont mis pied à terre ne s'endorment pas. Ils doivent rester debout, tenant chacun leur cheval par la longe, les rênes sur le pommeau de la selle, prêts à monter. Les patrouilles latérales se font à deux ou trois cents pas des vedettes. Il suffit que ces patrouilles soient de trois hommes. Si les vedettes pendant la nuit entendent quelque bruit, l'une des deux s'avance de soixante pas environ et s'arrête pour écouter. Si elle entend marcher, elle crie qui vive? A défaut de réponse elle fait feu et se retire. Si elle est poursuivie elle ne doit pas se retirer directement sur le poste, mais sur les flancs, à quelque distance afin d'en éloigner l'ennemi.

Quand la nuit est fort obscure, que le vent ou la pluie pourrait empêcher d'entendre marcher, il faut que les vedettes se visitent entre elles; tandis que l'une reste fixe, l'autre va reconnaître la vedette voisine et revient à sa place; et ainsi de suite chacune à son tour pendant le mauvais temps. Il faut encore qu'elles circulent entre elles quand le pays est partagé en petites collines, et coupé par de petits vallons ou défilés formés par des chemins creux, par lesquels l'ennemi pourrait se glisser sans être vu ni entendu. Cela s'appelle couvrir son poste par des vedettes volantes. Si pendant la nuit quelque troupe détachée du camp s'approche de la chaîne, elle doit être arrêtée par les vedettes, quoiqu'elle ait le mot d'ordre. Sur quoi la petite garde s'avance à cinquante pas au delà des vedettes : l'officier qui commande ce détachement doit se rendre seul à la petite garde, et son détachement rester en dehors de la ligne des vedettes. La petite garde conduit l'officier du détachement à l'officier de la grand'garde, lequel doit soigneusement examiner l'officier du détachement sur toutes les circonstances qui peuvent le faire connaître, dans le cas où il ne le serait pas personnellement. Cet examen terminé, le commandant de la grand'garde ordonne à la petite garde de faire filer le détachement du côté du camp, retenant toujours l'officier du détachement près de lui. Quand le détachement a un peu dépassé le poste, alors l'officier de la grand'garde permet à l'officier du détachement de rejoindre sa troupe et de la conduire au camp. Mais il peut arriver que le détachement étant sorti depuis plusieurs jours ne soit pas muni du mot d'ordre. Dans ce cas l'examen doit être d'autant plus scrupuleux de la part de l'officier de la grand'garde. Cependant, si dans cet examen il ne découvre rien de soupçonnable, il permettra au détachement de prendre le chemin du camp, en le faisant défiler, un par un, sur le front de la grand'garde, et en retenant de même l'officier du détachement auprès de lui, jusqu'à ce que le détachement soit parvenu à quelque distance.

Si, après l'examen, il restait encore quelque doute, l'officier de la grand'garde fera arrêter le détachement à quelques pas en arrière de son poste avec une vedette en face; retiendra l'officier avec lui et ne le laissera partir pour le camp qu'après le point du jour. Si des déserteurs se présentent en nombre, il les fera désarmer, et les tiendra à quelque distance sous bonne garde. Il pourra les faire venir l'un après l'autre pour les questionner, et, s'il en peut apprendre quelque chose d'intéressant, il en donnera aussitôt avis au général commandant.

En cas d'attaque pendant la nuit, il ordonnera à ses vedettes et petites gardes de ne pas se retirer directement sur le poste, mais sur les flancs, afin que l'ennemi dans la poursuite ne tombe pas avec toutes ses forces sur le poste, et aussi pour que pendant sa retraite ses flancs restent couverts par une partie de sa troupe, laquelle étant ainsi disposée continuera sa retraite le plus lentement que les circonstances pourront le permettre, en soutenant l'escarmouche par un feu continuel afin d'avertir l'armée de l'approche de l'ennemi, et donner moyen aux troupes du camp de marcher à son secours.

Il arrive assez souvent qu'une armée décampe en silence pendant la nuit sans aucun bruit de guerre. C'est ce qu'on appelle marcher à la muette. Quel que soit le motif d'une marche de nuit, on cherche toujours à la cacher autant que possible à l'ennemi, et, pour cet effet, on laisse les grand'-gardes dans leurs postes jusqu'au point du jour.

En pareille occasion, la grand'garde doit être toute entière à cheval, et les patrouilles doivent être continuelles en avant des vedettes et latéralement afin d'empêcher les espions et les déserteurs de sortir de la chaîne pour donner connaissance de ce mouvement à l'ennemi, ainsi que pour empêcher celui-ci d'approcher assez près avec ses patrouilles pour observer ce qui s'y passe. C'est pourquoi lorsqu'une grand'-garde est placée pendant la nuit au pied de quelque hauteur de laquelle on peut apercevoir le camp de l'ennemi, il est à propos que l'officier place sur cette hauteur une double vedette pour lui faire le rapport des changements qu'on peut apercevoir dans les feux de l'ennemi.

Lorsque les feux commencent à donner moins de lumière et à s'éteindre plus tôt qu'à l'ordinaire, on peut présumer quelque mouvement de la part de l'ennemi : il en est de même lorsqu'ils se montrent beaucoup plus nombreux et plus grands qu'à l'ordinaire ; parce qu'il arrive assez souvent que les cantiniers, les valets et autres gens qui suivent l'armée, mettent au moment du départ le feu à la paille et aux huttes du camp. C'est à ceux qui décampent pendant la nuit à prendre des mesures de police pour dérober, autant que possible, ce mouvement à l'ennemi. Aussi est-il d'usage de laisser de petits détachements d'infanterie chargés d'entretenir les feux des gardes du camp, tout le long du front de bandière jusque vers le point du jour. Comme tout ce qui devrait se faire ne se fait pas toujours, les officiers des grand'gardes doivent porter leur attention sur toutes les circonstances de cette espèce.

Quelquefois on est campé si près les uns des autres, que ceux qui sont sous le vent peuvent entendre le bruit du départ ou de l'arrivée de quelques nouvelles troupes, soit par le cliquetis des armes, le murmure des voix, ou le fouet des conducteurs d'artillerie. Tous les bruits qui surviennent extraordinairement pendant la nuit décèlent quelque chose : si ce bruit continue en décroissant, c'est un signe que l'ennemi quitte son camp en tout ou en partie. Si, ensuite, le bruit continue de croître et qu'il cesse tout d'un coup, on peut être certain qu'il est arrivé de nouvelles troupes dans le camp. Toutes ces observations doivent être faites la nuit par les officiers des grand'gardes, et chacun d'eux doit faire le rapport au général commandant de ce qui vient à sa connaissance.

Si l'armée décampe en silence pendant la nuit, soit pour prendre un camp en arrière, ou pour gagner un poste important par une marche qu'il s'agit de dérober à l'ennemi, il est d'usage, comme nous l'avons dit, de laisser les grand'-gardes en place jusqu'au point du jour. Alors elles doivent redoubler de précautions, et leurs patrouilles se tenir dans un mouvement continuel. Si, à l'arrivée du jour, l'ennemi vient à découvrir le mouvement de l'armée, l'officier de la grand'garde fera rentrer ses vedettes et se mettra en retraite avec les précautions d'usage; les vedettes et la petite garde feront l'arrière-garde de sa troupe à environ cinq cents pas de distance, et il continuera sa marche de la manière que les circonstances pourront le permettre, observant, lorsqu'il aura quelque défilé à passer, de se mettre en bataille à trois cents pas en arrière du défilé, pour recevoir et soutenir son arrière-garde en cas qu'elle fût pressée par l'ennemi. Lorsqu'elle aura passé le défilé et se sera remise en ordre, il reprendra sa marche, et aura constamment les yeux sur la manière dont il est suivi. S'il peut s'arrêter sur quelque hauteur, il observera quelle est la force de l'ennemi : si elle consiste en cavalerie ou en infanterie; si le gros de ses troupes marche à lui ou d'un autre côté, afin d'en faire son rapport au commandant de l'arrière-garde de l'armée.

Quelquefois l'armée arrive si tard dans son nouveau camp que la nuit survient avant qu'on ait pu placer les grand'-gardes. Dans d'autres circonstances, la grand'garde reçoit pendant la nuit l'ordre de se porter vers telle place ou tel village. Lorsque les lieux que l'on doit occuper pendant la nuit sont inconnus, les précautions deviennent plus nécessaires en proportion de ce que l'on ignore de la situation. En pareil cas, le premier recours doit être celui de la carte auquel il faudra ajouter, le plus qu'on pourra, les éclaircissements qu'on aura pu obtenir des gens du pays. S'il s'agit de changer de place, il faut d'abord se procurer un guide dans les maisons des environs et de la lumière pour consulter la carte. Par les diverses questions que l'on fera au guide par rapport à la nature des chemins et aux endroits où ils conduisent, on sera en état de reconnaître si l'on est bien ou mal conduit.

Etant arrivé à l'endroit que l'on doit occuper, il faudra encore se procurer quelques hommes des environs pour les questionner sur la nature des lieux et se faire montrer tous les chemins et sentiers qui viennent du côté de l'ennemi, afin de placer les vedettes en conséquence. Toutes les précautions que nous avons indiquées, concernant les patrouilles et les vedettes fixes et volantes, seront employées, et, pour peu qu'il y ait de danger, la garde entière restera à cheval.

A l'arrivée du jour, l'officier pourra faire une reconnaissance des lieux tout à fait en règle, d'après laquelle il corrigera dans sa disposition les erreurs de la nuit.

Comme la sûreté de l'armée dépend particulièrement, pendant la nuit, de la vigilance et de la bonne conduite de ceux qui commandent les avant-postes, les officiers des des grand'gardes ne doivent épargner ni soins ni peines pour se mettre en état de s'acquitter de ce devoir. S'ils sont attaqués, ayant reconnu le terrain ils pourront toujours se retirer sans précipitation soutenant l'escarmouche par un feu continuel, et s'arrêtant avec prudence à la faveur des accidents du terrain; faisant attention à ce qui se passe sur leur droite et sur leur gauche, afin d'assister les postes voisins et manœuvrant de concert avec eux. Quand la nuit a été tranquille, les gardes de cavalerie reprennent au point du jour les postes qu'elles ont occupés la veille. L'officier, en quittant son poste de nuit pour reprendre son poste de jour, doit y marcher avec les précautions suivantes : il couvrira sa marche par des patrouilles de trois hommes chacune, deux sur le front et une sur chaque flanc. S'il fait du brouillard, ces patrouilles seront suivies d'une petite avant-garde de quatre hommes à deux cents pas de distance. Il fera fouiller par les patrouilles le fond des chemins creux, les vallons, les bouquets de bois, et après s'être assuré que l'ennemi ne lui a pas dressé d'embuscade pendant la nuit, il placera ses vedettes et petites gardes comme elles étaient la veille. Pendant ce temps, toute sa troupe restera à cheval, et si le brouillard ne se dissipe pas, elle restera montée jusqu'à l'arrivée de la nouvelle garde. Quand le brouillard est fort épais, les vedettes doivent se visiter alternativement.

La coutume générale est de faire avancer au point du jour les nouvelles gardes au soutien des vieilles gardes, parce que c'est le moment où elles sont ordinairement attaquées quand l'ennemi a formé quelque dessein. Pour cet effet, les nouvelles gardes s'approchent doucement à environ six cent pas des premières pour reconnaître si tout est tranquille et si le poste de jour est occupé par la vieille garde. Cette reconnaissance faite, la nouvelle garde avance jusqu'à la vedette qui est placée du côté du camp, où elle s'arrête. Les deux gardes se rendent les honneurs et la nouvelle va se placer à la gauche de l'ancienne.

L'officier de la vieille garde communique alors toutes les particularités qui concernent le poste à l'officier qui le relève; en conséquence, le même nombre de vedettes sont détachées de la nouvelle garde. L'officier et un sous-officier de la nouvelle garde, conduits par un sous-officier de la vieille garde vont relever les vieilles vedettes et reçoivent du sous-officier de la vieille garde toutes les informations relatives à leur situation.

La vieille garde reste en place jusqu'à ce que toutes ses vedettes soient rentrées ainsi que ses patrouilles et après quoi elle défile à la distance de cent pas pour remettre le sabre. La nouvelle garde prend la place de la première, la vieille garde, de son côté, prend en bon ordre le chemin du camp, où étant arrivée à son régiment, l'officier se présentera à son commandant pour lui faire verbalement le rapport de son retour.

§ III.

DU SERVICE ET DE LA DISPOSITION DES GRAND'GARDES D'INFANTERIE.

Nous avons remarqué que les postes des grand'gardes d'infanterie étaient fixes pour le jour et la nuit, et qu'ils devaient toujours être couverts par quelque défense naturelle ou artificielle, et il a été parlé de ces sortes de défenses dans la fortification de campagne.

Lorsque ces gardes sont placées dans un village, elles occupent le cimetière par préférence, s'il est placé de manière à pouvoir défendre le principal passage, ou bien elles se placent vers le centre à la rencontre de plusieurs chemins, et elles se retranchent dans cette partie ainsi qu'il a été indiqué dans la fortification de campagne. Elles doivent poser des sentinelles à toutes les avenues et entrées du village, ainsi que dans les haies des jardins aux endroits où l'on peut découvrir ce qui vient de la campagne, et comme la plupart de ces sentinelles se trouveraient trop écartées pour être vues et entendues du poste principal, on place dans ce cas, de petits postes intermédiaires aux endroits écartés, lesquels ont devant eux une ou deux sentinelles, ou même trois si cela était nécessaire; et, comme nous l'avons expliqué dans la fortification de campagne, on ménagera leur retraite sur le poste principal par les cours et jardins, de manière à n'être pas coupé par l'ennemi. Les gardes d'infanterie sont aussi placées dans des maisons isolées dont elles occupent les cours et les jardins, comme aussi derrière des cours d'eau, et des ravines ou chemins creux dont le talus étant escarpé fait une sorte de défense que l'on achève de fortifier par des parapets, des abatis, des puits en face des endroits abordables. Elles occupent également de petits bouquets de bois, ainsi que la lisière des grands bois qui se trouvent sur la chaîne.

Quand elles sont placées sur le bord d'une forêt, le poste principal est établi à l'entrée du grand chemin s'il s'y en trouve, ou sur quelque point élevé d'où l'on découvre la campagne. Le poste principal ou grand'garde détache sur ses flancs de petits postes particuliers qui se placent également dans les parties saillantes de la lisière de la forêt et disposés de manière que rien ne puisse entrer ou sortir de la forêt sans être vu. Toutes les sentinelles doivent se voir entre elles, et voir de même la première sentinelle ou vedette des grand'gardes voisines. Lorsqu'il fait du brouillard et que les sentinelles ne peuvent plus se voir entre elles, on y supplée par des patrouilles continuelles qui se font un peu en dehors du bois.

Lorsque les gardes font du feu pendant la nuit, elles doivent le placer dans l'intérieur du bois, au fond de quelque trou, ou derrière une élévation de terre qui puisse en cacher la vue à l'ennemi.

Si l'armée occupe la même position pendant quelques jours, les gardes placées dans les bois doivent se couvrir par un parapet et un abatis. Pour cet effet, l'officier envoie demander les outils nécessaires dans les villages voisins et même des travailleurs pour aider à la besogne, si c'est en pays ennemi.

L'officier doit visiter les postes détachés et principalement pendant la nuit afin de tenir son monde éveillé, ayant soin que les sentinelles ne s'endorment pas, ce qui pourrait arriver après une journée fatigante ; dans ce cas, le plus sûr est de les faire relever toutes les heures. Pendant le jour on peut laisser reposer les hommes avec plus de liberté. Les précautions doivent redoubler en raison de la proximité de l'ennemi et de l'obscurité de la nuit, comme aussi lorsqu'il fait grand vent et grande pluie et que les patrouilles et les sentinelles ne peuvent ni voir ni entendre ce qui vient à elles. Quant au surplus, soit par rapport à la reconnaissance du terrain, des chemins et sentiers dans l'étendue du poste et de ses environs, l'officier doit se conduire comme il a été dit pour les postes de cavalerie ; aucun chemin, aucun sentier ne doit rester sans être gardé. Il observera de même ce qui a été dit par rapport aux voyageurs et gens du pays, aux espions et déserteurs, ainsi qu'à ce qu'il pourra apprendre ou découvrir des manœuvres de l'ennemi. L'officier doit encore veiller pendant la nuit sur la désertion de ses sentinelles : S'il lui en désertait, il ferait changer le mot d'ordre et donnerait avis de cette désertion aux postes voisins. Lorsque l'armée fait quelque mouvement délicat, si quelque sentinelle se trouvait placée de manière à pouvoir déserter avec facilité, sans être vue du poste, il faudrait avoir la précaution de mettre la sentinelle double et de n'employer dans cette faction, surtout pendant la nuit, que des hommes sur lesquels on puisse compter.

La nuit, pour un officier de grand'garde, n'est jamais le temps pendant lequel il puisse se permettre de reposer.

En cas d'attaque, les gardes se défendent aussi longtemps qu'elles n'ont pas à craindre d'être coupées. Pendant leur retraite, elles font un feu continuel, prenant leur chemin par les endroits couverts où elles ont moins à craindre la cavalerie de l'ennemi.

Lorsque les nouvelles gardes relèvent les anciennes, l'officier de la nouvelle garde doit s'arrêter à quelque distance du poste qu'il doit relever pour le faire reconnaître, et s'assurer qu'il n'est rien arrivé sur la chaîne qui puisse compromettre sa sûreté.

INSTRUCTION PARTICULIÈRE

Concernant les détails du service de la chaîne dans les contrées où la cavalerie ne peut être employée à la garde des armées.

Lorsqu'une armée sort de ses cantonnements pour prendre son premier camp, les grand'gardes sont réglées dès cette première fois, d'après la nature des lieux où elle doit faire la guerre, et d'après l'étendue de terrain que cette armée occupe dans son camp.

Dans la section qui traite particulièrement de la garde des armées, on a donné des règles générales pour cette partie du service qui concerne l'infanterie et la cavalerie.

Cependant, lorsqu'il s'agit d'une application particulière, il peut arriver que les personnes qui n'auront pas l'habitude de ce genre de service éprouvent quelque embarras, soit pour fixer le nombre des gardes nécessaires, soit pour leur marquer la place qu'elles doivent occuper.

Pour ne pas revenir sur les dispositions générales qui ont déjà été expliquées, on se propose de ne considérer ici que ce qui concerne les gardes de l'infanterie, lorsque la cavalerie ne peut absolument partager ce service.

Dans un pays couvert, coupé par des bois, des haies, des hauteurs; par quantité d'habitations séparées qui ont chacune un chemin particulier, s'il s'agit de former une chaîne de sentinelles dans une telle contrée, pour tout voir, pour tout observer, pour empêcher le passage des espions, des déserteurs, ainsi que les partis ennemis, de se glisser sans être vus, à la faveur des bois, des haies, des chemins creux, et de venir à dos des grand'gardes pour les surprendre, on jugera que les sentinelles ne sauraient être éloignées les unes des autres que d'environ deux cents pas ordinaires, moitié du pas géométrique.

En les comptant à cette distance, il en résulte qu'il faudra dix postes ou sentinelles pour garder une étendue de deux mille pas ordinaires.

Ces sentinelles devant être doubles, il y a vingt hommes à relever, ce qui demande une garde de soixante hommes.

Lorsque les irrégularités du terrain sont fréquentes et qu'il se trouve beaucoup de chemins qui conduisent sur le camp, alors il devient difficile de placer et de diviser les gardes de manière à n'employer tout juste que ce nombre d'hommes. D'ailleurs, il est d'usage de renforcer les appuis de la chaîne au delà de ce qu'il leur faut d'hommes pour relever leurs sentinelles, afin que si l'ennemi venait à se montrer de ce côté, cette garde soit en état de pousser des patrouilles pour observer les mouvements et aussi pour faire quelque résistance.

En tenant compte de ces diverses considérations, il en résulte que, dans les contrées de l'espèce dont il s'agit, il faut compter environ quatre-vingts hommes d'infanterie pour le service des grand'gardes sur une étendue de deux mille pas ordinaires.

Les gardes ayant été réglées de cette manière pour le premier camp, le même nombre doit suffire, ou à peu près, pour le camp, qui sera occupé ensuite par la même armée dans le même pays. Pour y faire des changements, il faut, auparavant, en avoir reconnu la nécessité.

La première partie du service des gardes qui consiste à en régler le nombre relativement à la nature des lieux, étant fixée, il s'agit ensuite de marquer leur place sur le contour de la chaîne. Ce contour, comme on l'a remarqué, dépend des accidents du terrain.

Entre la droite et la gauche de la chaîne, la situation des

bois, des vallées, des hauteurs, sont les accidents qu'il faut consulter pour en diriger le contour, et c'est sur ce contour que la chaîne des postes doit être placée.

Le bord supérieur des vallées, le bord des bois, le sommet des hauteurs, les parties angulaires et saillantes des haies qui environnent les jardins d'une ferme, les haies des champs, sont des endroits le long desquels on place la chaîne des sentinelles.

La règle générale, comme on l'a dit ailleurs, est qu'une sentinelle puisse voir de sa place les sentinelles voisines sur sa droite et sur sa gauche, et de manière que rien ne puisse passer entre elles sans être vu.

Mais, dans la distribution des postes, il arrive souvent que la vue est masquée entre deux sentinelles par des arbres, des haies, des maisons, une contre-pente, et que, pour observer cette règle à la rigueur, il faudrait souvent multiplier trop les postes, ce qui serait un autre inconvénient. Il est sans doute nécessaire de se garder et de se bien garder; mais comme le service des grand'gardes est des plus fatigants, on ne doit y employer que la moindre quantité d'hommes possible, sans cependant compromettre la sûreté de l'armée qui repose sur l'exactitude du service de la chaîne.

C'est avec raison, sans doute, que l'on a établi dans la règle générale que les sentinelles doivent se voir entre elles, puisque en s'observant les unes les autres, cela les empêche de déserter, ou du moins de déserter sans que la grand'-garde en soit avertie; cependant cette mesure, très-praticable dans les pays découverts, devient difficile dans les pays boisés et montueux; d'ailleurs, elle ne constitue pas la chose principale, qui est que rien ne puisse passer entre deux sentinelles sans être vu.

Pour remplir cette condition essentielle, il peut suffire, quand on ne peut mieux faire, que la vue d'une sentinelle se croise en avant à demi-distance sur un point commun avec la sentinelle voisine, et de manière que, sans se voir personnellement, rien ne puisse également passer entre elles deux sans être vu de l'une ou de l'autre.

D'après ces remarques, lorsque le bord des vallées est sans bois, les sentinelles seront postées sur la partie élevée, de manière à pouvoir découvrir le fond de la vallée, ainsi que tout ce qui pourrait venir sur elles.

Lorsque les bois descendront du sommet de la côte dans la vallée, les sentinelles seront postées dans le bas en suivant le contour des bois.

Si le bois remplit la vallée et s'étend trop au delà pour pouvoir être compris tout entier dans la chaîne, on ne pourra se dispenser de le traverser, soit en suivant la vallée, soit dans quelque partie la plus étroite de ce bois.

On doit éviter tant qu'on le peut de placer la chaîne par le travers des bois. Cependant, lorsqu'on y est obligé pour éviter un trop grand détour, on rapprochera les postes dans cette distance, à proportion de l'épaisseur du bois, et, de jour comme de nuit, les postes feront entre eux le service de sentinelles volantes, lequel a été précédemment expliqué.

Le service de sentinelles volantes sera encore ordonné à tous les postes dans les endroits où la vue se trouve offusquée et où l'on ne peut aisément découvrir devant soi.

On a donné ailleurs les dispositions qui concernent la chaîne le long des rivières ou des ruisseaux non guéables en totalité, ou qui ont des gués et des ponts de distance en distance.

Le cordon des sentinelles qui constitue la chaîne étant ainsi déterminé, il ne s'agit plus que de placer les grand'-gardes qui doivent les relever.

La place des grand'gardes est particulièrement sur les chemins principaux qui conduisent directement sur le camp et un peu en arrière de la chaîne. S'il se trouve sur ce chemin et à portée quelque ferme, quelque bouquet de bois, quelque éminence desquels on puisse défendre le chemin, on en profitera pour y placer la grand'garde.

Si la chaîne passe par quelque village, l'officier y prendra poste, comme il a été dit ailleurs, et fera des travers et des barrages aux entrées du village.

Partout où la grand'garde sera placée, c'est à l'officier

qui la commande à examiner ce qu'il peut y avoir à faire pour mettre son poste en défense.

Lorsque les chemins qui mènent sur le camp viennent à se rencontrer un peu en arrière de la chaîne, c'est encore cette sorte de place qu'on choisit pour y mettre la grand'-garde; et sur chaque chemin traversé par la chaîne, il doit y avoir une sentinelle.

Les grand'gardes devant relever les postes de la chaîne, il serait facile d'en faire une répartition égale entre elles, si elles ne devaient pas encore servir à la défense des passages et principaux chemins qui mènent sur le camp, et par lesquels peut passer une voiture. Il résulte du rapprochement ou de l'éloignement de ces chemins entre eux une irrégularité relative dans la répartition des postes qui doivent être relevés par telle ou telle garde. Telle garde n'aura que trois ou quatre postes à relever, et telle autre en aura cinq ou six et même plus. Cette irrégularité dans la répartition servira à régler la force particulière de chaque grand'-garde. Celle qui aura quatre postes à relever doit être nécessairement de vingt-quatre hommes pour les postes extérieurs, et de trois hommes pour relever la sentinelle devant les armes; en tout trente hommes. Celle qui aura six postes à relever sera de trente-six hommes pour les postes extérieurs, et de trois hommes pour la sentinelle aux armes; en tout quarante hommes.

Il est d'usage d'ajouter quelques hommes de plus à la quantité absolument nécessaire pour relever les postes d'une grand'garde, parce qu'il en peut déserter; que d'autres seront blessés, et plus particulièrement quand il s'agit d'un village ou de quelque passage ou défilé qu'il convient de défendre. Il est aussi pour le mieux que la grand'garde ne soit pas au-dessous de trente hommes, afin qu'elle puisse être commandée par un officier.

Les dragons ou lanciers qui sont auprès des grand'gardes au nombre de six ou huit, pour faire passer les avis et les rapports, se tiennent particulièrement auprès des grand'-gardes aux ordres de l'officier.

On observera de plus que, dans la répartition des postes, il faut avoir encore égard au trop grand éloignement où ces postes se trouveraient de la grand'garde, pour faire un prompt rapport de ce qui peut venir à eux et de ce qu'ils pourront découvrir.

Moins on peut découvrir de loin, plus les grand'gardes doivent être multipliées et rapprochées de leurs postes les plus éloignés; et, dans ce cas, chaque grand'garde ne pourra guère avoir que cinq ou six postes au plus à relever.

Lorsqu'il se trouve quelque partie de la chaîne avec laquelle on ne peut communiquer sans détour de la grand'-garde, parce que des bois, des marais ou toute autre sorte d'empêchement ne le permet pas, alors on y tient un poste fixe de quatre hommes et un caporal, ce qui est plus fort que deux sentinelles.

On place aussi de ces sortes de postes en dehors de la chaîne lorsqu'il se trouve quelque hauteur en avant à certaine distance, comme de mille pas environ, de laquelle on peut découvrir de loin.

Les postes de cette espèce ne sont considérés que comme poste d'avertissement et ne font pas partie de la chaîne. On convient avec eux des signaux qu'ils auront à faire, et ils ont ordre de se retirer sur la chaîne avant que leur retraite puisse être coupée.

III

MARCHES ET MOUVEMENTS DES ARMÉES

OBSERVATIONS GÉNÉRALES

Toute locomotion d'une troupe d'un point à un autre est une marche. Les circonstances seules déterminent les différences.

De là deux grandes subdivisions : les marches de paix et les marches de guerre.

Les premières sont celles qui sont faites pour changer de garnison ou pour les opérations de manœuvres ; elles peuvent être calculées exactement par l'expérience acquise sur les champs d'exercice ;

Tandis que les secondes sont celles que font les troupes depuis le commencement des hostilités jusqu'à la fin.

En temps de guerre, ménager le soldat est un principe d'économie militaire d'autant plus important que, devant l'ennemi, on a besoin non-seulement de toute sa force physique, mais encore de toute sa force morale.

Pour bien organiser les marches, il faut prendre en considération la meilleure direction, la force, la largeur, le front des colonnes; éviter les croisements, les arrêts; maintenir l'ordre et la régularité dans les mouvements et dans les haltes.

Il faut qu'une marche soit aussi accélérée que possible; elle ne pourra donc l'être qu'autant que l'ordre et la régularité y régneront. Il y a, sur le service des troupes en campagne, d'excellentes ordonnances pour les mesures disciplinaires que l'on doit imposer au soldat. Une sage sévérité, une observation bien entendue des dispositions réglementaires l'accoutumeront, en temps de paix, à toutes les exigences de la discipline de marche.

On divise les marches, d'après leur durée, en marche ordinaire, marche accélérée et marche forcée.

La première est de 6 à 7 heures de chemin en faisant 4 kilomètres par heure.

La seconde est de 9 à 10 heures de chemin en faisant 5 kilomètres par heure.

La troisième enfin est de 10 à 12 heures de chemin en faisant 7 kilomètres par heure.

On doit apporter les plus grands soins à la subsistance des troupes; il faut que partout elles trouvent à leur arrivée des vivres préparés. Une seule négligence sur ce point capital peut entraîner à des résultats funestes. Le soldat qui reçoit exactement ses rations est dispos et prêt à bien se battre; celui, au contraire, qui est mal nourri refuse le service et est toujours indiscipliné.

Nota. — Comme supplément à cette partie, nous donnerons un résumé sur le passage des cours d'eau; opération sans contredit la plus périlleuse et la plus difficile des marches.

TROISIÈME PARTIE

MARCHES ET MOUVEMENTS DES ARMÉES

PRÉLIMINAIRES.

Il ne sera ici question que des marches faites en présence de l'ennemi, c'est-à-dire à la distance où les armées peuvent se rencontrer le même jour, et c'est pour cette raison que l'on peut mettre ces sortes de marches dans la classe des mouvements qui précèdent les grands combats.

Les autres espèces de marches, ne comprenant que des détails de commodité, ou des évolutions dirigées par des circonstances toutes différentes qui se rapportent aux règles ordinaires de la tactique, n'ont pas besoin d'autre développement.

Il ne peut guère y avoir que trois espèces de marches en présence de l'ennemi :

La marche perpendiculaire en avant;

La marche perpendiculaire en arrière;

La marche parallèle par le flanc droit ou par le flanc gauche pour tourner l'ennemi.

Les quarts de conversion sont des marches perpendiculaires autour du centre.

SECTION PREMIÈRE

Principes généraux des marches en présence de l'ennemi et des devoirs des officiers d'état-major.

§ Ier.

Le premier principe de toute espèce de marche est d'arriver sur la place où l'on veut se mettre en bataille, soit pour combattre ou pour camper, sur le plus grand nombre de colonnes possible. Les mesures et les précautions de toute espèce de marche sont relatives à la nature des lieux, à la distance où l'on se trouve de l'ennemi et à l'état respectif de la guerre entre les deux armées. Les combinaisons qui en résultent sont trop nombreuses pour pouvoir les examiner et les suivre dans tous leurs détails.

Tantôt les armées étant à peu près de force égale, l'une a des motifs puissants pour chercher à combattre, l'autre a des raisons pour différer une affaire générale, ou pour attendre l'événement avec l'avantage d'une bonne position, se tenant prête à marcher elle-même pour profiter des accidents que les circonstances et la nature du terrain peuvent apporter à l'exécution des mouvements que l'ennemi pourrait avoir dessein de faire.

Tantôt c'est la nature des lieux, tantôt ce sera la différence des forces qui doivent retenir une armée dans sa position; tantôt enfin c'est une armée inférieure, mais bien commandée qui marche pour choisir son point d'attaque, quelle que soit la force de l'ennemi. Les situations, les circonstances, le rapport des forces, les motifs, les raisons peuvent varier, mais les principes restent les mêmes.

La première mesure d'une marche est celle du temps qu'une armée emploiera pour arriver de tel point à tel autre point donné. Cette mesure dépend de la quantité des colonnes, du nombre des troupes dont elles sont composées et de la largeur des chemins et passages par où elles doivent marcher ou défiler.

Une colonne défile chaque fois qu'elle occupe plus de terrain que les bataillons dont elle est composée n'en occupent sur le champ de bataille.

Une colonne marche en bataille lorsque les bataillons et escadrons qui la composent sont rompus par pelotons ou sections, qui correspondent exactement avec l'étendue que ces bataillons et escadrons doivent occuper en bataille ou sur leur front de bandière dans leur camp.

Le temps qu'elle emploiera pour arriver en défilant est en proportion arithmétique inverse avec le front ou la largeur du défilement. C'est-à-dire qu'une colonne sur quatre de front, dont la queue aura employé une heure pour arriver à la place d'où la tête de la colonne est partie, fera la même marche en trois quarts d'heure si elle défile sur six de front; et en une demi-heure si c'est sur huit de front.

Pour juger du temps il faut convenir des vitesses; mais il n'y a rien d'absolument positif à cet égard. La vitesse avec laquelle les troupes peuvent marcher dépend de la nature des chemins bons ou mauvais par eux-mêmes ou par l'effet de la saison, ainsi que par la nature du terrain, qui peut être une plaine, ou un pays montueux plus ou moins accidenté, et tout cela peut varier à l'infini.

Cependant on a reconnu par expérience que, dans les chemins réputés mauvais, l'infanterie peut faire trois mille pas par heure; dans les chemins médiocres trois mille neuf cents; et dans un chemin uni et parfaitement bon, elle peut faire jusqu'à quatre mille huit cents pas par heure, ce qui répond à quatre-vingts par minute, et doit être considéré comme étant à peu près la plus grande vitesse dont l'infanterie en colonne de route soit capable. Le pas dont il s'agit doit être compté de deux pieds six pouces.

Il ne faut pas considérer la marche d'un soldat chargé et en colonne comme celle d'un homme libre et isolé; ce serait une erreur.

Dans un très-mauvais chemin la marche est particulièrement retardée par les canons des bataillons (1) ; et bien que les soldats puissent peut-être aller plus vite, néanmoins ils doivent conformer leur pas à la marche de leurs canons.

La mesure du pas d'un cheval, comme celle du pas d'un homme, est relative à sa taille et à la longueur de ses jambes, ce qui peut varier de quelques pouces en plus ou en moins. Cependant on peut estimer que cette mesure, terme moyen, est de 2 pieds 9 pouces pour la cavalerie en général.

La cavalerie est réputée pouvoir faire en mauvais chemin trois mille six cents pas par heure, à raison de soixante pas par minute. En chemin moyen, quatre-vingts pas par minute, et quatre mille huit cents pas par heure. En très-beau chemin elle peut faire aisément quatre-vingt-dix pas par minute, ou cinq mille quatre cents pas par heure. Il ne s'agit non plus ici que de la cavalerie en colonne au pas de route.

La grosse artillerie et les bagages en colonne dans un mauvais chemin ne font guère que quarante pas par minute. En chemin moyen cinquante, et soixante pas par minute en très-beau chemin.

Telles sont les vitesses — à peu près — dont les différentes troupes d'une armée sont susceptibles.

§ II.

Dans toute marche en présence de l'ennemi, il faut absolument éviter que les colonnes se trouvent séparées par des obstacles qui les empêcheraient de se joindre et de se former en bataille dans l'ordre qu'elles doivent garder.

Ces obstacles sont une rivière, un ruisseau non guéables, des marais impassables, une forêt épaisse, une vallée pro-

(1) Nous supposons ici, comme dans l'armée prussienne, chaque bataillon fort de 1200 hommes, et possédant deux pièces de calibre 12, marchant continuellement avec lui ; ce qui fait, par régiment de 3,600 hommes, une batterie commandée par un capitaine.

fonde et rude dont les bords sont escarpés, enfin toute espèce de défilé.

Pour s'engager dans une marche de cette espèce, il faut être positivement assuré de la distance où l'on se trouve de l'ennemi, et être bien certain que les colonnes auront dépassé ces obstacles avant que l'ennemi puisse en profiter.

Dans ces sortes de cas, il s'agit de calculer exactement le temps nécessaire dans le rapport de l'étendue à parcourir et des vitesses dont les circonstances sont susceptibles.

En supposant les vitesses connues, il faut encore fixer l'étendue à parcourir de la queue à la tête de la colonne, pour avoir la connaissance du temps. Si l'on suppose la force d'un bataillon de 1200 hommes sur trois rangs, l'étendue de son front sera de 800 pieds ou 400 pas de manœuvre. Si on le met en colonne de route depuis douze de front et au-dessus, il y aura place pour les officiers à pied ou à cheval, sans qu'il soit besoin d'en tenir compte. Si les sections sont au-dessous de douze hommes de front, il y aura un calcul à faire pour les officiers marchant deux à deux avec leurs compagnies; 1200 hommes sur 8 de front défileront sur 150 rangs à 6 pieds de distance, ce qui fait 900 pieds. Si l'on suppose vingt officiers à cheval par bataillon marchant deux à deux, ce sera 10 rangs à 12 pieds de distance qui ajouteront 120 pieds à la longueur de la colonne. Ce bataillon en colonne de route sur 8 de front occupera une étendue de 1220 pieds.

1200 hommes sur quatre de front défileront sur 300 rangs à 6 pieds de distance, ce qui fera 1800 pieds, plus 120 pieds pour 10 rangs d'officiers; en tout 1920 pieds pour l'étendue que ce bataillon occupera en colonne de marche sur 4 de front, et ainsi des autres défilements en proportion.

D'un bataillon à l'autre, la distance en bataille est de vingt pieds pour la place de chaque canon. Mais un canon avec 4 chevaux sur son avant-train, suivi de son caisson, occuperont ensemble dans la colonne une étendue de 80 pieds environ. Si l'on suppose 2 pièces par bataillon, ce sera

160 pieds d'intervalle qu'il faudra ajouter à la longueur de la colonne pour chaque bataillon.

Il est donc évident qu'une colonne ne peut marcher exactement en bataille, lorsque les bataillons sont suivis de leurs canons.

Si donc il s'agissait d'une marche latérale par la droite ou par la gauche parallèlement et à la vue de l'ennemi, laquelle doit être régulièrement faite en bataille, on voit clairement que les canons doivent marcher séparément sur un des côtés de la route, afin qu'elle puisse se mettre en bataille par un simple à-droite ou à-gauche avec les distances ordinaires et prescrites entre chaque bataillon. Alors, c'est à ceux qui dirigent cette marche à ouvrir les passages nécessaires pour la colonne et pour les canons marchant séparément à vingt, trente ou quarante pas de distance.

Si l'on suppose une colonne de vingt bataillons défilant sur huit de front, suivie de ses canons, on trouvera selon le calcul qu'elle aura de la tête à la queue 27,600 pieds de longueur, faisant 13,800 pas environ de marche, à 2 pieds chacun.

A 65 pas par minute sur un chemin ordinaire, ce sera très à peu près en deux heures et demie de marche que la queue arrivera au point d'où la tête sera partie. Les troupes de la tête seront donc arrivées sur le front de bandière, ou sur leur champ de bataille deux heures et demie avant que celles de la queue de la colonne soient parvenues à la même hauteur.

Le même calcul peut s'appliquer à toute espèce de marche, en comptant par les défilements et les vitesses relatives à l'espèce des troupes et aux circonstances, ainsi qu'à la nature des chemins.

La distance des rangs pour les marches et les défilements de la cavalerie se compte à 12 pieds par rang.

§ III.

Quand les troupes ne marchent pas pour camper, mais pour manœuvrer ou combattre, il peut être indifférent qu'elles arrivent par la droite ou par la gauche sur leur champ de bataille. Il y a toujours des moyens pour les déployer dans l'ordre où l'on veut les faire combattre : mais il n'en est pas de même lorsqu'elles marchent pour camper.

Les colonnes qui ont marché la droite en tête doivent entrer dans leur camp par la gauche du front de bandière.

Celles qui ont marché la gauche en tête doivent entrer dans leur camp par la droite du front de bandière; cela est indispensable, en voici les raisons : Si la colonne qui a marché la droite en tête entre par la droite dans son camp, elle est actuellement sur la place où elle doit camper, il faut qu'elle y reste. Le surplus ne pourra donc arriver à la gauche qu'en passant sur le front, ou par le derrière du bataillon qui s'est arrêté sur la place où il doit camper.

Si la colonne continue de marcher en passant à dos du bataillon le premier arrivé, elle empêchera ce bataillon de dresser son camp pendant tout le temps qu'elle continuera à défiler. Si cette colonne est de 20 bataillons défilant sur 8 de front, nous avons vu qu'il s'écoulera deux heures et demie avant que le tout soit passé; le bataillon premier arrivé sera donc contraint de rester inutilement tout ce temps sous les armes, et ainsi des autres en proportion.

Si la colonne qui suit le bataillon premier arrivé passe en avant de son front afin de lui laisser la liberté de camper, il en résulte d'autres inconvénients. Dans le cas où l'ennemi viendrait à se présenter quelque part, et qu'il fallût faire marcher les troupes les premières en bataille, elles ne pourraient faire aucun mouvement en avant sans arrêter la marche de la colonne et la couper pour la traverser, ce qui ne peut se faire sans quelque confusion.

Le défilement de la colonne étant de deux heures et demie, il arrivera encore que le bataillon de la tête aura été deux heures et demie dans son camp, lorsque le bataillon de la queue arrivera dans le sien. Les bataillons arrivant successivement, enverront successivement au bois et à la paille; alors et presque toujours les derniers ne trouveront ni bois ni paille, les premiers ayant tout emporté.

Lorsqu'une colonne marche la droite en tête et qu'elle entre dans son camp par la gauche, tous les bataillons arrivent à leur place respective en même temps; ils peuvent camper à la fois et aller ensemble au bois et à la paille, chacun stipulant pour sa part dans la répartition. Il en est de même si la gauche ayant marché en tête, la colonne entre par la droite dans son camp.

La paille est ordinairement fournie par les villages et communautés aux environs du camp, à la réquisition de l'intendant général. On la dépose de distance en distance entre les deux lignes où les troupes viennent la prendre. Il en est de même du bois, lorsque les ordres ont été donnés d'avance aux communautés, et qu'elles ont eu le temps d'en faire couper à leur convenance.

Lorsqu'à défaut d'être prévenues assez à temps les communautés des environs n'ont pu prendre les mesures nécessaires pour pourvoir au besoin du bois et de la paille, alors c'est au général de jour à indiquer à chaque régiment les fermes et les villages où ils devront aller prendre de la paille, et les endroits où ils pourront aller couper du bois; et c'est au chef d'état-major général à placer des sentinelles ou sauvegardes dans les parties réservées; et, à cet égard, le général et le chef d'état-major général doivent se concerter et convenir entre eux de ce qui sera coupé et fourragé, et de ce qui sera excepté et réservé.

§ IV.

Dans une marche à distance de l'ennemi, deux colonnes, sans inconvénient, peuvent passer à côté l'une de l'autre par le même pont, par le même grand chemin, si l'un et l'autre sont assez larges relativement aux chemins que les colonnes doivent prendre en se séparant, et d'après lesquels on a réglé leur défilement. C'est-à-dire que deux colonnes qui ont marché sur huit de front pourront se joindre pour passer en même temps sur le même pont ou par une partie d'un grand chemin qui serait assez large pour y pouvoir défiler sur seize de front, et de là continuer leur marche séparément sur le même défilement ou sur un plus grand front, si les chemins qu'elles doivent suivre le permettent.

Plus on se rapproche de l'ennemi pour combattre, plus il importe de tenir les troupes ensemble et de raccourcir le défilement des colonnes en élargissant leur front autant qu'il est possible.

Cependant le rapprochement des colonnes, sans aucun intervalle entre elles, ne doit pas se faire sans nécessité. Il faut surtout éviter ce rapprochement extrême où deux colonnes n'en font plus qu'une, lorsqu'on se trouve en présence de l'ennemi et assez près de lui pour rendre un engagement possible.

Si la situation des chemins, par rapport aux bois, montagnes et passages, se trouve telle qu'il faille nécessairement rapprocher les colonnes sur un front étroit et bien moins étendu qu'il ne le faut pour qu'elles puissent toujours déployer en bataille, en ce cas, il faut tâcher néanmoins de mettre entre elles environ deux cent cinquante ou trois cents pas de distance, selon la force relative des bataillons. Cette mesure serait partout nécessaire, mais particulièrement lorsqu'on arrive en présence de l'ennemi. Au moyen de cet espace, on peut former les troupes en colonnes serrées par bataillon, ce qui n'arrête pas la marche de la queue de la colonne; et tandis que les généraux reconnaissent le terrain et font leurs dispositions, les troupes se massent et se trouvent prêtes à déployer dans l'ordre où elles doivent combattre.

Lorsque les troupes en première ligne composent la tête des colonnes, il est de règle de les faire marcher à la même hauteur, c'est-à-dire sur le même front de bataille. Cela peut se faire aisément sur un terrain ouvert où les colonnes marchent à la vue les unes des autres. Mais il n'en est pas de même lorsqu'il s'agit de monter ou descendre à travers des bois ou des passages resserrés en pays couvert. Quelques colonnes ont des détours à faire, et d'autres des ponts ou autres défilés à passer; et, par la nature des lieux, elles doivent marcher sans se voir.

Dans ce cas, c'est aux officiers de l'état-major à calculer le chemin de chaque colonne en particulier, afin de fixer le temps pendant lequel celles qui ont le meilleur chemin ou le plus court chemin, doivent faire halte pour que toutes les têtes de colonne se retrouvent de distance en distance à la même hauteur.

Nous avons vu que les vitesses étaient différentes selon la nature des chemins. Si la colonne qui a le meilleur chemin peut faire quatre mille huit cents pas par heure, et si le chemin de cette colonne est de dix-huit cents pas plus long que celui d'une autre colonne qui ne peut faire que trois mille pas par heure, les deux colonnes cependant arriveront en même temps.

Si les deux chemins étaient également longs, on trouvera que la colonne qui tient le bon chemin doit faire halte après une heure de marche, pendant trente-six minutes, afin que la colonne en mauvais chemin puisse arriver à la même hauteur.

De cette manière on pourra, sans se voir, rétablir d'heure en heure l'uniformité de la marche entre toutes les colonnes, en comparant les distances qu'elles ont à franchir avec leurs vitesses respectives, relativement à l'espèce des troupes et à la nature des chemins, faisant faire halte pour retarder celles qui ont l'avance, en raison de l'excès de leurs vitesses comparées avec celles des colonnes qui vont le plus lentement.

Les marches parfaites sont celles qui se font sur le même nombre de colonnes pour la première et pour la seconde ligne séparément. C'est-à-dire que si l'on peut marcher sur huit colonnes, quatre sont composées de toutes les troupes en première ligne et les quatre autres de toutes les troupes en seconde ligne. Ces colonnes doivent, comme on l'a dit, entrer dans leur camp par le côté opposé à l'aile qui est à la tête de la marche. Alors les colonnes qui ont la droite en tête doivent entrer par la gauche du camp ou du champ de bataille, et celles qui ont la gauche en tête doivent y entrer par la droite. De cette manière, toutes les troupes de première et de seconde ligne arrivent à la fois sur l'emplacement qui leur est destiné et peuvent camper toutes en même temps.

Dans ce cas, il est à remarquer que la tête des colonnes de seconde ligne ne doit pas marcher à la hauteur de celles de la première ligne, mais à trois ou quatre cents pas plus en arrière. Quand on dit généralement que les têtes de colonnes doivent marcher à la même hauteur, cela ne doit s'entendre que de celles qui composent la même ligne.

S'il y avait une réserve en troisième ligne et qu'elle pût marcher séparément sur deux colonnes, la tête de ces deux colonnes doit de même rester à trois ou quatre cents pas en arrière de la tête des colonnes de seconde ligne, parce qu'il faut que les colonnes, en marchant, conservent de tête en tête la même distance qu'il doit y avoir entre les différentes lignes dans leur camp.

§ V.

Bien que les marches en colonnes séparées pour la première et pour la seconde ligne soient les plus belles et les plus parfaites, puisque toute l'armée se trouve en bataille au même instant, néanmoins cela n'est pas toujours facile à exécuter dans les marches perpendiculaires. Il est rare de trouver huit chemins de front ou un terrain sur lequel on puisse ouvrir autant de routes nouvelles.

D'ailleurs, lorsqu'on marche pour combattre ou pour camper, si près de l'ennemi que la position pourrait être disputée, dans ce cas, si l'on ne pouvait marcher que sur quatre colonnes, on ne pourra guère éviter de faire marcher la seconde ligne à la queue de la première, puisque si l'on était obligé de combattre, il convient que ce soit avec la première ligne tout entière, plutôt qu'avec un mélange de première et de seconde ligne qui apporterait une inévitable confusion dans l'ordre de bataille.

Lorsqu'à défaut d'un nombre de routes suffisantes, on est contraint de faire marcher la seconde ligne à la queue de la première, il reste à considérer si le resserrement des colonnes de la première ligne en bataille laisse plus ou moins de distance qu'il n'en faut mettre entre les deux lignes, soit en bataille ou dans leur camp. Si, par la nature des défilés, la colonne est beaucoup plus allongée, la tête de la seconde ligne suivra immédiatement la queue de la première ligne, et l'on aura soin de faire marcher les troupes dans l'ordre le plus serré possible.

Il est du service des officiers d'état-major généraux de marquer aux généraux de division ou de brigade, conformément au point de vue ou d'appui donné par le général en chef, la place sur laquelle les têtes de colonne de première et de seconde ligne doivent tourner pour entrer dans leur camp ou dans leur champ de bataille, et le général de brigade doit y rester de sa personne jusqu'à ce que toute la colonne ait achevé de défiler.

Le service ne se fait bien dans toutes les parties d'une armée qu'autant que chacun sait positivement ce dont il est chargé et ce dont il n'est pas chargé. A défaut d'un général de brigade de jour auprès d'une colonne, c'est au chef d'état-major de la colonne à se tenir à la place où cette colonne doit tourner.

Les officiers de l'état-major sont responsables entre eux de la régularité avec laquelle les troupes doivent marcher et occuper leur camp ou leur champ de bataille, conformément au terrain qui leur est marqué.

Lorsqu'on marche à l'ennemi par des chemins creux ou par des vallées étroites et profondes, les officiers d'état-major, chargés d'ouvrir la marche, auront soin d'ouvrir en même temps sur un des côtés des chemins, et, pour autant qu'il sera possible, un passage suffisant pour un homme à cheval. Sans cette précaution, il arrive que les porteurs d'ordres sont arrêtés et ne peuvent passer qu'avec difficulté, parce que la colonne qui a ordre de marcher en toute hâte remplit tout à fait le chemin. Dans certaines circonstances, un ordre ainsi retardé peut occasionner de grands inconvénients.

Lorsqu'on marche pour combattre, et que par la nature des lieux on ne peut former que trois ou quatre colonnes à travers des défilés, on éprouve alors de grandes difficultés pour combiner la marche de la grosse artillerie de bataille ou pièces de position avec celle des troupes, sans les retarder. Cependant le besoin et la présence de cette artillerie peuvent être une chose essentielle, par rapport aux desseins du général. Selon les circonstances, la grosse artillerie devient un moyen d'attaque comme un moyen de défense pour tromper l'ennemi par le bruit extraordinaire d'une fausse attaque, ou pour écraser à force de canons un point retranché qu'il s'agit d'emporter de vive force. Dans ces deux cas, l'artillerie est également nécessaire et ne doit pas se faire attendre.

On voit donc clairement que, pour ouvrir et ordonner une marche, en conséquence de tel ou tel projet d'attaque, il faut être nécessairement bien informé de la nature des lieux par lesquels on se propose de marcher et de combattre, parce que dans le calcul des défilements, il faut avoir égard à la vitesse relative avec laquelle l'artillerie de position peut marcher.

Tantôt les chemins sont mauvais, par l'effet des saisons et par un continuel passage sans réparations, tantôt par eux-mêmes et par la nature du fonds; ou bien le sol sera bon, mais le terrain sera très-montueux. Tantôt les chevaux seront bons et en bon état, tantôt très-fatigués, très-faibles par l'effet d'une longue campagne et les suites d'une mauvaise nourriture. Dans tous ces cas les vitesses seront différentes : il s'agit de les connaître et de les combiner avec les dispositions et l'objet de la marche qu'il s'agit d'exécuter.

L'histoire de toutes les guerres présente une quantité de desseins qui ont échoué, faute d'avoir su compasser le temps nécessaire dans toutes les parties d'une disposition, pour arriver ensemble et agir brusquement avant que l'ennemi ait pu pénétrer ce qu'on a eu dessein de faire.

Le devoir d'un officier de l'état-major est donc de se mettre à portée de rendre un compte exact de tout ce qui concerne les détails d'exécution nécessaires au succès d'une disposition, non d'après les règles générales, mais d'après un calcul positif et relatif au temps présent et à la nature des circonstances actuelles.

En conséquence il observera, la montre à la main, la marche de la grosse artillerie dans les différents passages et changements de terrain. Si, dans telle ou telle nature de terrain, le train d'artillerie fait quarante pas par minute à deux pieds neuf pouces chacun, cette colonne pourra faire 1400 mètres ou 1680 pas ordinaires par heure. Cette vitesse, comparée avec celle de l'infanterie et de la cavalerie, fera connaître, lorsque l'artillerie marchera en colonnes séparées, combien de temps les troupes doivent faire halte, afin que, d'heure en heure, leur artillerie se trouve avec elles et à la même hauteur.

Lorsque la nature des lieux ne permet pas d'ouvrir des routes pour les troupes par les champs, et qu'elles doivent toutes défiler par un petit nombre de chemins, il faut nécessairement que l'artillerie marche en avant ou en arrière. Si on la distribuait par batterie ou par demi-batterie à la tête ou à la suite de chaque brigade d'infanterie, cette disposition allongerait beaucoup la longueur des colonnes, et il pourrait arriver qu'on eût l'ennemi sur les bras avant que la moitié des troupes et la moitié de l'artillerie pussent de cette manière achever de défiler. Il faut donc s'y prendre autrement.

§ VI.

Lorsqu'on ne marche que pour camper, la grosse artillerie peut marcher à la suite des menus bagages sans inconvénient ni difficulté; mais quand c'est pour combattre, l'artillerie nécessaire au soutien de l'attaque doit marcher en avant de chaque colonne, et c'est à cet égard qu'il importe de juger de combien elle doit prendre l'avance pour ne pas trop retarder la marche des troupes, ni être exposée à tomber dans les mains de l'ennemi.

Si, pour arriver en présence de l'ennemi, on suppose cinq heures de marche à trois mille pas par heure pour l'infanterie la première disposition sera d'examiner dans quelle partie de cette distance on peut pousser une forte avant-garde pour y passer la nuit; et, dans ce cas, elle doit y arriver un peu avant la fin du jour selon les saisons, afin de pouvoir reconnaître son terrain et prendre ses mesures de sûreté.

Si l'on marche sur trois colonnes, chaque colonne aura son avant-garde qui pourra être plus ou moins forte selon la nature des lieux qu'elle doit occuper.

Si l'on suppose que dans la saison où l'on se trouve il est nuit close à sept heures du soir, et que le point du jour soit à cinq heures du matin, les trois avant-gardes partiront à deux heures après midi pour arriver à cinq heures quarante minutes du soir à l'endroit où elles doivent prendre poste pour la nuit.

Suivant la nature des lieux où l'on doit combattre, ces avant-gardes seront suivies par une plus ou moins forte partie de la cavalerie, mais à une heure de distance. Cette cavalerie s'arrêtera pour faire halte, et mettre pied à terre dans quelque place convenable qui lui sera marquée par un officier d'état-major en arrière de chaque avant-garde, à droite et à gauche du chemin laissant le passage libre. A six heures du soir, l'artillerie de position, dont la quantité est réglée pour chaque avant-garde, se mettra en marche à la suite de la cavalerie. L'artillerie de position, partie du camp à six heures du soir, doit arriver un peu avant minuit à cinq ou six cents pas en arrière du bivouac de la cavalerie. On la fera parquer à la droite ou à la gauche du chemin dans la place la plus convenable.

Si le corps de l'infanterie prend les armes un peu avant onze heures du soir pour partir à onze précises, la tête de l'infanterie sera à la hauteur de l'artillerie de position vers les deux heures et demie du matin, suivant la nature des lieux où se trouve le point d'attaque, et ce qui reste de chemin à faire pour y arriver. Ce sera au général commandant à ordonner plus particulièrement la marche des troupes, à partir du point où elles sont arrivées, relativement à l'espèce de celles qui doivent agir. Le chemin étant libre, il sera facile de se conformer à ses ordres, et de faire passer ce qu'il voudra de cavalerie et d'artillerie à la suite de l'avant-garde.

§ VII.

La besogne des officiers de l'état-major en campagne ne peut guère aller plus loin. Il leur suffit d'avoir approché l'ennemi à six mille pas, en mettant toutes les armes à portée d'agir et de se combiner selon les desseins du général; se conformant pour le surplus aux nouveaux ordres qu'ils recevront, pour faire arriver en même temps les différentes espèces de troupes et l'artillerie sur les points d'attaque qui leur auront été désignés, en calculant de la même manière les vitesses différentes et le temps correspondant, pour établir la régularité de la marche, par autant de haltes qu'il sera nécessaire pour faire arriver ensemble toutes les armes qui doivent agir sur un même front.

Rien n'est plus commun dans les armées que d'entendre dire qu'une attaque a échoué, parce que telle ou telle colonne a attaqué l'ennemi deux heures plus tôt qu'il ne le fallait, ou que telle autre est arrivée deux heures plus tard au rendez-vous.

Ces accidents, lorsqu'ils arrivent, doivent être attribués avec raison au défaut d'intelligence de ceux qui sont chargés du service de l'état-major.

Les troupes doivent marcher et avancer graduellement en égalisant, par autant de haltes, leurs différentes vitesses et la différence des espaces qu'elles ont à parcourir.

C'est une grande faute que de faire arriver une colonne

en face de l'ennemi avant l'heure convenue pour engager le combat.

En pareille situation, quel parti doit prendre le général qui commande cette colonne? S'il n'attaque pas, il donnera le temps à l'ennemi de reconnaître qu'il est arrivé seul, alors il risque lui-même d'être attaqué et battu. S'il attaque pour empêcher l'ennemi de juger de sa situation et de marcher sur lui, alors, n'étant pas soutenu par la présence des autres colonnes, il risque également d'être repoussé et battu.

Lorsque ces fautes arrivent, le blâme tout entier en doit être jeté sur les officiers de l'état-major, comme étant particulièrement chargés de diriger et d'accorder le mouvement des troupes et de l'artillerie et de régler leur marche d'après leur vitesse respective, la nature des lieux et la différence du chemin qu'elles ont à faire, le tout en conformité des ordres et desseins du général.

L'exemple que nous avons donné de ces sortes de calcul peut servir en toute occasion en tenant compte de la différence des circonstances.

Il faut encore ajouter à ce que nous avons dit, que les officiers de l'état-major, dans les marches de nuit, doivent expressément placer un guide indicateur à la rencontre des chemins qui traversent ou qui joignent celui que doit suivre la colonne. Les fonctions de ce guide sont d'indiquer à la colonne le chemin qu'elle doit suivre. Il ne doit pas bouger de sa place avant que toutes les troupes et les bagages, s'il y en a, soient entièrement passés.

Dans les marches de nuit, il arrive quelquefois que deux colonnes doivent suivre le même chemin jusqu'à une certaine hauteur, puis que l'une des deux doit prendre ensuite un autre chemin sur la droite ou sur la gauche. Dans ce cas il est nécessaire qu'un officier de l'état-major se tienne au point de séparation et ne laisse passer aucun régiment sans demander son nom, afin d'arrêter à temps la tête de la colonne qui doit changer de direction et lui faire prendre le chemin qui lui est destiné. Faute de ces précautions, il arrive que deux colonnes qui doivent se séparer sur tel point continuent de marcher ensemble et que l'une des deux fait fausse route. L'erreur ne se découvrant qu'au jour et après plusieurs heures de marche, ne peut souvent plus se réparer ou ne se répare qu'aux dépens du succès.

Dans les marches de jour, les chemins ouverts à travers champs et ceux de rencontre sur la marche des colonnes doivent être jalonnés et marqués de point de vue en point de vue, de la manière la plus visible à tous les yeux, et avoir soin que les jalons soient très-solidement plantés, car un jalon abattu par le vent ne pouvant plus être aperçu, la colonne ne sait plus par où passer.

Le service de l'état-major consiste particulièrement dans une continuité de petites attentions et une suite de petits détails, dont aucuns cependant ne sont à négliger, d'autant que ces petites choses ont une influence immédiate sur celles qui sont de la plus haute importance.

Le devoir d'un officier de l'état-major n'est nullement d'imaginer des desseins pour le général ni de former des projets, mais de s'occuper de l'exécution de ceux qui lui sont communiqués.

Les officiers de l'état-major doivent s'abstenir de publier leur opinion sur ce qu'ils sont chargés de faire. Le silence, la modestie, la discrétion, sont des qualités requises et indispensables pour le service de l'état-major.

SECTION DEUXIÈME.

Des marches et mouvements perpendiculaires en avant.

§ Ier.

Les marches perpendiculaires en avant doivent être faites, comme on l'a dit, sur le plus grand nombre de colonnes possible, eu égard aux accidents du terrain; ces colonnes pourront marcher en bataille ou en défilant.

Nous avons vu qu'elles ne peuvent marcher régulièrement en bataille qu'en faisant marcher séparément les canons des bataillons et les pièces de position qui sont quelquefois distribuées de brigades en brigades d'infanterie sur un des côtés de la colonne.

Lorsqu'il se trouve un bon chemin dans la direction du mouvement des colonnes, il est ordinairement destiné pour l'artillerie, et l'on ouvre une route sur un des côtés du chemin pour l'infanterie.

Si l'objet de la marche est pour combattre, les colonnes sont ordinairement accompagnées de la quantité d'artillerie que le général a jugé nécessaire par rapport à la manière dont elles doivent agir; et lorsque, par la nature des lieux, l'artillerie de position ne peut pas marcher à la même hauteur sur un des côtés de la colonne, c'est aux officiers de l'état-major à prendre les mesures convenables pour la faire marcher en avant des colonnes, sous la protection d'une avant-garde, en concertant le temps de son départ avec celui de l'arrivée des troupes, pour agir ensemble, sans retard ni embarras, conformément à l'objet de la disposition.

Les marches difficiles se commencent ordinairement pendant la nuit, soit pour en dérober la connaissance à l'ennemi, ou parce qu'il importe toujours que les grandes attaques se fassent, autant que faire se peut, vers le point du jour, afin de pouvoir donner à la victoire les plus grandes suites possibles.

Dans ce cas, les officiers de l'état-major doivent redoubler les soins et les précautions pour prévenir qu'aucune des colonnes ne fasse fausse route, ou vienne couper, en s'écartant, la marche d'une autre colonne, comme aussi qu'une colonne soit retardée par le mauvais état d'un pont, ou par la mauvaise manière dont un fossé aura été comblé, ou dont on aura rabattu les bords d'un chemin creux : leur attention ne doit négliger aucun de ces petits détails. On peut faire des remplissages avec des troncs d'arbres entiers, des pierres et un peu de terre par-dessus, et de même avec de gros et de bon gravier ; mais il ne faut jamais y employer le menu bois, ni les terres fraîchement remuées, parce que, s'il vient à pleuvoir, ou que le dessous soit fangeux, il arrive que le passage qui était bon pour les premiers, devient impraticable pour les derniers.

La perfection d'une marche perpendiculaire en plusieurs colonnes est de les faire arriver toutes au même instant sur la place où elles doivent déployer; et c'est à l'avant-garde à couvrir et assurer leur déploiement.

Lorsque les colonnes se trouvent fort allongées par les défilements occasionnés par la nature des lieux, il est d'usage d'arrêter la tête des colonnes un peu en arrière du champ de bataille, dans quelque place où elles puissent se former en colonnes serrées par bataillons ou escadrons, afin que le déploiement, une fois commencé, se fasse avec la plus grande promptitude possible. Ces places de rassemblement doivent être, autant qu'il est possible, hors de la vue de l'ennemi et de la portée ordinaire du canon. On choisit, pour cet effet, le revers d'une hauteur, d'un bouquet de bois ou d'un village. C'est aux chefs d'état-major généraux à reconnaître d'avance ces emplacements et à les marquer aux généraux de division et aux généraux de brigade qui commandent les colonnes, afin qu'ils puissent y masser les troupes au fur et à mesure qu'elles arrivent.

Le temps pendant lequel la queue des colonnes arrive, est ordinairement employé par le général commandant à reconnaître la position de l'ennemi et à ordonner toutes les dispositions de l'attaque.

Dans cet intervalle, les chefs d'état-major généraux doivent reconnaître l'étendue du champ de bataille marqué par le général pour chaque colonne et pour chaque espèce de troupes, c'est-à-dire qu'ils doivent mesurer, au pas ou au trot du cheval, l'espace assigné pour les troupes de chaque colonne, afin de régler le déploiement, conformément à l'étendue des lieux et au nombre de bataillons et d'escadrons dont chaque colonne sera composée.

Sur un terrain ouvert, cette besogne est assez facile; mais lorsqu'il se trouve des fonds, des vallées, des bois, des villages dans l'étendue du front d'attaque, alors l'irrégularité du terrain rend également les dispositions irrégulières. Dans ces circonstances, les officiers de l'état-major doivent s'empresser de reconnaître toutes les parties du champ de bataille sur lequel les troupes doivent marcher et combattre. S'il s'y trouve des obstacles qui s'opposent à la communication des différents corps de l'armée et aux mouvements à faire, c'est à eux à y apporter remède, soit en y faisant travailler, soit en cherchant d'autres passages pour les indiqner au besoin et prévenir les faux mouvements de troupes sur un terrain inconnu. A cet effet, ils doivent être accompagnés ou suivis par quatre ou cinq dragons, hussards ou chasseurs bien montés, pour les assister dans ces sortes de reconnaissances.

L'infanterie en bataille passe assez bien partout. Il n'en est pas de même de l'artillerie et de la cavalerie. Lorsque le pays n'est pas entièrement découvert et se montre inégal, les officiers de l'état-major doivent particulièrement s'occuper des moyens nécessaires pour faciliter le passage de l'artillerie et de la cavalerie à travers les obstacles qui peuvent empêcher les mouvements de front et en bataille. La sortie de ces sortes de passages est infiniment dangereuse pour la cavalerie, lorsque l'ennemi est à portée d'en profiter et de tomber sur elle avant qu'elle ait pu passer tout entière et se mettre en bataille.

Le remède à cet inconvénient est de multiplier les débouchés autant qu'il est possible avant de commencer le mouvement, et de se servir de l'artillerie sur le bord des débouchés, pour en éloigner l'ennemi et gagner ainsi le temps de faire passer toute la cavalerie et de la remetttre promptement en bataille.

En se rappelant ce qui a été dit, on remarquera que les chemins n'ont pu être ouverts d'avance, pour la marche de l'armée, que depuis le camp jusqu'à l'endroit où l'avant-garde aura pris son poste de nuit.

A la pointe du jour, les officiers de l'état-major, avec les travailleurs nécessaires, se tiendront prêts à suivre l'avant-garde de chaque colonne pour faire faire le plus promptement possible les ouvertures de marche pour les troupes et les réparations des passages pour l'artillerie, au fur et à mesure du besoin et des progrès de la marche. Si l'armée doit combattre sur un terrain difficile, les officiers de l'état-major retiendront encore avec eux les travailleurs, pour les employer aux ouvertures et passages à faire pour faciliter la marche de l'artillerie et de la cavalerie à travers des abatis ou autres obstacles dont l'ennemi se serait servi pour barrer le chemin.

Les travailleurs qui auront marché en avant de chaque colonne seront retenus séparément, et les officiers de l'état-major marqueront à chacun de ces détachements une place entre les deux lignes, ou dans les intervalles de la seconde ligne, dans les endroits les moins exposés au feu de l'ennemi.

Ils auront ordre de suivre le mouvement de la première ligne à trois ou quatre cents pas en arrière, et de manière qu'on puisse les retrouver au besoin. Ils doivent être commandés par un officier et quelques sous-officiers tirés de la brigade qui les aura fournis.

Dans les terrains découverts où l'on ne craint pas de rencontrer une succession d'obstacles, et lorsque les têtes de colonne sont arrivées sur le champ de bataille, les travailleurs, s'il y en a eu de commandés à la tête des colonnes, rentrent alors à leurs corps respectifs, et les outils sont remis dans un caisson qui doit les rapporter au parc d'artillerie.

SECTION TROISIÈME.

Des marches perpendiculaires en retraite.

§ Ier.

Les marches en retraite, de même que les marches en avant, doivent s'exécuter également sur le plus grand nombre de colonnes possible, eu égard à la nature des lieux et à la force des armées.

Les plus grandes attentions doivent être apportées à la réparation des chemins et à la facilité des communications, afin qu'au besoin les colonnes puissent s'assister quand le pays est assez ouvert.

La grosse artillerie, les munitions de réserve et les gros bagages, doivent précéder les troupes de tout le temps et la distance nécessaires pour arriver avant l'armée dans le camp ou la position qu'il s'agit d'occuper, et de manière que leur rencontre ne puisse pas arrêter la marche des troupes.

Au déclin du jour et au signal de la retraite le camp doit être détendu, les menus bagages doivent être chargés et partir de suite avec le campement.

Pendant ce temps, l'armée reste sous les armes pour se mettre en marche pendant la nuit. La cavalerie reste pied à terre, la bride en main. Ce qu'on aura réservé de grosse artillerie marchera à la suite des menus bagages.

C'est aux officiers de l'état-major à régler le départ des troupes d'après les distances à franchir, l'état des chemins, le nombre des colonnes et la quantité des bataillons et escadrons dont elles seront composées, de manière que tout arrive sans embarras ni retard aux heures calculées.

L'armée doit partir et marcher à la muette, pour arriver au point du jour dans son camp.

Les officiers de l'état-major doivent pourvoir au besoin du bois et de la paille, et faire tout ce qui sera possible pour éviter que les soldats soient obligés d'aller au loin s'en pourvoir par eux-mêmes. Ils auront la même attention par rapport au fourrage lorsqu'il sera délivré en sec.

Lorsque les fourrages se feront en vert, un tiers de la cavalerie au plus doit marcher avec le campement, afin d'être conduite de suite au fourrage et être de bonne heure de retour au camp. On fera de même marcher tous les vivandiers de l'armée avec le campement, et ils suivront la cavalerie au fourrage.

Dans les pays ouverts, c'est la cavalerie légère et l'artillerie à cheval qui sont le plus particulièrement chargées de faire l'arrière-garde de l'armée. Cependant, entre l'arrière-garde de cavalerie et l'armée, il doit y avoir un corps d'infanterie avec quelques pièces légères d'artillerie, bien attelées, pour soutenir la cavalerie au besoin. Les officiers de l'état-major doivent marquer sur le plan de la marche et faire connaître aux commandants des arrière-gardes tous les points résistants sur lesquels leur infanterie pourra s'arrêter avec avantage pour arrêter la vivacité de la poursuite de l'ennemi et soutenir, s'il est nécessaire, la cavalerie et lui donner le temps de sortir de ces passages et de se mettre en bataille en arrière pour qu'elle puisse à son tour protéger la retraite de l'infanterie.

La cavalerie, s'étant placée en terrain convenable, doit soutenir l'escarmouche ou le combat, autant qu'il sera nécessaire pour donner le temps à l'infanterie de gagner le point résistant prochain où elle doit encore s'arrêter, pour y renouveler les mêmes manœuvres.

Ces postes ou points résistants, avec les avantages de leur situation, doivent être indiqués par les officiers de l'état-major, afin qu'il en soit fait mention dans l'ordre de marche, et que chaque commandant particulier soit informé de ce qu'il aura à faire selon les circonstances.

Ces sortes de dispositions générales sont relatives aux retraites exécutées de jour ou de nuit. Mais à certaines époques de l'année, les nuits sont très-courtes et les jours très-longs, et dans d'autres c'est le contraire. Dès lors les dispositions sont différentes; les officiers de l'état-major doivent combiner leur marche et leurs moyens de défense selon la saison et juger d'avance, par la nature et la figure du terrain, les dispositions que les généraux pourront faire, par rapport à l'emploi de l'infanterie et de la cavalerie pour couvrir la retraite de l'armée séparément par colonne, ou conjointement au moyen d'une arrière-garde centrale.

On a remarqué, à l'égard des marches perpendiculaires en avant, qu'il était bon que les colonnes conservassent entre elles à peu près la même distance que le nombre de bataillons et d'escadrons dont elles sont composées doit occuper de front sur le champ de bataille.

Dans les marches en retraite, le cas est différent. Il est, au contraire, nécessaire qu'elles marchent le plus près possible les unes des autres, afin que leurs arrière-gardes particulières soient moins séparées et puissent former, autant que cela se peut, un seul et même corps aux ordres du même général. Quand la nature des lieux ne permet pas ce rapprochement, alors il est d'usage de diminuer la force de l'arrière-garde particulière de chaque colonne et de placer au centre la plus grande partie des troupes de l'arrière-garde, laquelle se retire après toutes les autres en les couvrant à deux mille pas de distance ou environ, lorsque les arrière-gardes particulières sont trop séparées pour pouvoir s'assister réciproquement.

Les circonstances et les raisons d'agir sont si variées qu'il n'y a point d'instruction, quelle qu'en soit l'étendue, qui puisse donner des règles et des mesures sur tout ce qui peut arriver. Le jugement et la réflexion seront toujours, en dernier lieu, les guides les plus fidèles par rapport à l'art de la guerre en général, et au service de l'état-major en particulier. Lorsque les retraites se font sur un petit nombre de colonnes, par des lieux couverts et de fréquents défilés, les soins des officiers de l'état-major sont d'aviser aux moyens de retarder la poursuite de l'ennemi et la marche de son artillerie, en rompant et gâtant les chemins par tous les expédients imaginables, lorsqu'ils ne sont plus nécessaires au passage de la nôtre. Dans ces occasions, les manœuvres de retraite roulent plus particulièrement sur l'infanterie; on ne retient avec l'infanterie que ce qu'il faut en proportion de la variété des accidents du terrain.

Au milieu de ces embarras, les mesures de prévoyance ne doivent point être négligées par les officiers de l'état-major; les chemins et passages sur les flancs de la marche dont l'ennemi pourrait profiter pour tourner les colonnes doivent avoir été rendus impraticables par des abatis, des trous de loup, des coupures, etc.; on doit y envoyer de petits détachements pour disputer le terrain à l'ennemi s'il cherche à s'avancer par ces fausses routes.

Lorsque la route des colonnes passe par des bois épais qu'on ne peut traverser qu'en suivant le chemin, un officier de l'état-major doit se tenir auprès de l'arrière-garde avec un détachement d'ouvriers munis de haches et de cordes; quand l'artillerie et la cavalerie de l'arrière-garde auront achevé de défiler en totalité, il fera abattre le plus d'arbres qu'il pourra le long du chemin. Si le chemin est bordé de gros arbres qui demandent du temps pour être abattus, l'officier de l'état-major les fera couper d'avance du côté où ils doivent tomber, mais pas entièrement et de manière à pouvoir être maintenus debout au moyen de quelques cordes passées dans les branches. Alors, au moment du besoin, il ne faut plus que quelques coups de hache pour les faire tomber. On fera la même opération le long des chemins creux qui seront bordés d'arbres. Lorsque la route des colonnes passe par quelque défilé étroit et profond entre deux escarpements, s'il ne s'y trouve point d'arbres à faire tomber, il sera bon de faire préparer par les mineurs quelques fougasses dans ces endroits, les unes dans le sol du chemin, les autres dans le talus de l'escarpement, de manière que les déblais puissent boucher le passage. Les mineurs se tiendront prêts à y mettre le feu lorsqu'il ne restera plus à passer que les tirailleurs, lesquels, à ce signal, chercheront à se retirer par le haut de la montagne.

L'objet de ces précautions est d'empêcher particulièrement le canon de l'ennemi d'avancer et de l'arrêter pendant tout le temps nécessaire au rétablissement du passage. L'ennemi arrivant à la file, sans cavalerie et sans canon, sera facilement arrêté par des troupes bien postées sous la protection de leur artillerie; c'est cet avantage qu'il s'agit de se procurer.

Quelquefois les troupes postées en avant ou à la sortie d'un défilé sont obligées, par les circonstances, de soutenir le même poste jusqu'à la nuit, soit pour donner le temps à l'armée de prendre l'avance, soit pour faire leur retraite particulière avec plus de facilité. Dans ce cas, il faut avoir grande attention de concerter ces sortes de mesures avec la marche et les manœuvres des arrière-gardes des colonnes latérales, car si leurs arrière-gardes se retirent tandis qu'une seule tiendra ferme, l'ennemi pourra profiter de ces mouvements pour couper la retraite des troupes qui auront eu ordre de tenir dans le même poste jusqu'à la nuit. Si les circonstances du terrain ne permettent pas aux arrière-gardes des autres colonnes de tenir ferme à la hauteur de celle qui doit défendre son poste jusqu'à la nuit, alors il faudra placer des détachements sur les flancs du poste qui reste sur son terrain afin d'empêcher l'ennemi de couper sa retraite.

Telles sont à peu près les principales mesures, attentions et précautions à prendre dans les retraites. Une retraite bien ménagée, bien exécutée devant un ennemi brave, actif et manœuvrier, est le chef-d'œuvre le plus accompli de l'art de la guerre.

SECTION QUATRIÈME.

Des marches parallèles.

§ Ier.

Les marches parallèles se font à la vue de l'ennemi, dans le dessein d'attaquer l'une ou l'autre de ses ailes. L'armée ayant été mise en bataille hors de la portée du canon, doit être couverte, en avant de la première ligne, par une quantité de cavalerie ou d'infanterie légère, en proportion du besoin et de la nature des lieux. Il n'est pas toujours facile de dérober ce mouvement à l'ennemi, et il est à présumer qu'il manœuvrera de son côté en conséquence.

Quoi qu'il en soit, ce mouvement peut être nécessaire lorsque le front de l'ennemi se trouve retranché d'une manière très-avantageuse, ou couvert par des obstacles tels que des abatis, des marais, un ruisseau difficile à passer.

Lorsque ce mouvement est occasionné par les obstacles naturels qui couvrent le front que l'on ne peut attaquer, alors il ne saurait être fort dangereux, puisque l'ennemi ne peut traverser ces mêmes obstacles qu'au risque d'être battu au passage de ces défilés. Ce n'est pas la même chose lorsque l'ennemi est simplement couvert par des retranchements bien placés, qui ne l'empêchent pas de déboucher sur plusieurs colonnes, et de se mettre en bataille sous la protection des hauteurs sur lesquelles il est retranché. Dans ce cas, il peut quitter lui-même sa position et marcher tantôt visiblement, tantôt sans être aperçu pour attaquer et envelopper la tête ou la queue de la marche, selon les circonstances du terrain dont il saura profiter. Alors ce mouvement parallèle, devant un ennemi manœuvrier, ne peut être entrepris qu'avec de grandes précautions et une habileté supérieure dans les dispositions.

Les dispositions de cette espèce regardent entièrement les généraux. Les officiers de l'état-major n'y peuvent contribuer que de la manière dont il a été parlé par rapport aux autres espèces de marches en présence de l'ennemi.

Les deux lignes et les réserves, s'il y en a plusieurs, doivent marcher exactement en bataille, formant autant de colonnes séparées par les distances ordinaires entre la première, la seconde ligne et la réserve. L'artillerie des bataillons marche en dehors de chaque ligne, l'artillerie de position marche entre les deux lignes.

Les officiers de l'état-major doivent se tenir à la tête des colonnes, à la suite de l'avant-garde, avec les travailleurs nécessaires pour ouvrir les passages et particulièrement sur la route à tenir par l'artillerie de position. C'est à quoi se réduit leur besogne officielle dans ces circonstances délicates. Cependant, si quelques-uns d'entre eux peuvent avoir mérité la confiance du général commandant, ils peuvent se rendre très-utiles en marchant avec la tête de l'avant-garde. Il peut se rencontrer sur la route que l'on tient un village, une hauteur, un bois qu'il importe d'occuper les premiers; ou bien il peut arriver que l'ennemi y soit déjà établi et posté en force, ou seulement par détachement, soit pour continuer et attaquer, ou pour changer la direction de la marche et empêcher, par un mouvement différent, que les colonnes ne soient coupées en tête et enveloppées de flanc.

Dans ces circonstances, le succès de l'événement peut dépendre des reconnaissances et des rapports à faire en conséquence. Il est à supposer qu'un officier instruit comme le doivent être ceux de l'état-major, pourra mieux remplir les intentions du général à cet égard, que tout autre officier commandé au hasard pour le même objet.

Les officiers de l'état-major n'ont rien à faire officiellement à la queue des colonnes, parce qu'il faut supposer que le général, en passant, aura fait attention au terrain et pris ses mesures en conséquence. Il peut arriver, dans une marche parallèle, que l'ennemi, à la faveur du terrain, dirige son attaque sur l'arrière-garde. C'est au général à en juger et à donner ses ordres aux officiers de l'état-major. S'il prévoit qu'une contre-marche puisse devenir nécessaire, c'est à lui à marquer les points qu'il s'agira d'occuper et à dire de quelle manière la seconde ligne et la réserve doivent marcher pour former un autre ordre de bataille. Ces sortes de développements appartiennent tout entiers à la science des généraux et ne concernent les officiers de l'état-major que dans leur exécution, après avoir été particulièrement et spécialement ordonnés.

Les marches parallèles qui se font à quelque distance de l'ennemi pour tourner sa position, n'exigent de la part des officiers de l'état-major que les attentions ordinaires pour ouvrir les passages aux colonnes et à l'artillerie. Ces sortes de mouvements étant plutôt des manœuvres que des marches, c'est aux généraux à en ordonner les détails, dont l'exécution seulement regarde les officiers de l'état-major.

SECTION CINQUIÈME.

Résumé sur le passage des rivières ou fleuves.

Les armées passent les cours d'eau, suivant leur importance, sur des radeaux ou sur des ponts que l'on jette momentanément. Lorsque ces cours d'eau n'ont qu'une certaine profondeur, on peut les passer à gué. Dans le Nord, on passe ordinairement les rivières sur la glace, pendant une partie de l'hiver; enfin, on fait quelquefois traverser les rivières à la nage à des détachements de nageurs et à de la cavalerie.

§ Ier.

A LA NAGE.

Il faut tâcher de se procurer quelques nacelles ou radeaux pour transporter les fusils, les sacs et les cartouchières : voilà pour l'infanterie. La cavalerie doit traverser sur un certain nombre de cavaliers de front; on détache la gourmette des chevaux.

§ II.

SUR LA GLACE.

Pour effectuer le passage sur la glace, elle doit avoir les dimensions suivantes : Pour l'infanterie passant en files, $0^m,08$; pour la cavalerie et la pièce de 4, de $0^m,11$ à $0^m,16$; au delà de $0^m,16$, la glace porte les plus lourdes voitures. La glace doit porter sur l'eau dans toute la largeur de la rivière. On augmente facilement son épaisseur par des lits de paille de $0^m,15$, se croisant perpendiculairement, sur laquelle on verse de l'eau prise dans des trous en dehors. On place, si c'est nécessaire, des files de madriers sous les roues; on en ôte l'avant-train et les roues de l'affût, et on fixe, sous les flasques, deux pièces de bois; par ce moyen, le poids des fardeaux est mieux réparti.

§ III.

GUÉS.

Les gués doivent avoir au plus 1 mètre de profondeur pour l'infanterie; on les passe en colonne dans toute leur largeur, en ouvrant les rangs. S'il y avait plus d'un mètre d'eau, $1^m,30$, par exemple, on formerait la chaîne des plus grands aux plus petits; on établirait en aval une ligne de cavaliers et une en amont, pour rompre le courant. Mais ce moyen n'est praticable que sur une petite largeur.

Pour la cavalerie, $1^m,30$ de profondeur; si le fond du gué est de sable ou vaseux, l'infanterie doit passer avant la cavalerie. Les voitures passent à la même profondeur, si l'on ne craint pas de mouiller le chargement; dans le cas contraire, le gué doit avoir au plus $0^m,60$ à $0^m,70$ de profondeur.

On ne doit pas passer les gués au moment des crues. Les plus larges sont les plus favorables. Les meilleurs sont ceux à fond de gravier dur; les plus mauvais à fond vaseux ou bourbeux. Telle rivière qui n'est pas guéable dans une direction perpendiculaire, l'est quelquefois dans une direction oblique.

§ IV.

PASSAGES PAR BATEAUX OU SUR RADEAUX.

Les passages par bateaux sont quelquefois employés par des armées entières, mais le plus souvent pour jeter, par des débarquements successifs, des troupes destinées à s'emparer de la rive opposée, pour favoriser la construction des ponts. Quels que soient les bateaux, l'embarquement doit se faire en amont du point de débarquement, les plus légers en amont des autres, pour ne pas gêner les mouvements du pilote et des rameurs, maintenir l'ordre et observer le silence pendant cette opération délicate.

Si les bateaux sont assez larges pour recevoir les chevaux, on les y placera en travers de la tête à la queue. S'ils ne sont pas assez larges, les cavaliers pourront y entrer à droite et à gauche, tenant les chevaux par la bride. Pour passer l'artillerie, on la démontera, à moins que les bateaux n'aient la forme d'un bac.

A défaut de bateaux, on emploie souvent des radeaux; ils sont moins susceptibles d'être coulés, mais aussi ils exposent davantage les troupes et naviguent mal.

§ V.

PONTS.

On jette presque toujours plusieurs ponts pour le passage d'une armée; on en construit de cinq espèces : 1° de bateaux, à moins que la rivière ne manque de profondeur, ou que ses rives ne présentent un trop grand escarpement; 2° de radeaux, si la vitesse du courant n'excède pas 2 mètres par seconde; 3° de chevalets quand le courant est peu rapide, qu'il a au plus $1^{m},50$ de vitesse et 2 mètres de profondeur; 4° de pilotis, sur un courant qui a peu de profondeur et un fond qui n'est pas de rochers; 5° de cordages, sur des ravins profonds et escarpés dont la largeur n'excède pas 40 à 50 mètres. Avant l'établissement d'un pont, il faut : 1° mesurer la vitesse pour savoir quelle espèce de pont on peut construire sur la rivière qu'on veut franchir; 2° la profondeur du courant; 3° la largeur pour évaluer la quantité de matériel.

Pour trouver les gués, on se sert d'une sonde arrêtée par un cordage que l'on met à $1^{m},30$ dans l'eau. La nacelle suit le courant, et si la sonde touche le fond, on sonde dans sa largeur, soit dans une direction perpendiculaire ou oblique.

On mesure la largeur par la trigonométrie, et, à défaut d'instruments, par les moyens de la géométrie pratique.

Ces éléments de passage doivent être pris aux endroits les plus favorables : ce sont ceux où la rivière présente des sinuosités ou des coudes. Les batteries placées à droite et à gauche, croisant leurs feux, protégent le débarquement des troupes et l'établissement des ponts. Cette position pourrait être sujette à quelques inconvénients, si le courant avait auprès de la rive beaucoup de profondeur et que l'autre partie fût atterrie; dans tous les cas, la rive de départ doit commander la rive opposée. Quand les rives sont de niveau, on s'établit aux endroits d'où l'on découvre le mieux la rive ennemie. Il faut éviter les lieux marécageux, ne jamais établir les ponts trop près du confluent des rivières occupées par l'ennemi; s'éloigner des places fortes ennemies situées sur le bord de la rivière. Si, au contraire, on est maître de la rivière affluente, on y prépare en sécurité les moyens de passage. Enfin, les îles dérobent aussi les préparatifs, et si elles divisaient de grandes rivières en plusieurs bras, les ponts que l'on construit sont plus solides, ayant moins de longueur.

Le stratagème toujours employé avec succès pour tromper l'ennemi est celui de faire des préparatifs ostensibles, ou des attaques simulées qui attirent son attention sur un ou plusieurs points, tandis que par des mouvements très-rapides on va effectuer le passage à un endroit sans défense ou mal défendu; ou encore en exécutant le passage à un endroit regardé comme peu favorable et qui n'est pas défendu.

§ VI.

PRINCIPES DE CONSTRUCTION DE PONTS.

Les ponts doivent résister à deux efforts : l'un, dont la direction est horizontale, est dû au courant qui exerce son action contre les supports du tablier pour les entraîner; l'autre, vertical, produit par le poids des fardeaux qui passent sur le tablier, qui tend à rompre comme à submerger et à écraser les corps de support. On résiste au premier en mettant le plus grand intervalle possible entre les supports que l'on place exactement dans la direction du courant; on donne à l'ancrage une force suffisante et on proportionne le nombre des cordages d'ancres à la rapidité du courant. Pour la deuxième, on donne aux supports et au tablier une force suffisante. Il faut donc connaître les résistances que présentent les divers modes d'ancrage, les cordages et le tablier, c'est-à-dire les poutrelles et les madriers.

§ VII.

ANCRES.

Les ancres d'un équipage pèsent 67 kilogrammes; pour les déformer entièrement, il faut une force de 3,000 kilogrammes, et pour faire chasser l'ancre dans un fond de gravier, une force de 260 kilogrammes. Il résulte, de plus, de l'expérience que l'ancre prend toujours, pourvu que la distance horizontale de l'ancre et du bateau soit plus grande que deux fois la profondeur de la rivière; mais il est avantageux que la direction du cordage approche le plus possible d'être horizontale, afin de faire moins plonger les corps flottants. Une longueur de 80 mètres est suffisante pour les profondeurs des fleuves les plus considérables.

A défaut d'ancres, on emploie des masses très-lourdes, telles que blocs de pierre, meules de moulin ; enfin, des paniers ou des caisses remplis de pierres ou de gros gravier. Les paniers sont en forme tronconique. Celui qu'on emploie dans l'équipage a $1^m,30$ de hauteur, $1^m,10$ de diamètre à la grande base, $0^m,40$ à la petite; sa capacité de $0^m,50$, sa charge d'environ 9,000 kilogrammes de gravier et chasse sous une force de 520 kilogrammes. Les dimensions varient avec les matières dont on les charge; la caisse formée avec les madriers de l'équipage donne pour capacité 3/5 de mètre du cube $0^m,60$; sa charge est de 1000 kilogrammes et chasse sous une force de 590 kilogrammes.

§ VIII.

CORDES.

D'après les expériences de Duhamel, la résistance à l'extension des cordes est de 5 kilogrammes par millimètre carré de la section transversale. Cette formule peut varier d'un quart en plus ou en moins, suivant les qualités du chanvre ou les circonstances de la fabrication. La couleur en fait présumer la bonté : 1° perle ou gris argenté; 2° verdâtre; 3° jaunâtre. Rebuter la couleur brune ou approchant; le chanvre est alors pourri ou a été trop roui. Odeur préférable, celle qui est forte, et repousser le moisi, le pourri, l'échauffé.

§ IX.

PONT DE BATEAUX.

On dresse les ponts de bateaux par ordre de grandeur, en aval de la première culée, en réservant les deux plus gros pour les culées, à cause des pentes; et ceux qui, par leur forme, opposent le moins de résistance, aux endroits les plus rapides; ce sont les plus bas. Échafaudage sur les plats-bords ou chevalets sur le milieu de la largeur du fond qui nivellent le tablier et donnent au pont la propriété d'obéir au mouvement ondulatoire des eaux, moyens aussi employés si les bateaux ne présentent pas une solidité suffisante, ce qui permet alors de pouvoir ponter suivant les plus grandes portées possibles. On ponte de deux manières : 1° on pose alternativement les poutrelles sur un plat-bord seulement d'un des bateaux et sur les deux plats-bords de l'autre; 2° pour les bateaux solides et grands, sur les plats-bords intermédiaires, en mettant d'autres poutrelles d'un plat-bord à l'autre de chaque bateau.

Si la rivière n'a pas plus de 100 mètres de largeur, on pourrait se passer d'ancres en amarrant les bateaux du pont à des piquets plantés sur les rives; on diminue l'angle que les cordages font avec le courant, en plantant sur chaque rive, en amont, deux pieux ou forts piquets assez éloignés sur lesquels on place une couronne ou cordage très-lâche. C'est à cette partie qu'on attacherait les cordages d'ancre du pont; on en ferait de même pour aval. C'est ce qu'on appelle l'amarrage en *patte d'oie*.

§ X.

PONT PAR BATEAUX SUCCESSIFS.

Toutes les parties doivent être bien liées; il peut être rompu par des corps flottants. Le pont par portières peut se préparer dans un affluent, d'où on l'amène au point de son établissement. On peut, quand on est maître des deux rives, passer des troupes d'abord et faire le pont après. On dérobe au choc les parties menacées en les manœuvrant. Ce genre de pont présentant moins de liaison dans ses parties, demande plus de bateaux et moins de poutrelles. On peut encore tendre le pont le long de la rivière, dans un affluent ou derrière une île; on le descend et on le met en place par *un quart de conversion.*

Les ponts par parties se préparent d'avance; ils ne diffèrent pas de ceux par bateaux successifs. S'ils doivent rester longtemps tendus avant d'être repliés, ils ont communément une portière placée dans le thalweg (1).

PONTS DE CHEVALETS.

On choisit un fond ferme et uni, le courant ayant 2 mètres de profondeur, sa vitesse étant de $1^{m},50$ sur un fond irrégulier et peu ferme, le chapeau s'incline de plus en plus et finirait par s'écraser; dans ce cas, il faut creuser, ce qui ralentit l'opération. On met peu d'intervalle entre les chevalets, 4 mètres au plus; à 2 mètres de profondeur, les chevalets flottent, il faut lester; à $1^{m},50$ de vitesse, il faut ancrer. On ancre les chevalets lors des crues, ou bien on les attache à des pieux plantés verticalement en amont et inclinés en aval; on ne peut garantir les affouillements, ce qui rend ces ponts peu sûrs. Les chevalets doivent être élevés pour que l'eau n'atteigne pas le tablier dans les crues, si l'on

(1) On appelle thalweg une ligne idéale qui traverse par le milieu le lit d'un cours d'eau.

n'a pas pris le profil; la plus grande profondeur règle la hauteur des chevalets; la longueur des chapeaux dépend de la voie du pont; ils ont au moins 4 mètres pour la stabilité; les montants sont fixés à $0^m,40$ des bouts, les poutrelles extrêmes correspondent aux montants; l'équarrissage et les autres dimensions se règlent d'après le poids des fardeaux. Si le fond de la rivière est vaseux, on chasse des semelles sous les pieds des chevalets. Pour un chapeau trop long ou faible, on met sous le milieu un montant.

§ XI.

DESTRUCTION.

On coule à fond un pont de bateaux, avec des tarières ou à coups de hache; on coupe les cordages, on jette à l'eau le tablier, et on arrache les chevilles placées à l'avance. Pour les ponts en maçonnerie, on fait sauter au moins deux arches. Pour cela, on pratique une tranchée en croix jusqu'à l'extrados, les branches de 3 mètres; on les charge de 75 kilogrammes de poudre par épaisseur d'un mètre; on la recouvre de planches chargées de terre; on y met le feu au moyen de saucissons, lances, fusées lentes, traînées de poudre, ou morceau d'amadou. Lorsqu'on démolit les ponts de charpente, on les brûle après les avoir goudronnés ou les avoir chargés et enveloppés de bois sec et goudronnés. Pour les faire sauter, on suspend sous une travée un baril de 100 kilogrammes de poudre; pour les rompre, on peut encore avec des machines flottantes, les unes par le choc, d'autres pour enflammer, les plus dangereuses par explosion. Au milieu, on place un mât bien rebouté; on lance un très-grand nombre de ces corps flottants à la fois.

RÉPARATIONS.

S'il ne reste que les piles, on établit des longerons sur des chevalets reposant sur les décombres ou sur des bateaux ou radeaux posant à terre, si le pont n'est rompu que sur la partie voisine de la clef des arches, et que les parties restantes soient lézardées. On place près des reins de la voûte deux pièces de bois en travers, qui supportent les poutres du tablier; on peut jeter un pont de cordes d'un côté à l'autre de la brèche, à une distance de 40 mètres pour les ponts de charpente; les pilots ne sont détruits ou brûlés qu'en partie jusqu'à la surface de l'eau. Il faut tous les recouper à cette hauteur et les surmonter d'un chapeau sur lequel on élève des montants assemblés à tenon et mortaise, coiffés de nouveau du chapeau qui porte les longueurs. Il faut, enfin, que les montants extrêmes soient arc-boutés.

IV

SERVICE DES COMPAGNIES FRANCHES

OBSERVATIONS GÉNÉRALES

Si nous rétablissons en entier le service de l'infanterie légère ou des compagnies franches, c'est que nous avons reconnu dans notre dernière guerre combien ce service est utile et indispensable contre un ennemi aussi manœuvrier que les Prussiens.

La suppression de ce service faisait d'ailleurs un vide dans les manœuvres, car quoi mettre entre les masses d'infanterie et la cavalerie, il faut certainement un corps qui, par beaucoup de mobilité, puisse agir où l'infanterie en masse et la cavalerie ne peuvent le faire.

Nous désirons seulement que ces compagnies franches forment des corps spéciaux tirés des rangs de l'armée et que ces corps s'administrent séparément tout en étant directement sous le commandement du général.

Les hommes qui sont appelés à composer les compagnies franches doivent posséder une grande habileté sur le tir, la gymnastique, et connaître parfaitement le service des avant-postes et des reconnaissances.

Comme il est nécessaire pour une compagnie de ce genre d'avoir toujours les renseignements les plus exacts; elle devra savoir attirer les habitants dans ses intérêts et à cet effet observer la discipline la plus sévère.

Le service des compagnies franches est très-complexe; elles doivent agir sur les flancs ou sur les derrières de l'ennemi ; l'observer, lui couper ses communications, ses convois ; en un mot, lui faire le plus de tort possible.

Comme ces compagnies sont ordinairement plus faibles que l'ennemi avec lequel elles ont à lutter, il n'est guère possible, dans la plupart des cas, de leur donner des règles fixes. Ce n'est que dans des missions déterminées, comme celles que nous indiquerons plus loin, que ces corps peuvent régler leur conduite, autrement que d'après les circonstances.

Ces sortes de partis ne trouvent pas de sécurité suffisante dans les avant-postes et patrouilles ordinaires, ils doivent se ménager partout des points de refuge et changer souvent de position. Si malgré toutes les précautions une compagnie franche se trouve aux prises avec l'ennemi, elle devra lui opposer la résistance la plus énergique.

On peut encore employer les compagnies franches à d'autres services, tels que : attaque des convois pour délivrer les prisonniers, ravitaillement, transport des courriers à travers la ligne ennemie ; enfin, toutes les actions de guerre qui demandent du courage, de l'audace et de la ruse.

QUATRIÈME PARTIE

DU SERVICE DES COMPAGNIES FRANCHES

PENDANT

LES DISPOSITIONS QUI PRÉCÈDENT LES BATAILLES

DANS LES BATAILLES ET APRÈS LE COMBAT.

PRÉLIMINAIRES.

Le service des compagnies franches, en ce qui concerne leur utilité dans les batailles, ne saurait former un chapitre particulier qu'en supposant les armées dans un pays dont la nature empêche la cavalerie et l'infanterie d'agir en ligne de manœuvre et de marcher régulièrement en bataille. C'est alors que le service de ces compagnies devient utile pour éclairer le front des attaques, les réunir en occupant les intervalles et en couvrir les flancs à travers les haies, les bois, les inégalités du terrain dont l'ennemi pourrait se prévaloir pour effectuer lui-même une contre-attaque. Ce que l'on se propose de dire à cet égard se bornera donc à cette sorte d'assistance de la part des compagnies franches, lorsque, par la nature des lieux, elles peuvent devenir nécessaires pour remédier aux accidents d'un grand combat.

Les grands combats peuvent être considérés sous deux rapports : l'attaque et la défense. Et s'il arrive quelquefois que deux armées marchent pour s'attaquer réciproquement, néanmoins, il arrivera aussi que les accidents du terrain sur lequel elles se rencontreront, décideront l'une des deux, en totalité ou en partie, à s'arrêter pour recevoir le combat, afin de profiter de quelque avantage local. Il s'ensuit que les événements d'un grand combat se rapporteront toujours aux deux sortes de dispositions comprises dans l'attaque et la défense.

SECTION PREMIÈRE.

Du service des compagnies franches dans les dispositions d'attaque qui précèdent les batailles.

§ Ier.

Les fonctions des compagnies franches, lorsqu'il s'agit de marcher à l'ennemi, sont d'éclairer cette marche au moyen des dispositions et précautions dont il a été parlé ailleurs.

Mais, au moment où les têtes des colonnes s'arrêtent, soit pour déployer conformément aux dispositions de l'attaque, ou pour se former jusqu'à nouvel ordre en colonne serrée par bataillon; alors ces compagnies sont chargées, dans le cas dont il s'agit, de couvrir le déploiement des colonnes en s'emparant des maisons, des haies, chemins creux et bouquets de bois en avant, à la distance de cinq, six ou sept cents pas, selon la proximité des premières batteries de l'ennemi et la situation de ses avant-postes.

Souvent, il devient nécessaire, dans l'exécution de cette besogne, de déloger l'ennemi des endroits où ses avant-postes se sont retranchés, de manière à faire quelque résistance. Dans ce cas, c'est au général à donner ses ordres pour l'attaque de ces sortes de points résistants, et il convient de les attendre. Ce n'est pas qu'on puisse se dispenser de les attaquer, mais parce que, en les attaquant, il peut y avoir des mesures à prendre pour le soutien de ces attaques au défaut de quoi on pourrait s'exposer à commencer un combat désavantageux. C'est pourquoi les compagnies franches doivent s'arrêter devant les points retranchés, en continuant de fusiller jusqu'à ce qu'elles aient reçu l'ordre d'avancer de telle ou telle manière.

Dans les dispositions d'attaque qui concernent ces compagnies, nous avons fait remarquer que dans toute circonstance le corps principal en arrière des tirailleurs devait se diviser en deux parties séparées par environ deux cents pas de distance. C'est avec la partie la moins avancée que l'on doit chercher à pénétrer par la droite ou par la gauche.

C'est ainsi à l'officier qui commande la troupe à s'avancer pour reconnaître le terrain et à examiner quelles sont les circonstances qui peuvent le décider à marcher par la droite ou par la gauche, à l'effet de pénétrer au delà des flancs de l'ennemi, et de pouvoir, en le tournant, l'attaquer par les derrières.

Ceux qui se retranchent cherchent ordinairement les endroits les plus élevés, soit pour éviter d'être dominés, soit pour mieux découvrir ce qui vient à eux. Mais partout où il y a des hauteurs, il y a nécessairement des fonds, et il est rare que le feu des hauteurs puisse également bien défendre toutes les inégalités du terrain.

C'est à cet égard que l'officier commandant une troupe, marchant à l'attaque, doit exercer son coup d'œil. C'est à lui à choisir la route et les passages qui peuvent mener plus sûrement au but et avec moins de perte.

Les vallées et les éminences sont bordées par des côtes convexes ou concaves. Les côtes convexes sont bombées vers le milieu, ce qui leur donne une double pente.

Les côtes concaves, médiocrement élevées, ne fournissent aucun moyen de passer à couvert de leur feu. Dans ce cas, il faut tenter le passage à la distance où ce feu ne saûrait être très-meurtrier.

Les côtes creuses ou concaves très-élevées, ont ordinairement à mi-côte une partie morte, plus ou moins considérable, qui ne saurait être défendue par le feu du sommet. Il ne s'agit que d'y arriver pour être hors de vue de la partie retranchée; et de là, on peut souvent parvenir à tourner ce point défensif; mais il s'agit aussi d'examiner si cette partie morte n'est pas défendue de flanc par quelque partie plus retirée et dont il faudrait pouvoir se saisir avant d'occuper la partie morte.

Quelquefois aussi l'ennemi aura pratiqué un retranchement dans la partie morte, dont le feu rasant et enfoncé augmenterait beaucoup le danger de l'attaque.

Souvent il suffit de profiter d'une haie épaisse dans le fond d'un chemin creux, d'une ravine ou gorge négligée, pour couvrir le passage des compagnies et leur donner le moyen de tourner un poste qui pourrait trop coûter à prendre de front et de vive force.

§ II.

C'est sur cette diversité de circonstances qu'il s'agit de jeter les yeux dans toutes les attaques faites par les compagnies franches, car ses manœuvres particulières sont d'avancer et de pénétrer en tournant.

Ces compagnies, agissant au milieu des haies, des bois, des inégalités du terrain, ne sauraient se proposer de renverser de vive force, par une attaque régulière et serrée, tout ce qui se présente. Ces sortes d'actions sont ordinairement réservées à des bataillons entiers, dont la valeur ne suffit pas toujours, quoique soutenue par une nombreuse artillerie. C'est plus particulièrement en cherchant à pénétrer furtivement par les endroits négligés, et il est rare qu'il ne s'en trouve pas toujours quelques-uns dans un pays couvert, que les compagnies franches peuvent se proposer d'attaquer les postes fortifiés, et de les emporter par les revers, et c'est encore de cette manière qu'elles peuvent contribuer puissamment au succès des attaques régulières faites de front par les troupes de ligne.

Lorsque les colonnes ont fini de déployer et que les dispositions des généraux sont faites, les compagnies légères doivent se retirer à un signal donné au moyen du cor de chasse, sur les flancs des attaques ou dans les intervalles qui ne sont pas occupés par les troupes de ligne. Ces endroits leur doivent être particulièrement indiqués par les officiers de l'état-major chargés de communiquer aux troupes les dispositions des généraux.

SECTION DEUXIÈME.

Du service des corps francs avant les batailles, dans les dispositions qui concernent la défense.

§ Ier.

Nous avons déjà dit que, lorsqu'il se trouvait des points résistants isolément placés en avant du champ de bataille, les compagnies franches devaient chercher à les tourner par tous les moyens que la négligence de l'ennemi et les accidents du terrain pouvaient leur offrir pour les attaquer par derrière.

Dans ces circonstances, l'officier qui est chargé de la défense d'un poste en avant du champ de bataille, ou de celle d'une partie quelconque du terrain, doit visiter soigneusement tous les endroits couverts en avant et sur les flancs, au moins à la portée moyenne des petites armes, pour reconnaître les endroits par où l'ennemi pourrait pénétrer et prendre de revers le poste ou le détachement, ce qui l'empêcherait bientôt de se défendre de front.

De distance en distance, il doit placer et embusquer deux, trois ou quatre hommes, selon l'importance de chaque point, lesquels seront chargés de veiller sur toutes les parties comprises dans la défense particulière de ce poste.

Du surplus de son monde, il doit en faire deux réserves, l'une pour la défense du flanc droit, l'autre pour la défense du flanc gauche.

Chaque réserve doit être placée de façon à pouvoir distinguer, autant que possible, de quelle manière seront attaqués les éclaireurs postés au-devant d'elle; et lorsqu'on ne peut se guider par les yeux, on peut cependant juger de ce qui se passe, soit par la vivacité du feu ou par la retraite des éclaireurs opposés à la partie par où l'ennemi veut pénétrer. Cette marche de l'ennemi ayant été prévue, celui qui commande une réserve doit avoir examiné et prévu de même dans quel endroit et comment il lui convient de se placer pour disputer le passage. Il doit, sur-le-champ, marcher de ce côté, engager le combat avec vivacité, en disputant les maisons, les haies, les arbres, les fossés, afin de signaler la présence de l'ennemi et d'être secouru et soutenu si les circonstances le demandent, ou pour donner plus de temps aux postes voisins de faire leurs dispositions de retraite, d'autant qu'en pareil cas, un point forcé détruit de proche en proche la résistance de tous les autres.

§ II.

La chaîne des avant-postes ayant été attaquée de toute part et poussée sur le camp, les compagnies franches, répandues sur toute l'étendue de la chaîne, doivent alors se reployer sur les endroits qui ont été désignés d'avance, à chaque détachement en particulier, par l'officier d'état-major chargé, le jour de bataille, de la haute surveillance de la chaîne; surveillance bien importante, car la garde des armées en est la première défense. Ces endroits sont les bords des bois et les abatis de prévoyance faits pour leur défense sur les flancs ou sur le front du champ de bataille, les haies, les fossés, les chemins creux, les maisons sous la protection des batteries, ainsi que les retranchements faits à mi-côte pour la défense des parties du terrain qui ne sauraient être vues des batteries, ni des troupes qui occupent le sommet des hauteurs.

§ III.

Le devoir des compagnies franches, employées sur le front des armées, est de se maintenir le plus longtemps possible dans ces sortes de postes, et de les défendre jusqu'à l'extrémité, afin de donner au général le temps de reconnaître et bien discerner la principale attaque de l'ennemi et le point sur lequel il paraît avoir concentré ses forces, pour s'y opposer de son côté avec tous les moyens de réserve qu'il aura su se ménager.

Alors il ne s'agit plus dans la défense particulière des postes qui font partie du champ de bataille de donner la même attention à ce qui se passe au poste voisin, comme il convient de le faire dans la défense des avant-postes, parce que le combat étant engagé sous la protection immédiate de la ligne, la retraite pour les compagnies reste toujours assurée. Dans ces derniers moments, il ne lui reste donc qu'une seule mesure à prendre, celle de fortement résister.

SECTION TROISIÈME.

Du service des corps francs pendant les batailles.

§ Ier.

Les batailles se gagnent ou se perdent par différents mouvements. Dans ces circonstances, les manœuvres des compagnies franches sont de se conformer aux mouvements des troupes de ligne, de les suivre et d'agir en conséquence.

Dans les mouvements en avant, les compagnies doivent s'attacher à bien couvrir le flanc de la troupe qui marche. Si ce flanc est attaqué elles doivent tenir ferme à la faveur des haies, des arbres et des maisons qui peuvent protéger la résistance. Dans ces moments, leur devoir est à tout prix d'arrêter l'ennemi; elles n'ont point de mesure à prendre pour elles-mêmes.

S'il n'y a point de corps ennemi sur le flanc qui puisse tomber sur les troupes qui marchent, il reste aux compagnies franches à seconder l'attaque de front faite par les troupes de ligne.

Quelquefois il s'agit d'un village, d'un bois, d'une hauteur retranchée qu'il faut emporter. En pareil cas, les compagnies franches doivent chercher à pénétrer quelque part sur le flanc de l'attaque. Peu de gens suffisent pour faire un grand effet en se montrant à dos, et l'on peut être assuré que les mouvements rétrogrades se communiquent de proche en proche.

Dès que ces compagnies s'aperçoivent que l'ennemi se retire, elles doivent, dans ces occasions, le poursuivre sans réserve, afin d'augmenter son désordre et l'empêcher de ne se rallier qu'à certaine distance. Cependant, dans leur poursuite, elles doivent s'arrêter à l'entrée de tous les terrains ouverts où elles pourraient rencontrer quelque cavalerie, et ce n'est qu'après avoir examiné s'il s'en trouve à portée ou non, qu'elles peuvent continuer de pousser plus loin.

La cavalerie, dans les lieux ouverts, est la destruction des compagnies franches, comme celles-ci sont la destruction de la cavalerie dans les pays fermés.

Il peut aisément arriver au fort d'une bataille que les corps francs se trouvent surpris quelque part à découvert par la cavalerie. En pareille circonstance, il s'agit d'examiner s'il se trouve quelque couvert à proximité, ou si la distance est trop grande pour pouvoir échapper à la vitesse des chevaux. Alors les hommes des compagnies doivent courir de la circonférence au centre pour se former promptement en masse ronde. L'infanterie, armée de la baïonnette et serrée en masse, peut toujours résister à la cavalerie, et surtout à la cavalerie éparse chargeant en fourrageurs.

Pour cet effet, les hommes doivent se presser, se supporter en poussant vers la circonférence, sans pourtant rompre l'union et l'ensemble qu'il faut conserver. Dans cette attitude, il leur suffit de présenter la baïonnette au nez des chevaux et de recevoir la charge de la cavalerie avec immobilité ; et bientôt on la verra se retirer à distance dans la crainte des coups de fusils.

L'infanterie profitera de cette retraite pour faire son chemin et gagner un couvert sans s'arrêter pour faire feu, ni recharger ses armes.

La véritable défense de l'infanterie contre la cavalerie est dans le bon usage de la baïonnette et dans la force des hommes pressés en masse épaisse et immobile. Les chevaux ne peuvent ni se pousser ni se supporter, et l'action d'un seul cheval peut être arrêtée par le poids et la force de sept à huit hommes rassemblés.

Le feu peut être aussi employé avec succès contre la cavalerie.

Les compagnies franches pouvant être souvent exposées à être surprises et attaquées à découvert par la cavalerie, doivent être exercées à se rassembler au pas gymnastique et à se former promptement en masse ronde, aussitôt qu'elles se voient en danger d'être chargées de cette manière. Après avoir repoussé la charge, c'est à celui qui les commande à les faire marcher en colonne serrée du côté où elles pourront se réfugier. Les bataillons carrés ne sont pas des manœuvres qui lui conviennent.

§ II.

La fortune n'étant pas longtemps égale dans les batailles, si quelque partie de la ligne vient à être rompue, forcée et mise en déroute, ce serait trop espérer des compagnies franches que de leur supposer les moyens de rétablir à elles seules le combat. Dispersées parmi les accidents du terrain, elles ne sauraient faire un effort décisif.

Dans ces circonstances fâcheuses, c'est dans la nature des lieux qu'elles doivent chercher des ressources contre les événements. C'est à celui qui les commande d'examiner le cours de l'orage; de quel côté on avance? de quel côté on recule? et s'il faut enfin céder la place à l'ennemi, il doit choisir son chemin relativement à ce qui se passe, après avoir reconnu, à vue d'œil, l'endroit où il pourra rallier sa troupe et résister encore aussi longtemps qu'il le pourra, car les premiers événements d'un combat ne le décident pas toujours; il plaît souvent à la fortune de changer plusieurs fois l'état des choses en quelques heures.

Dans toute disposition, dans toute circonstance, le commandant des compagnies franches doit toujours avoir en réserve une partie proportionnée de sa troupe avec lui. C'est avec cette réserve qu'il doit aller occuper la place dans laquelle il croit pouvoir se défendre, et, en conséquence, il fera sonner la retraite et le rappel sur lui.

Les compagnies franches doivent savoir également avancer, résister et se retirer à propos. Il n'y a rien à gagner pour elles à se laisser mettre en déroute.

Un bataillon qui en charge un autre doit nécessairement le mettre en déroute ou s'y trouver lui-même. Les attaques et les retraites des compagnies franches sont différentes; elles doivent combattre éparses, mais non pas en désordre et avec confusion, et n'étant pas engagées corps à corps avec l'ennemi, elles peuvent et elles doivent conserver toujours la faculté d'exécuter les ordres qui lui sont communiqués au moyen du cor de chasse. N'étant pas engagées en totalité, elles conservent cette liberté de mouvements si nécessaire à son action.

Les compagnies franches doivent résister à outrance lorsqu'elles se trouvent à la hauteur des troupes de ligne. Elles doivent avancer lorsque celles-ci s'avancent, afin de couvrir leurs ailes; et lorsque les troupes de ligne ont perdu leur terrain par les événements de la journée, ces compagnies doivent chercher encore à disputer celui où elles se trouvent en se reployant successivement de haies en haies, de bois en bois, saisissant partout l'occasion d'arrêter l'ennemi et de lui faire perdre du monde.

De cette manière, les compagnies franches d'une armée doivent chercher à se réunir et à gagner quelque hauteur boisée, quelque village, quelque défilé qui les mettent à portée d'arrêter la poursuite de l'ennemi et de couvrir le mouvement en retraite.

SECTION QUATRIÈME.

Du service des compagnies franches après le combat.

§ Ier.

Les heures qui suivent une victoire ou une défaite, sont également fatigantes à passer pour les compagnies franches; elles doivent poursuivre avec la victoire et chercher encore à résister, par tous les moyens possibles, après la défaite.

Dans la poursuite, le moyen de faire des prisonniers n'est pas de tomber de front sur ceux qui sont disposés à se défendre; dans ces circonstances, il faut chercher à gagner du terrain. Ceux qui battent en retraite se retirent avec raison vers les endroits couverts; ceux qui les poursuivent doivent autant qu'il est possible les éviter. Il n'est pas nécessaire d'agir contre une armée en déroute avec les précautions qu'il convient de prendre lorsqu'on commence un combat. L'ordre ne se rétablit pas facilement parmi les troupes de ligne lorsqu'elles sont complétement rompues. Il est rare en fuyant qu'elles cherchent à se défendre. Elles n'ont pas, sous ce rapport, l'avantage des troupes légères qui, ne pouvant être entièrement rompues, seront plus facilement ralliées.

Les compagnies franches doivent avancer et chercher à gagner du terrain en marchant par le pays le moins couvert, et par les hauteurs sur les flancs de l'ennemi. Il est à remarquer que la marche de l'ennemi est ordinairement retardée par celle de son artillerie qu'il veut sauver. En prenant l'avance et en tournant par les flancs, les compagnies franches pourront venir occuper quelque village, quelque bois ou autres défilés par où cette artillerie doit passer. Alors elles l'attaqueront vivement et avec grand bruit. Rarement on leur opposera quelque résistance. L'ennemi se croyant coupé et se voyant poursuivi de près n'osera pas s'arrêter dans la crainte d'être accablé par le nombre.

Ici, comme dans toute occasion, lorsqu'il s'agit d'avancer, les compagnies doivent toujours le faire en tournant. C'est le premier moyen pour trouver l'ennemi en défaut quelque part.

Quand la nuit devient trop obscure il convient de s'arrêter. L'officier commandant prendra poste dans quelque couvert le long d'un chemin, et il détachera à cinq ou six cents pas sur la droite ou sur la gauche, quinze, vingt ou trente hommes en proportion du nombre qu'il aura avec lui, avec ordre de tirer d'instant en instant de nombreux coups de fusil, soit qu'il y ait sujet ou non; en voici la raison : les fuyards de l'ennemi, entendant des coups de fusil à certaine distance, ne prendront pas ce chemin, ils suivront plutôt le côté du silence où ils trouveront le gros de la troupe qui les fera prisonniers.

Dans certaines circonstances, on a des raisons pour poursuivre une armée défaite à plus ou moins de distance. Le point du jour étant venu, l'officier commandant ne doit pas pousser plus loin, avant d'en avoir reçu l'ordre de son général et les instructions qui s'y rapportent.

§ II.

D'après ce que l'on vient de dire par rapport à la poursuite, on peut juger des précautions qu'il faut prendre par rapport à la retraite. Les compagnies franches d'une armée dans ces occasions doivent être ordonnées et combinées de manière à former séparément trois grandes divisions; l'une sur le front pour couvrir perpendiculairement la retraite et les deux autres une sur chaque flanc.

La division qui se retire perpendiculairement doit occuper successivement toutes les places de défense, et arrêter la vivacité de la poursuite en disputant le terrain de tout son pouvoir, afin de donner à l'artillerie et souvent à une partie des équipages le temps de se retirer.

Les deux divisions flanquantes doivent avoir grande attention à ne pas se laisser tourner, sur chaque flanc, chaque commandant doit envoyer d'avance occuper les bois, les villages, les ponts, passages et hauteurs dont l'ennemi pourrait profiter pour couper la retraite à une partie de l'armée.

A la tombée de la nuit, les commandants des trois divisions doivent chercher à se rapprocher de l'ennemi en mettant devant eux nombre de petits détachements qui s'embusqueront et serviront de patrouille de nuit. Dans ces circonstances, les compagnies franches ne doivent pas se retirer sans y être forcées. Elles doivent encore continuer à observer et inquiéter l'ennemi.

Pendant la nuit, les commandants de ces compagnies, d'après la connaissance qu'ils pourront avoir du terrain, doivent chercher à disposer quelque embuscade en arrière de leurs éclaireurs, afin que si l'ennemi continue de poursuivre à la pointe du jour, ils puissent tomber sur lui avec quelque avantage, ce qui le rendra circonspect et facilitera la retraite.

Telles sont à peu près les différentes parties du service des compagnies franches en ce qui concerne les événements d'un grand combat.

SECTION CINQUIÈME.

Observations générales sur les facultés et le service des commandants de compagnies franches en campagne.

§ Ier.

Les troupes légères sont ordinairement chargées du service extérieur des camps. Quelle que soit la nature des lieux ce service est toujours très-étendu. Mais son importance augmente par rapport aux compagnies franches à proportion que la cavalerie y peut être moins employée.

Dans les pays clos et couverts dont le relief est varié par une succession de hauteurs et de vallées, lorsque la vue est obstruée par des bois, des bosquets, des arbres épais et par quantité d'habitations séparées qui chacune ont leur chemin ; quand les champs sont environnés de haies vives et hautes ; lorsqu'il s'y trouve encore des fossés, des étangs, des marais ; la presque totalité du service extérieur des camps ne pouvant plus se faire qu'au moyen d'une nombreuse infanterie légère, les longs détails de ce service semblent exiger qu'il soit dressé une instruction particulière pour cet objet, afin de mettre cette infanterie à même de suppléer par tout aux fonctions de la cavalerie lorsqu'elles se trouvent ainsi restreintes ou entièrement annulées par ces sortes d'accidents.

Il devient donc nécessaire que tout officier, employé dans les compagnies franches, s'applique soigneusement à connaître toutes les parties du service qui concerne la garde des armées, soit en marche, soit dans les camps, ou soit par rapport aux fourrages, aux convois, aux escortes, aux réquisitions en nature, à l'enlèvement des prisonniers, aux ôtages, et très-particulièrement aux reconnaissances à faire des postes et positions occupés par l'ennemi, et aux avertissements relatifs à toutes les marches qu'il peut faire en totalité ou par détachements.

Plus d'une fois on a vu arriver à la guerre de fâcheux contre-temps occasionnés par le défaut d'une instruction suffisante parmi les commandants subalternes.

Il est donc du devoir de tout officier de troupes légères, de se mettre en état de remplir avec exactitude et distinction les fonctions qui lui sont confiées. Celui qui commande dans quelque grade que ce puisse être doit savoir que le commandement n'est un honneur qu'autant qu'on s'en est rendu digne. L'ignorance des devoirs militaires conduit à des fautes dont une seule suffit pour perdre toute réputation et pour bannir à jamais cette confiance si nécessaire qui doit exister entre celui qui commande et ceux qui obéissent, et sur laquelle repose le succès des opérations de la guerre.

Le service des troupes légères se faisant, plus que tout autre, par petits détachements, commandés le plus souvent par un seul officier, l'instruction lui devient d'autant plus nécessaire que toute son assistance est en lui-même, et qu'il y a beaucoup d'occasions périlleuses dans ce service isolé, dont on ne peut sortir honorablement qu'en réunissant à la valeur les connaissances militaires.

Une attention bien nécessaire à un officier de compagnie franche est de chercher à connaître individuellement l'espèce d'hommes qu'il a sous ses ordres, afin de les employer de la manière la plus conforme à leur degré d'intelligence et de courage.

Tel sergent, caporal ou soldat sera plus propre pour reconnaître directement l'ennemi; c'est-à-dire pour en approcher de manière à pouvoir indiquer avec quelque justesse le poste qu'il occupe et quelle pourrait être sa force. Un autre sera plus propre au service d'avertissement, qui consiste à bien observer sans être vu; un autre à prendre des renseignements des gens du pays, parce qu'il en possède la langue et qu'il est intelligent; quelque autre aura le talent des embuscades et la ruse et l'adresse nécessaires pour faire des prisonniers sans se compromettre; d'autres enfin ont des infirmités parmi lesquelles celles de la vue sont à considérer : tel qui voit fort bien le jour, y voit mal la nuit. Parmi les vieux soldats il s'en trouve quelques-uns qui ont le génie des expédients, et qui ayant observé certaines situations, certains passages, sont en état d'ouvrir un bon avis : il faut savoir en profiter. Et comme il se trouve aussi des hommes timides et maladroits et disposés à la frayeur, il importe encore de les connaître, afin de ne pas les employer de manière à communiquer leurs alarmes. Ces différents caractères peuvent être aisément remarqués en causant avec eux, et surtout en écoutant leurs rapports.

S'il est nécessaire à un officier de compagnie franche que ceux qui sont à ses ordres aient toute confiance en sa prévoyance, sa fermeté et ses lumières, il lui est encore avantageux d'en obtenir l'affection. Il doit savoir que sa seule épée ne saurait tout faire; que s'il n'est pas cordialement secondé dans un service où la bonne volonté et l'entraînement influent particulièrement sur le succès, il ne pourra rien entreprendre ni achever avec sûreté pour sa propre réputation.

Cependant il faut bien se garder de gagner l'affection des troupes aux dépens de la discipline; elle est d'autant plus nécessaire à maintenir parmi les troupes légères, qu'elles ont plus d'occasions d'y manquer.

Le meilleur moyen de s'attirer l'affection du soldat, sans nuire au bon ordre, c'est de pourvoir soigneusement à ses besoins. On peut dire quelquefois à son égard que la nécessité n'a pas de loi; mais la loi commence où la nécessité cesse.

Il faut aussi qu'un officier sache distinguer les occasions où une extrême vigilance est nécessaire de celles où l'on peut se dispenser de fatiguer inutilement les troupes. Ces sortes d'attentions appellent encore l'affection du soldat; alors il ne se plaint pas d'une fatigue extrême quand il peut croire qu'elle est nécessaire à sa propre sûreté.

Au point de vue des mouvements stratégico-tactiques, c'est-à-dire exécutés à vue ou à proximité de l'ennemi, le service des troupes légères a toujours été considéré comme la meilleure école de guerre pour les jeunes officiers qui désirent obtenir un grade plus élevé.

C'est à l'école des corps francs qu'on apprend particulièrement à examiner soigneusement les accidents du terrain pour y conformer ses dispositions, et qu'on s'habitue à combiner rapidement ce qui peut nuire ou favoriser ce que l'on se propose de faire. C'est encore l'école des précautions, soit pour l'attaque, soit pour la défense, et c'est surtout celle de la prévoyance, dans les fréquentes retraites auxquelles les troupes légères sont forcées par la diversité des mouvements.

Une retraite exécutée devant des forces supérieures et un ennemi brave et manœuvrier, avec l'ordre, les mesures, le sang-froid, la prudence dont les circonstances peuvent être susceptibles, est une des actions qui caractérise le plus particulièrement l'homme de guerre; c'est une de celles qui méritent le plus d'être remarquées par les généraux, et la plus propre à exciter leur confiance pour des entreprises importantes et d'une exécution délicate.

C'est au milieu de ces accidents multipliés qu'un officier intelligent et courageux trouvera bientôt l'occasion de se distinguer personnellement. Il est rare qu'un officier subalterne puisse trouver ces occasions dans les batailles; la gloire de ces grandes actions ne peut guère être partagée qu'entre les généraux, et pour les généraux même, ces occasions ne sont pas fréquentes.

V

DES RECONNAISSANCES EN GÉNÉRAL

ET

DU TRACÉ DES PLANS MILITAIRES

OBSERVATIONS GÉNÉRALES.

Les détachements destinés aux opérations des reconnaissances se composent d'une, de deux ou de trois armes suivant les circonstances. Comme la force ordinaire de ces détachements ne leur permet pas d'occuper un terrain de grande étendue et qu'ils sont presque toujours attaqués par des forces supérieures, le combat en tirailleurs est le seul que ces détachements pourront engager avec succès.

Toute reconnaissance exige l'emploi de troupes, soit pour défendre l'officier qui en est chargé, soit pour chasser l'ennemi d'un point quelconque nécessaire à la reconnaissance.

Les reconnaissances sont :

Topographiques, lorsqu'elles ont pour but la connaissance du terrain ;

Tactiques, lorsqu'elles sont dirigées contre l'ennemi ;

Statistiques, enfin, lorsqu'elles ont pour objet de découvrir les ressources que présente le pays ennemi.

Les reconnaissances topographiques et statistiques entrent dans les attributions des officiers d'état-major ; elles sont l'objet d'une instruction particulière du général commandant l'armée, le corps d'armée, la division ou la brigade.

Les reconnaissances tactiques appartiennent aux combinaisons et aux opérations générales ; elles peuvent amener des résultats importants et autres que ceux qu'on se proposait; le commandant en chef peut seul les ordonner.

Ces sortes de reconnaissances se font muettes ou de vive force. Elles sont muettes lorsque, ayant rencontré l'ennemi, on ne fait que le suivre et le surveiller sans se laisser voir; elles sont de vive force, au contraire, lorsqu'on marche à lui pour le combattre et le déloger. Dans ce dernier cas, il sera bon d'avoir de l'artillerie.

Toute reconnaissance exige un rapport écrit, dont le style doit être clair et précis. L'officier qui en est chargé doit y distinguer ce qu'il a vu par lui-même et ce qu'il a appris par d'autres rapports. Pour les reconnaissances topographiques et statistiques, il sera fait, outre ce rapport, un levé à vue du terrain et des positions qu'occupe l'ennemi.

CINQUIÈME PARTIE

DES RECONNAISSANCES MILITAIRES

PRÉLIMINAIRES.

Les reconnaissances sont de plusieurs espèces et pour divers objets. Avant que les armées soient en présence et lorsqu'elles sont en mouvement pour s'approcher, elles se font respectivement reconnaître par des détachements chargés d'aller en avant jusqu'à ce qu'ils puissent découvrir les avant-postes de l'ennemi, et s'il se peut l'armée même.

Ces sortes de reconnaissances peuvent donner lieu à nombre de petits combats et d'escarmouches.

Les armées étant en présence, il se fait des reconnaissances pour savoir de quelle manière elles sont campées, l'étendue de terrain qu'elles occupent, et autant qu'on le peut, le fort et le faible de leur position. Dans les reconnaissances de cette seconde espèce, il convient d'éviter toute espèce d'engagement; cependant, il y a des cas où l'on ne peut bien s'acquitter de cette commission, qu'en attaquant et dépostant quelques gardes avancées de l'ennemi.

On fait des reconnaissances tant de jour que de nuit sur le front et les flancs de l'ennemi, lorsqu'il s'agit d'observer ses mouvements et de savoir quand il marche en partie ou en totalité, de quel côté et avec quelle quantité et espèce de troupes.

Il se fait des reconnaissances autour des flancs de l'ennemi et vers ses derrières pour visiter le terrain par lequel on voudrait marcher, afin d'occuper une position de laquelle on pourrait, en le tournant, le forcer à changer son camp et à faire quelque mouvement désavantageux.

Les reconnaissances qui concernent la figure, la nature, les accidents du terrain, la facilité ou la difficulté des marches, le mérite d'une position, sont ordinairement faites par un officier de l'état-major, avec une escorte plus ou moins forte, selon la proximité de l'ennemi et l'étendue de la commission.

Dans ce cas, le commandement de l'escorte est aux ordres de l'officier de l'état-major, qui indique de point en point la route qu'il faut suivre. C'est à lui à marquer le chemin, mais les dispositions et les précautions de sûreté n'en sont pas moins l'affaire du commandant de l'escorte. Aucune des reconnaissances dont on vient de parler ne se fait sans un ordre exprès du général commandant, accompagné d'une instruction qui marque positivement l'espèce et le but de la reconnaissance.

Ce qui constitue plus particulièrement ces espèces de reconnaissances, ce sont les précautions de marches qu'il s'agit de prendre relativement au but de chaque objet.

SECTION PREMIÈRE.

Reconnaissances du ressort des troupes à cheval et à pied.

§ Ier.

Pour rendre compte de ces précautions, il devient nécessaire de les rapporter séparément à ces objets, et il faut, de plus, se rappeler que nous ne traitons pas des reconnaissances en général, mais de celles à faire dans un pays où la cavalerie ne pourrait pas être employée à ce service sans inconvénient.

Si l'on suppose que l'ennemi pourrait être rencontré à la distance de huit à dix milles, plus ou moin s, en suivant tel ou tel chemin, et qu'il s'agisse de savoir jusqu'où s'est avancée son avant-garde? il sera commandé, pour cet effet, un détachement de cent hommes d'infanterie légère, pris, autant que possible, dans les compagnies franches, et de vingt chevaux, plus ou moins, dans la proportion des forces disponibles et autres circonstances. Le détachement doit se pourvoir de pain au moins pour deux jours, et les chevaux doivent porter de l'avoine pour autant de temps.

Sept ou huit dragons ou lanciers, avec un caporal, prendront la tête du détachement à la distance de sept à huit cents pas. Le caporal, ayant mis cette distance entre sa petite troupe et l'infanterie, détachera devant lui deux cavaliers qui marcheront à la file à soixante ou quatre-vingts pas l'un de l'autre, et de manière à ne pas se perdre de vue; se rapprochant quand le chemin devient sinueux, s'éloignant quand il s'étend en ligne droite, et toujours de façon que le premier cavalier puisse être vu par le second, et celui-ci par le caporal.

La troupe à cheval, en avant de l'infanterie, doit marcher à un pas réglé d'environ soixante-dix pas par minute au plus; mais lorsqu'elle s'arrête souvent, elle doit faire en sorte de regagner sa distance.

A la rencontre des chemins sur la droite et sur la gauche, le caporal faisant l'avant-garde détachera, sur chaque chemin, un cavalier qui ira au grand trot, cinq ou six cents pas, plus ou moins, jusqu'à quelque place où la vue puisse s'étendre, pour examiner s'il aperçoit la marche de quelques troupes. Ce cavalier questionnera les gens du pays qui seront à sa portée, pour savoir d'eux si l'ennemi n'a point paru aux environs.

Le premier et le second cavalier, qui font la tête de l'avant-garde, doivent regarder souvent derrière eux pour voir s'ils sont suivis. Si le premier cavalier voit qu'il n'est pas suivi par le second, il doit s'arrêter. Il en est de même du second : s'il voit qu'il n'est pas suivi du caporal, il doit s'arrêter.

Le second cavalier recommence à marcher lorsqu'il voit que le caporal reprend la marche; et le premier recommence de même à marcher lorsqu'il voit le second se mettre en mouvement.

Le caporal s'arrêtera aussi souvent qu'il détachera un cavalier sur ses flancs, et ne se remettra en marche qu'à son retour, après avoir reçu son rapport. S'il a été aperçu ou s'il a appris quelque chose, il en donnera avis au commandant du détachement.

Les gens qui seront rencontrés par le caporal allant ou venant du côté de l'ennemi, seront arrêtés et envoyés au commandant.

Le commandant du détachement ayant, comme on l'a dit, laissé prendre sept à huit cents pas d'avance à la cavalerie qui fait la tête de la marche, mettra devant lui, à deux cents pas de distance, pour lui servir constamment d'avant-garde, douze ou quinze tireurs d'élite choisis parmi l'infanterie légère. De chaque côté, il détachera, sur les flancs, un caporal avec sept ou huit hommes qui côtoieront parallèlement le chemin, à la distance de trois cents pas.

Chaque fois qu'il se trouvera un bois ou une ferme sur les côtés du chemin à la distance de cinq ou six cents pas au plus (on ne fouille pas les bois plus éloignés), le commandant du détachement s'arrêtera jusqu'à ce que ses flanqueurs aient de même reconnu s'il n'y a point d'ennemis cachés dans les bâtiments de la ferme. Deux ou trois cents hommes d'infanterie peuvent trouver facilement à se cacher dans les granges et les bâtiments d'une grande ferme, quand le pays est pour eux, dans le dessein d'en sortir quand le détachement serait passé pour venir l'attaquer par derrière.

La cavalerie en avant ne peut reconnaître que ce qui vient par les chemins; elle ne pourrait fouiller les bois et les maisons sans mettre pied à terre.

Si le chemin traverse un bois, le caporal qui est en tête de la marche s'arrêtera un peu en deçà, jusqu'à ce que les flanqueurs de l'infanterie soient arrivés. Ces flanqueurs fouilleront le bois à six cents pas du chemin sur les flancs du détachement. Alors les deux cavaliers qui font la tête et le caporal, continuent leur chemin, suivis du détachement, à deux cents pas en arrière.

A la sortie du bois, le caporal trottera légèrement jusqu'à ce qu'il ait repris son avance. Le surplus de la troupe à cheval fera l'arrière-garde du détachement à trois cents pas de distance.

Les personnes qui auront été arrêtées par les cavaliers de l'avant-garde allant du côté de l'ennemi pourront continuer leur chemin en marchant entre la queue de l'infanterie et les cavaliers de l'arrière-garde. Si, parmi les gens venant du côté de l'ennemi, il s'en trouve qui donnent quelques nouvelles intéressantes, le commandant pourra envoyer la personne avec un cavalier au quartier général, pour être questionnée plus particulièrement si la chose en vaut la peine; ou bien il fera parvenir la nouvelle telle qu'elle sera, par un cavalier, en mettant sur le papier le rapport qui lui aura été fait.

A mesure que l'on avance vers l'endroit où l'on peut supposer que l'on rencontrera l'ennemi, les précautions doivent redoubler; les bois sur les flancs doivent être fouillés avec plus d'exactitude, et reconnus même à une plus grande distance de la route, parce qu'il se pourrait que l'ennemi ayant eu connaissance de la marche du détachement par les gens du pays, ou par ses espions et postes d'avertissement, fasse couler de l'infanterie dans quelques bois sur les flancs du chemin à cinq ou six cents pas de distance, avec ordre de s'y tenir cachée jusqu'à ce que le détachement soit dépassé de sept à huit cents pas, pour alors venir s'emparer du chemin et des haies voisines à dos du détachement qui, vers le même temps, se trouverait engagé par la tête.

Cette manœuvre d'embuscade est celle à laquelle, en pareille commission, il faut faire le plus d'attention, et c'est pourquoi la troupe à cheval qui fait l'arrière-garde doit se tenir à plus grande distance de l'infanterie à mesure que l'on approche de l'ennemi. Elle doit s'arrêter quelques moments en face des bois sur les flancs, pour voir s'il n'en sort pas une embuscade.

Si l'ennemi sort du bois pour venir s'emparer du chemin, la troupe à cheval en donnera aussitôt avis à l'infanterie du détachement; et, pour elle-même, elle se placera de manière à conserver sa liberté de retraite, sans trop s'éloigner du détachement. Dans cette occasion, ce n'est point elle qui doit se rapprocher de l'infanterie, c'est l'infanterie qui doit se rapprocher d'elle.

Les cavaliers pourront se servir de leurs carabines pour tirer par-dessus ou à travers les haies sur l'ennemi. Ce n'est pas que leur feu soit fort actif, mais il servira d'avertissement pour l'infanterie. D'ailleurs un feu en attire un autre; si l'ennemi s'arrête pour y répondre, cela donnera le temps à l'infanterie de revenir sur ses pas et de faire par l'autre côté du chemin ses dispositions de défense et de retraite.

Si le détachement avait à traverser dans son chemin une rivière, un gros ruisseau qu'on ne pourrait passer que sur le pont au delà duquel le détachement doit s'avancer, le commandant y laissera quelques hommes d'infanterie et quelques cavaliers, avec ordre de s'y tenir retranchés derrière quelque traverses ou barrages.

Un cavalier se tiendra en avant du pont, les autres en deçà derrière l'infanterie. Ce petit détachement doit être à proportion plus fort si le pont est unique dans les environs.

Cette précaution doit être prise en cas que l'ennemi, suivant quelque chemin de côté, vienne pour s'emparer du pont. Le cas échéant, le cavalier le plus avancé ira au galop en prévenir le commandant du détachement, et un des cavaliers de l'arrière-garde ira en donner avis à l'armée.

Si, au moment où le commandant du détachement reçoit cet avis, il se trouve de front et à portée de l'ennemi, il évitera de s'engager autant qu'il pourra dépendre de lui; et si dans les renseignements qu'il aura pris de ses guides il se trouvait un autre pont sur la même rivière en s'éloignant de l'ennemi, il dirigera sa retraite de ce côté. S'il n'y a pas d'autre pont à portée, il faut qu'il revienne sur ses pas au plus vite, pour attaquer l'ennemi, fort ou faible, avant qu'il se soit rendu maître du passage.

En marchant de cette manière, un peu plus tôt ou un peu plus tard, on doit avoir vue, ou avis de la présence de l'ennemi. A la première vue ou au premier avis, la cavalerie de l'avant-garde se reploiera sur la troupe à cheval de l'arrière-garde.

Les fonctions de la cavalerie se réduiront alors à observer ce qui pourrait venir en arrière ou sur les flancs de l'infanterie et en donner avis, ayant attention pour elle-même à ne pas se laisser couper la retraite, sans cependant s'éloigner du détachement plus qu'il ne faut, se tenant également à portée d'instruire le détachement de ce qui viendrait sur ses derrières et de donner à l'armée des nouvelles de ce qui se passe.

Le commandant du détachement sera muni de la meilleure carte du pays qu'il sera dans son pouvoir de se procurer et d'une bonne lunette d'approche. Dans chaque village où il passera, il prendra de nouveaux guides. Cependant si, parmi les anciens guides, il s'en trouve un qui ait une connaissance plus générale du pays, il fera bien de le garder.

Chaque fois que le détachement arrivera sur quelque éminence de laquelle on puisse découvrir la campagne, il se fera nommer par les guides tous les objets visibles et en écrira les noms sur ses tablettes. Il examinera si quelques-uns de ces objets sont marqués sur sa carte, afin de mieux s'orienter par rapport au chemin qu'il doit suivre. Il questionnera ses guides sur la nature des chemins, des ruisseaux et des rivières aux environs, et particulièrement sur la nature des ruisseaux et rivières que le détachement aurait à traverser, afin de savoir si on les passe sur des ponts et en quels endroits sont situés ces ponts? S'ils sont guéables partout, ou seulement en certains endroits et quels sont ces endroits? Ces connaissances lui seront nécessaires pour diriger sa marche et sa retraite, et surtout pour changer sa route, si quelque accident empêchait le détachement de se retirer par le même chemin que jusqu'alors il a suivi.

Les détachements de cette espèce doivent toujours être pourvus de deux guides : un à cheval s'il se peut, pour marcher avec le caporal des cavaliers de l'avant; l'autre guide, à pied ou à cheval, doit rester auprès du commandant, à la tête de l'infanterie. Aussitôt que la présence de l'ennemi aura été reconnue ou annoncée d'une manière ou d'une autre, le commandant fera faire halte. Son premier objet sera de jeter les yeux sur la situation dans laquelle il se trouve; d'examiner rapidement les circonstances du terrain et de faire lestement ses dispositions en conséquence.

Ce sera sur un terrain bas et dominé à la portée des petites armes, ou sur une hauteur dominante, ou tout à fait en plaine. S'il se trouve sur un terrain dominé, à la portée du fusil, il faut qu'il se hâte d'en sortir, soit en avançant ou en se retirant plus en arrière, sur un des côtés du chemin lorsque la vallée est fort large; afin de gagner le bord supérieur, ou sur les deux côtés du chemin si la vallée est très-étroite.

Ici, la variété des circonstances peut donner lieu à quantité de dispositions différentes qui, cependant, se rapportent au même objet, qui est de se mettre promptement en situation de pouvoir juger de ce qui s'avance, et reconnaître si c'est l'avant-garde d'une armée ou un simple détachement. C'est pour cela qu'il convient de gagner quelque hauteur voisine, sur laquelle, étant arrivé, le commandant disposera son monde de manière à bien découvrir et éclairer ses flancs et à ne pas se laisser tourner, tandis qu'il serait amusé en tête par des tirailleurs; faisant en sorte que la même disposition puisse également lui servir pour faire retraite ou pour avancer selon les circonstances.

Aussitôt qu'on aura pu s'instruire de ce que l'on désirait savoir, et qu'il y aurait lieu de craindre d'être longé ou tourné par une force supérieure, le commandant fera sonner la retraite.

La *fig.* 1re, *pl.* 6, donne une idée de cette disposition à faire dans une plaine sans accidents particuliers ou autre terrain non dominé.

Le corps principal du détachement est divisé en deux parties A et B, et à peu près d'égales forces. La force des autres parties se voit homme par homme, et la cavalerie ferme la marche à trois cents pas.

Si sur la rive droite ou sur la gauche il se trouvait quelque hauteur, quelque vallée, quelque bois à la faveur desquels l'ennemi pourrait tourner le détachement, on y fera marcher un caporal et quatre hommes tirés du détachement pour faire le service d'avertissement, jusqu'à huit ou neuf cents pas de distance. Si l'ennemi approche de ce côté, leur feu servira d'avertissement. Ils continueront à suivre la marche du détachement et à le couvrir, soit qu'il avance ou qu'il se retire, faisant grand feu toutes les fois que l'occasion s'en présentera.

Les mouvements et manœuvres à faire par ces petits corps divisés pour gagner les haies et se tenir constamment au soutien de ceux qui se retirent et se reploient successivement pendant une retraite, doivent être mis en exercice pour l'instruction de l'infanterie légère; autrement il serait difficile, sans un peu d'usage, que le commandant du détachement puisse, au premier moment du besoin, apprendre à sa troupe à faire ces reploiements successifs et à bien occuper le terrain en présence de l'ennemi. Ces petites manœuvres demandent de l'habitude, d'autant qu'elles n'ont rien de fixe, et que s'il se trouve un ruisseau sur le flanc, un chemin creux, etc., il aura des changements à faire et des choses à rétablir quand ces accidents ne subsisteront plus. Il faut donc que l'infanterie légère soit souvent exercée à ces retraites simulées sur différents terrains plus ou moins accidentés, afin que chacun, officier ou soldat, sache à peu près ce qu'il aura à faire soit par rapport à la figure du terrain, soit par rapport à la manière dont on peut être attaqué et poursuivi.

Le commandant s'étant décidé sur le choix de l'emplacement où il veut attendre l'ennemi, et d'après sa disposition, les tirailleurs C D E F G s'embusqueront du mieux possible, à la faveur des haies voisines, en conservant à peu près leur distance respective et l'ensemble de la disposition.

Les petits détachements se placeront de manière à pouvoir soutenir leurs tirailleurs sur le front, c'est-à-dire prêts à former de nouvelles embuscades derrière les haies, lorsque l'ennemi sera parvenu à déposter les premières.

Les tirailleurs embusqués, qui auront été dépostés, se reploieront sur le détachement qui sera à leur soutien. Le sergent ou le caporal commandant ce détachement, leur désignera les haies derrière lesquelles ils iront se placer de nouveau pour continuer à disputer le terrain à l'ennemi.

Si le terrain permet de découvrir de tous côtés à quelque distance, le commandant jugera, d'après ce qu'il verra, du parti qu'il doit prendre. Si la vue est tout à fait offusquée, sa première attention se portera sur ses flancs, et il fera marcher, comme il a été dit, à huit ou neuf cents pas au delà de ses flanqueurs, et de chaque côté, un caporal et quatre hommes tirés du corps du détachement, lesquels iront reconnaître le terrain sur la droite et sur la gauche, et se tiendront à cette distance pour signaler, par leurs feux, ce qui viendrait à eux, en continuant de suivre les mouvements du détachement.

Aussi longtemps que de part et d'autre le feu n'agira que de front, il n'y aura point de nouvelles mesures à prendre. Les tirailleurs continueront à se retirer lentement et seulement à mesure qu'ils y seront forcés. Si l'ennemi est en nombre, les choses ne resteront pas longtemps dans cet état. Bientôt on entendra tirailler sur les flancs du côté des postes d'avertissement. Les premiers coups de fusil ne doivent encore exciter que l'attention; mais lorsque le feu paraîtra aller en augmentant, il n'y a plus de temps à perdre. Le commandant fera corner (*sonner*) la retraite. Nous disons faire *corner* la retraite, parce qu'il nous paraît que l'usage de la corne de cuivre serait préférable à celui du clairon pour les tirailleurs de reconnaissances. Dans les reconnaissances de nuit, on emploiera le sifflet.

La retraite étant sonnée, cela signifiera simplement que les tirailleurs pour se reployer ne doivent plus attendre à y être forcés, mais qu'ils doivent se retirer d'eux-mêmes dès qu'ils verront que la seconde ligne de leurs tirailleurs sera postée ; allant se rallier sur le sergent ou caporal en arrière, qui les postera de nouveau, et ainsi de suite et successivement.

La première partie A du détachement restera au soutien des tirailleurs, et s'il arrivait que l'ennemi gagnât de vitesse sur l'un ou l'autre flanc, cette partie A marchera de ce côté en totalité ou en partie, selon la vigueur de l'attaque, et la principale attention de l'officier commandant sera d'empêcher l'ennemi de déborder son flanc. Poür éviter cet inconvénient, il fera corner la retraite accélérée, afin que les chasseurs, sur le front et sur les flancs, fassent leur reploiement de suite et lestement, sans vouloir tenir tête à l'ennemi qui chercherait à les amuser pour parvenir à les tourner.

Les postes d'avertissement détachés au delà des flancs se rapprocheront peu à peu du détachement, dès qu'ils entendront corner la retraite, et toujours plus lestement au pas de course, si c'est la retraite accélérée.

Le commandant du détachement, ayant pris le parti de la retraite, doit se rappeler dans ce moment les circonstances du terrain sur lequel il doit agir.

Avec la seconde partie B du corps du détachement, et la cavalerie faisant son avant-garde, il doit aller le plus tôt possible occuper quelque poste avantageux sur la route à tenir, tel que le sommet d'une hauteur non dominée, ou quelque bordure de bois, les haies, les fenêtres des maisons bien situées, ayant soin de s'ouvrir une retraite par derrière pour ne pas y laisser enfermer son monde. Il profitera des bosquets, haies et murs de jardins favorablement situés pour y établir autant de feux croisés qu'il pourra pour arrêter l'ennemi et avoir le temps de remettre le détachement en ordre, s'il a été vivement poursuivi. S'il se croit en danger, il dépêchera un cavalier vers l'armée pour demander du secours.

Ayant rallié à lui ceux qui se seront retirés du feu, il les disposera de nouveau selon le terrain, mais de façon à se conserver toujours une réserve. L'ordre étant rétabli, il fera corner la retraite, et en même temps, avec ce qu'il aura de réserve, il ira lestement occuper le premier point défensif favorable pour arrêter l'ennemi, et répétera la même manœuvre aussi longtemps qu'il sera poursuivi, et jusqu'à ce qu'il lui vienne du secours, ou qu'il soit arrivé sous la protection des avant-postes de l'armée.

Si le détachement dans sa retraite doit traverser un ruisseau, une rivière qu'on ne peut passer que sur des ponts, nous avons indiqué précédemment la première précaution qu'il y avait à prendre, afin de s'assurer la liberté du passage. Maintenant il s'agit d'examiner si le local permet ou non de défendre ce pont de pied ferme jusqu'à l'arrivée du secours ? S'il n'y a point de hauteurs opposées qui dominent le passage à la portée du fusil, le commandant pourra entreprendre la défense du pont à la faveur des traverses ou barrages faits par le détachement qu'on avait laissé à sa garde, et il fera savoir à l'armée qu'il a besoin d'être promptement secouru pour conserver ce poste.

Si le pont est dominé de trop près pour y faire une bonne défense, le commandant n'y laissera que le détachement qui en aura déjà eu la garde, pour disputer le passage aussi longtemps que faire se pourra, et il continuera ses manœuvres de retraite dès que le feu supérieur de l'ennemi forcera le petit détachement d'abandonner la défense du pont. Si, dans sa retraite, le détachement doit passer par quelque terrain ouvert tel qu'une prairie, le commandant ordonnera à la troupe à cheval d'aller s'y placer d'avance et de s'y poster de la manière indiquée par la *fig.* 1re, *pl.* 7.

Toute l'infanterie étant passée et les tirailleurs postés derrière les premières haies, comme on le voit en CD, la cavalerie fera sa retraite par le droit chemin, en commençant par l'aile qui pourrait être, par les circonstances du terrain, la plus exposée au feu de l'ennemi. Si les circonstances sont égales, la droite prendra la tête. Dans cet exemple, ce serait encore à l'aile droite à passer la première. Dès lors la retraite se continuera, dans l'ordre indiqué, jusque sur l'armée.

Nous avons dit plus haut que la présence de l'ennemi ayant été annoncée d'une manière ou d'une autre, le premier soin du commandant était de former son détachement et de le placer de manière à pouvoir observer les mouvements de l'ennemi sans se compromettre, se mettant en état de marcher sans changer son ordre, en avant ou en arrière, selon les circonstances.

Si l'ennemi, également informé de la présence du détachement, marche brusquement à l'attaque, c'est un signe certain que l'on a rencontré la tête de son avant-garde, ou quelque gros détachement qui se sent soutenu de près par des forces suffisantes.

En pareil cas, la retraite étant le seul parti à prendre, nous avons indiqué comment elle devait se faire. Si, n'étant pas attaqué de suite, on observe, en faisant reconnaître, que l'ennemi n'avance pas et qu'il prend, de son côté, les mêmes précautions, cela indique que l'on a rencontré un détachement ordinaire qui n'est pas soutenu de près.

Si, en faisant reconnaître avec exactitude et précaution de front et de flanc, crainte d'embuscade, on ne voit pas que l'ennemi fasse aucun mouvement et qu'il borne ses efforts à un simple tiraillement plus ou moins vif, sur ces indices, le commandant jugera que, pour bien remplir sa commission, il serait bon de faire quelques prisonniers dont on pourrait tirer des éclaircissements positifs. Dans ce dessein, le commandant fera corner la marche en avant à l'effet d'engager les tirailleurs de l'ennemi, de les déposter et de les repousser sur le gros de leur détachement.

Mais, avant de marcher à l'attaque, il portera son attention sur les circonstances du poste que l'ennemi occupe et sur le terrain environnant. Il questionnera encore ses guides sur tout ce qui peut servir à le diriger, mais il le fera avant d'avoir commencé le feu, car, dès qu'il y aura quelque danger pour eux, les guides perdent ordinairement la tête, et ne sont plus capables de rien dire de raisonnable.

Dans cet état de choses, et après avoir été informé de ce qu'il veut savoir, le commandant pourra renvoyer ses guides; mais s'il croit en avoir encore besoin, il les fera garder en arrière par la cavalerie, en prenant même la précaution de les faire attacher s'ils paraissent disposés à s'échapper.

Ayant pris le parti d'attaquer pour faire des prisonniers, le commandant examinera par quel côté du terrain il peut approcher plus facilement le flanc de l'ennemi en lui cachant sa force.

Alors il fera corner l'attaque, c'est-à-dire une sonnerie convenue, pour donner partiellement aux tirailleurs sur le front l'ordre d'avancer sur l'ennemi, tout autant qu'ils pourront le faire à coups de fusil seulement, sans en venir aux mains et corps à corps.

De son côté le commandant, ayant décidé de son chemin, prendra avec lui de sa réserve, AB *fig.* 1re, *pl.* III, ce qu'il jugera nécessaire en partie ou en totalité, et fera précéder sa marche par quelques éclaireurs qui auront soin de fouiller les endroits épais des haies, des bosquets et particulièrement les chemins creux où l'ennemi aurait pu s'embusquer.

Si les éclaireurs découvrent une embuscade, ils doivent aussitôt se reployer sans faire feu, pour venir en donner avis de bouche au commandant.

Au premier avis, celui-ci marchera immédiatement sur l'embuscade sans faire feu ni s'arrêter. En la chargeant brusquement il doit la mettre en fuite; et si, dans cette occasion, il peut faire quelques prisonniers, son but sera atteint; en conséquence, il fera corner la retraite partielle, c'est-à-dire la retraite pour cette partie du détachement qui manœuvre avec lui.

Il doit y avoir différentes sonneries pour les retraites : l'une qui s'adresse aux tirailleurs sur le front seulement;

l'autre qui s'adresse aux parties du détachement qui manœuvrent séparément; une troisième pour la retraite générale, en disputant le terrain; et enfin une quatrième pour la retraite accélérée, mouvement très-rapide de la circonférence au centre. Il sera nécessaire d'établir des exercices pratiques pour habituer les troupes légères à ces sortes de signaux.

Si l'ennemi se retire si légèrement qu'on ne puisse faire des prisonniers sur les troupes de l'embuscade, en ce cas, le commandant détachera douze ou quinze tirailleurs, plus ou moins, pour charger en flanc les tirailleurs de l'ennemi qui resteront engagés de front avec ceux du détachement.

Il est évident que pour faire des prisonniers, il faut marcher sans tirer sur ceux que l'on veut prendre. Les prisonniers qui auront été faits de cette manière seront menés de suite au commandant, lequel les ayant reçus fera corner la retraite partielle, et ayant remis sa troupe ensemble, il la disposera dans le même ordre où elle était avant l'attaque.

Les prisonniers, ayant été désarmés, seront envoyés, avec quelques soldats pour les garder, auprès de la troupe à cheval, avec ordre de prendre le devant et de les conduire au quartier général sans s'arrêter. A proportion du nombre des prisonniers, la troupe à cheval ajoutera quelques dragons à l'escorte des chasseurs. Cela fait, le commandant fera corner la retraite générale et se retirera directement sur l'armée.

Si dans la direction de son attaque le commandant ne rencontre pas d'embuscade, il continuera de longer en silence le flanc de l'ennemi, en le dépassant d'assez loin pour couper la retraite à la plus grande partie de ses tirailleurs. S'il rencontre les postes d'avertissement de l'ennemi, il faut qu'il défende à ses éclaireurs de répondre à leur feu. Ils doivent marcher en avant sans tirer, jusqu'à ce qu'il leur soit ordonné de s'arrêter. Ces différents ordres doivent être donnés au moyen de la corne, dont il faut absolument adopter les sonneries, si l'on veut faire manœuvrer l'infanterie légère avec ordre et méthode.

Étant arrivé à la hauteur qu'il lui conviendra d'atteindre, le commandant tournera brusquement sur le flanc de l'ennemi avec la moitié ou les deux tiers de sa troupe, se ménageant toujours une petite réserve auprès de laquelle il se tiendra en personne pour parer aux accidents et porter secours où besoin sera.

Ayant fait des prisonniers, il se reploiera directement sur l'armée, comme il a été dit plus haut.

§ II.

Les reconnaissances, pour savoir de quelle manière les armées sont campées et quels peuvent être les avantages et les défauts de leur position, sont faites en personne par le général commandant ou par un des chefs de l'état-major, sous la protection d'une escorte dont la force se règle sur celle des avant-postes de l'ennemi et sur la nature des lieux qu'ils occupent.

Les troupes de cette escorte n'ont rien à faire par elles-mêmes dans la conduite de cette besogne. La manière dont elles doivent agir leur est ordonnée par celui qui fait la reconnaissance. C'est à lui à marquer la route et à désigner les gardes de l'ennemi qu'il faut déposter pour parvenir à découvrir la force et l'étendue du camp qu'il s'agit de reconnaître.

Tantôt ces sortes de reconnaissances se font le même jour et à la fois sur tout le front de l'ennemi ; tantôt successivement sur une partie ou sur une autre, selon que les généraux ont l'intention de hâter ou de différer le moment d'une bataille.

Les dispositions à faire pour les reconnaissances de cette espèce n'entrent point dans les détails qui concernent le service de l'infanterie légère; elles appartiennent plus particulièrement au service de l'état-major, parce que leur objet principal est de reconnaître les accidents du terrain et la manière dont il est occupé par les troupes que l'on se propose d'attaquer et de combattre.

En ce cas, les officiers de l'infanterie légère auront seulement l'attention de bien faire éclairer et fouiller le terrain en face et sur les flancs de la marche du côté de l'ennemi, faisant en sorte que rien ne puisse approcher par surprise de celui qui fait la reconnaissance; et, pour cet effet, le commandant de l'escorte, avec une partie de sa troupe, se placera entre le général ou l'officier qui fait la reconnaissance et les éclaireurs et flanqueurs, afin de suivre et de couvrir la marche du général, se tenant en même temps à portée de recevoir ses ordres et de les communiquer au détachement, au moyen de la corne.

Les avant-postes de l'ennemi occupant ordinairement les hauteurs qui couvrent les approches de son camp, il arrive le plus souvent que, pour reconnaître sa position, il devient indispensable de pousser et rejeter sur son camp la chaîne de ses avant-postes. C'est alors, comme on l'a dit, au général à marquer le lieu, le temps et les dispositions de l'attaque.

Il ne sera peut-être pas superflu de faire observer, en même temps, que ces sortes d'attaques doivent être faites avec beaucoup de vivacité, et soutenues par des forces bien supérieures à celles que l'on veut déposter. Les tirailleurs, formant la tête de l'attaque, doivent être nombreux et suivis de près par les petits détachements qui les soutiennent à l'ordinaire, et cette première ligne sera soutenue par autant de troupes en réserve qu'il sera jugé nécessaire. Cette disposition générale prise, on s'approchera de l'ennemi autant que faire se pourra sans tirer; alors, en même temps et de tous côtés, on avancera sur lui au pas le plus accéléré; on continuera de le pousser vivement jusqu'à ce qu'on puisse découvrir distinctement la situation et l'étendue de son camp.

Dans cette situation, le commandant de l'escorte prendra de nouveau les ordres du général pour pousser plus avant ou pour faire halte et sonner le ralliement. Pendant ce temps le général pourra faire ses observations et en prendre note.

La reconnaissance faite, il est d'usage que le général et sa suite se retirent les premiers et séparément avec une petite escorte de cavalerie.

Quand l'escorte du général aura pris quelque avance, le commandant de l'infanterie légère fera corner la retraite, et, pour le surplus, il se conformera à ce qui a été dit pour les dispositions de retraite.

§ III.

Lorsque deux armées, de forces à peu près égales, sont en présence et qu'elles occupent respectivement des camps avantageux, sans avoir de part ni d'autre de raisons pressantes pour en venir à une affaire décisive, il arrive que celle qui a le plus de fourrages à consommer, soit en vert, soit en sec, force nécessairement l'autre à décamper.

Les mouvements forcés de cette espèce sont toujours la cause de quelque désavantage pour celui qui décampe le premier, et c'est pour être informé du moment où l'ennemi se met en marche et de quel côté il se porte, que l'on envoie au dehors des partis qui sont chargés de veiller sur ses mouvements et d'en rendre compte incessamment.

Il arrive encore qu'une armée inférieure se tient campée dans une position bien choisie et bien retranchée, à l'effet de forcer l'ennemi à faire des mouvements latéraux, ou à l'attaquer directement avec tous les désavantages de la situation.

En pareil cas, on doit s'attendre que l'ennemi, à raison de sa supériorité, cherchera à tourner la position retranchée de manière à gêner ou empêcher, pour celui qui l'occupe, les fourrages de se faire et les convois d'arriver, ou qu'il retranchera son camp, ce qui lui donnera la facilité de faire de gros détachements pour agir séparément et profiter de manière ou d'autre de sa supériorité.

Le choix d'une position dans laquelle on puisse attendre

l'ennemi sans inconvénient avec des forces inférieures, tient à une quantité de rapports et de considérations qui font une partie essentielle de la science des généraux. Sans parcourir l'étendue et la diversité des circonstances dont cette question, très-compliquée, peut être susceptible, il suffira de faire remarquer que, si la position dont il s'agit n'est pas placée en avant d'un défilé unique, dont les flancs seraient inaccessibles à une grande distance, il y aura, dans toute autre situation, des mouvements à faire de la part de l'ennemi, qui obligeront celui qui est sur la défensive de sortir de sa position, soit parce qu'elle serait tournée, soit parce que l'ennemi, en pareille situation, aurait occasion de former d'autres entreprises auxquelles il faudrait absolument s'opposer.

Pour se tirer d'affaire dans une situation qui exige les plus rares talents et les manœuvres les plus savantes, il est évident qu'un général doit être exactement informé du parti que l'ennemi se propose de prendre, au moment même où il se met en mouvement, afin d'agir en connaissance de cause, et de régler avec quelque sûreté ce qu'il s'agit de faire.

Pour remplir les commissions de cette espèce, il faut des talents particuliers de la part des officiers des troupes légères qui sont chargés de donner aux généraux des avis importants. Ce n'est pas que l'officier soit chargé, en surveillant l'ennemi, de reconnaître ou deviner ses desseins. Il ne s'agit point de cela, mais seulement de rendre compte de ce qu'il fait : s'il reste dans son camp ou s'il en sort? en quel nombre apparent et par quel chemin? Quant au surplus, c'est au général commandant à juger par lui-même quel peut être l'objet des mouvements de son adversaire.

Pour bien s'acquitter d'une commission si délicate, il faut quelque instruction, d'autant que, sans se mêler de la science des généraux, il est néanmoins nécessaire qu'un officier ait quelque idée de la conséquence des rapports qu'il est chargé de faire dans ces occasions, afin de ne donner pour positif que ce qu'il a vu et vérifié par lui-même ; indiquant simplement ce qui lui est revenu d'ailleurs, sans conjectures ni réflexions de sa part.

Les détachements de cette espèce ne sont guère que de vingt ou vingt-quatre fantassins et de cinq ou six dragons. Il deviendrait trop difficile de se cacher partout en plus grand nombre, et il serait aussi plus difficile de trouver des subsistances en cas de besoin. Les hommes et les chevaux doivent être pourvus pour trois jours, et la viande doit être cuite, attendu qu'un tel détachement ne peut se servir de feu ni de jour ni de nuit.

Il est d'usage de faire relever tous les trois jours ces sortes de détachements, parce qu'ils sont exposés à beaucoup de fatigues, et que le peu de repos qu'ils peuvent prendre est toujours très-interrompu. Il n'en est pas de même de l'officier qui aura été choisi pour remplir cette mission : quelles que soient ses fatigues personnelles, il doit se proposer de continuer le même service avec le nouveau détachement. Plus il aura séjourné sur les lieux, plus il sera en état de se diriger par la connaissance du local, ce qu'un nouveau venu ne pourrait faire avec autant d'avantages en arrivant.

L'officier ayant reçu des ordres, aura soin de se pourvoir à l'ordinaire, de la meilleure carte du pays, et d'une bonne lunette d'approche.

La partie du terrain sur lequel le détachement doit chercher à se placer, sera sur les flancs de l'ennemi, en tournant sa chaîne et approchant de ses derrières, qui sont ordinairement les moins gardés, pour arriver sur le revers de l'aile qu'il s'agit d'observer, à la distance où les circonstances du terrain et la manière de se garder de l'ennemi pourront le permettre.

Bien qu'il soit toujours utile de questionner les gens du pays sur la nature des lieux où l'on veut agir, cela est néanmoins ce qu'il faut éviter dans le cas présent. L'officier doit se conduire uniquement par son coup d'œil ; il y aurait de l'inconvénient à faire autrement dans une pareille marche ; il faut au contraire éviter, autant que faire se peut, la rencontre des gens du pays. Cependant si, avant d'approcher le flanc de l'ennemi, il se trouve quelque village hors de la portée de ses patrouilles et qui soit sur le chemin du détachement, il sera bon de parler dans ce village à quelque homme intelligent qui pourrait avoir connaissance de la contrée où l'on veut aller.

S'il se trouve quelque rivière ou ruisseau marqué sur la carte, il faut savoir s'ils sont guéables ou non; s'il y a des marais dans les environs, si le passage est coupé par des vallons, des bois, des collines, etc.

Ces questions ne doivent pas être faites directement pour la place sur laquelle on se propose d'arriver, mais en même temps sur des endroits tout différents, afin de brouiller l'attention de ceux à qui l'on parle; les questions étant coupées et posées de manière qu'on n'en puisse pénétrer le motif ni la direction.

Si par ce moyen on ne pouvait obtenir des renseignements suffisants, le plus certain sera de se conduire, comme on l'a dit, par le coup d'œil, de place en place, ne quittant un endroit qu'après en avoir fait reconnaître un autre. C'est-à-dire que si l'on se propose de traverser une vallée, on détachera un fantassin qui, cachant sa marche à la faveur des accidents du terrain, ira examiner si le fond de la vallée est traversé ou non par quelque marais ou ruisseau infranchissable.

Si du fond de la vallée on veut gagner quelque hauteur, on détachera de même un homme pour en examiner le sommet et le revers, et rendre compte de ce qui peut se découvrir de là. Pendant ce temps, le détachement doit rester caché à l'abri de quelque bouquet d'arbres ou de haies, prenant la précaution de placer quelques sentinelles en avant, de manière à être averti de ce qui viendrait sur le détachement.

En se traînant pour ainsi dire de place en place, on parviendra à occuper un point sur les flancs de l'ennemi, hors de ses gardes et de la rencontre de ses patrouilles. Parvenu de jour à cet endroit, l'officier cherchera des yeux quelque hauteur aux environs, couverte d'arbres ou de haies, sans aucune maison dans le voisinage, ou, ce qui serait encore plus favorable, quelque bois situé de manière à pouvoir découvrir ce qui sortirait du camp de l'ennemi par le flanc sur lequel on s'est placé. Ce choix fait, l'officier fera sur le terrain les remarques de direction nécessaires pour arriver dans ce poste pendant la nuit, sans s'égarer, en évitant les maisons ainsi que les chemins ; et s'il peut prévoir qu'il y aurait trop de difficulté pour se faire suivre dans cette marche par les cavaliers qui sont avec lui, il leur désignera quelque place, quelque coin de bois dans les environs où ils iront se poster avec quelques fantassins pour les aider à se garder pendant la nuit, avec ordre de se tenir prêts à recevoir et à porter en toute diligence les avis qu'il aura à faire passer au quartier général.

Dans cette espèce de reconnaissance d'une exécution fort délicate, il est nécessaire que les gens de la troupe soient chacun munis d'un sifflet, pour appeler ou répondre, selon le cas. Au moyen de cet instrument qui peut être entendu de fort loin, surtout pendant la nuit, le fantassin qui portera la dépêche aux cavaliers donnera un coup de sifflet, s'il ne trouve pas les cavaliers à la place indiquée, parce qu'il peut se faire qu'ils aient été forcés de quitter ce poste par raison de sûreté. Mais dans ce cas, comme les cavaliers y auront laissé un fantassin caché dans quelque haie ou dans quelque tête d'arbre, ce fantassin répondra au coup de sifflet et prendra la dépêche pour la porter à la place où seront les cavaliers, laquelle lui aura été indiquée.

Le service des cavaliers, comme on le voit, n'est ici nécessaire que pour la prompte transmission des rapports. Alors, si le pays où l'on fait la guerre était tellement constitué que la cavalerie ne pût faire ce service, il faudrait, pour la suppléer, laisser de distance en distance, le long de la route à tenir, de petits postes de deux ou trois fantassins; au reçu de la dépêche, un d'entre eux ira au pas de course la porter au poste voisin distant d'environ trois milles. De cette manière, les avis parviendront de poste en poste aussi vite que s'ils étaient portés par la cavalerie. Le détachement principal doit être plus fort à proportion de la quantité des postes de cette espèce, qui seront nécessaires pour faire parvenir les rapports et les avis. Nous disons les rapports et les avis, parce que les rapports ordinaires doivent être faits tous les soirs, soit qu'il y ait ou non des événements, au lieu que les avis sont des choses que l'on apprend au moment même où elles sont rapportées.

Il doit y avoir plusieurs manières de siffler désignées par des numéros, et le numéro doit être donné au fantassin avec le mot d'ordre et changé tous les jours comme lui.

Bien que l'usage du sifflet puisse être fort utile aux fantassins en beaucoup d'occasions pour avertir et signaler certaines choses, néanmoins, dans le cas dont il s'agit, il pourrait y avoir des inconvénients. C'est pourquoi l'officier permettra ou défendra de s'en servir selon que par la situation de ses postes, cet instrument pourrait être ou n'être pas entendu de l'ennemi. Dans ce cas, si le fantassin qui porte la dépêche ne trouve pas le premier poste à la place convenue, il poussera jusqu'au second, et s'il ne rencontre aucun des relais, il portera la dépêche jusqu'au quartier général.

Le poste d'observation ayant été choisi de l'œil, comme on l'a dit, le détachement s'y rendra la nuit et dans le plus grand silence; évitant avec soin les villages et les maisons isolées. Arrivé sur le lieu, il sera défendu à la troupe de faire ni feu, ni conversation, ni aucun bruit. Il ne sera permis de fumer qu'à ceux qui seront cachés de manière à ne pouvoir être vus de l'ennemi.

Au point du jour, l'officier placera sur le contour de son poste le nombre de sentinelles nécessaire, de manière à bien voir ce qui se passe aux environs et ce qui pourrait venir sur le poste. Si, du pied des haies, on ne pouvait pas bien découvrir le pays du côté du flanc de l'ennemi qu'on observe, alors les sentinelles seront placées en vedette dans quelque tête d'arbre, et elles communiqueront à voix basse ce qu'elles pourront découvrir à un second fantassin placé à cet effet au pied de l'arbre.

Selon l'importance des rapports qui lui parviendront de cette manière, l'officier se rendra de sa personne à l'endroit où les mouvements de l'ennemi auront été aperçus, et tâchera, au moyen de sa lunette, d'en reconnaître les circonstances. Il marquera sur ses tablettes le résultat de ses observations et l'heure où elles auront été faites, pour en faire mention dans son rapport journalier; mais, s'il s'agit de la marche de l'armée ou de quelque autre mouvement de troupes de la part de l'ennemi, il en donnera sur-le-champ avis au quartier général.

Le fantassin porteur de la dépêche, choisi parmi les plus alertes, prendra son chemin par les derrières du poste et marchera de manière à n'être ni vu, ni rencontré, se cachant dans les blés et les haies lorsqu'il pourrait être aperçu. Dans le cas où il ne pourrait éviter d'être pris, il doit déchirer la dépêche, en jeter les morceaux, et se donner pour un déserteur qui craint d'être poursuivi. Lorsque les avis auront une certaine importance, l'officier fera partir environ une heure après un second fantassin, et même un troisième, pour s'assurer que la nouvelle pourra parvenir. Si, pendant la journée, rien d'important ne se passe dans le camp de l'ennemi, l'officier attendra la nuit pour envoyer son rapport ordinaire.

Dans le choix du poste d'observation, il ne faut pas trop s'avancer sur les derrières de l'ennemi, lorsqu'on peut supposer qu'il est dans le cas de marcher par son flanc plutôt qu'en arrière. Ces particularités importantes doivent être marquées dans les instructions données à l'officier.

Si l'une des deux armées en présence, supposées d'égale force, manque de fourrage, on doit s'attendre qu'elle fera bientôt une marche en arrière; c'est dans le seul cas d'une marche en retraite qu'il convient de dépasser davantage les flancs de l'ennemi, pour mieux connaître le moment du départ de ses gros bagages et de sa grosse artillerie, qui prendront nécessairement la tête de cette marche.

Si, au contraire, l'ennemi est dans une attitude offensive, il suffira de se poster sur le prolongement de ses ailes, pour observer le moment où il commencera son mouvement de flanc. Alors on verra filer son avant-garde suivie des colonnes sans aucun bagage. Si dans un pareil mouvement, on s'était trop avancé sur les derrières de l'ennemi, il est évident qu'il faudrait quitter le poste à l'instant, ou continuer à s'y tenir caché, sans pouvoir faire passer les avis, puisque par la marche de l'ennemi on se trouverait coupé du camp dont on serait parti.

C'est par ces différentes raisons que le choix d'un tel poste devient une commission délicate.

Un autre embarras est encore de se mettre à portée de pouvoir reconnaître les mouvements qui pourraient être faits pendant la nuit.

Si l'objet de la commission est d'observer un mouvement de retraite, on pourra voir vers le déclin du jour quelques parties de bagages s'assembler sur les derrières du camp de l'ennemi, et peut-être sa grosse artillerie se mettre en marche. Alors, et à proportion que la nuit deviendra plus obscure, on détachera quelques fantassins qui se glisseront furtivement de haie en haie pour reconnaître si c'est en effet l'armée tout entière qui marche ou un simple détachement; ce qu'ils pourront discerner par le murmure et le cliquetis des armes de l'infanterie plus ou moins longtemps prolongés, ou bien par la marche de la cavalerie en mettant l'oreille à terre.

Lorsque l'objet de la commission est d'observer les mouvements d'une armée qui tient l'offensive, il peut se faire qu'on ne découvre aucune apparence de marche pendant le jour, et qu'on entende battre la retraite comme à l'ordinaire; mais aussi, quelques heures après, il peut arriver que l'armée ennemie prenne les armes en silence, et que l'avant-garde commence à défiler tandis qu'on abat les tentes, et que les bagages prennent une route différente, couverte par la marche de l'armée.

Pour juger d'avance de ces sortes de mouvements et se mettre à portée de les découvrir, il faut avoir acquis une connaissance bien exacte du pays pour pouvoir distribuer les cavaliers aux environs des chemins que l'ennemi pourrait prendre pendant la nuit, vu qu'une marche de nuit ne peut se faire à travers champs, si elle n'a été préparée d'avance, et que ses colonnes doivent nécessairement suivre les routes ordinaires qui peuvent conduire dans la direction du mouvement projeté par l'ennemi.

On peut encore juger que l'ennemi a le dessein de marcher par la droite ou par la gauche de son camp, lorsqu'on observe pendant le jour qu'il détache des travailleurs pour faire des ponts, réparer les chemins, ou pour ouvrir des passages pour une marche à travers champs.

L'officier ne doit pas manquer de rendre un compte exact de tous ces indices, et de prendre de grandes précautions à l'effet de ne pas être découvert par l'ennemi ou par les gens du pays quand ils ne sont pas pour nous. S'il peut s'apercevoir par le nombre et la direction des patrouilles battant la campagne autour de lui, que l'ennemi se doute qu'il est observé; alors, l'officier choisira quelque autre place où il se rendra pendant la nuit, et prendra, comme à l'ordinaire, la précaution de bien placer ses sentinelles pour n'être pas surpris.

Dans ces circonstances, les sentinelles ne doivent pas demander : qui va là? ni faire feu; elles doivent siffler pour avertir le poste que quelqu'un vient de ce côté, et se retirer lestement, pour s'échapper avec le poste par le côté où les sentinelles n'auront point sifflé, ce qui indiquera que le passage est resté libre. Quoi qu'il arrive, il faut absolument éviter de faire feu. Le salut de la troupe n'est point ici dans l'usage de ses armes, mais dans sa vigilance et dans son agilité. On comprend qu'il serait impossible de rester dans les mêmes environs après y avoir donné l'alarme.

Comme le principal objet de cette commission est d'observer en silence les mouvements de l'ennemi, on ne s'occupera en aucune manière du soin de faire des prisonniers. Cependant, si malgré les précautions qu'on aura prises pour éviter la rencontre des gens du pays, il arrivait que quelque habitant prît son chemin directement par la place où la troupe se tiendrait pendant le jour, les fantassins les plus avancés, postés ou cachés dans les haies, le laisseront s'avancer assez pour pouvoir le saisir par derrière et l'empêcher de s'enfuir par le côté d'où il sera venu. Alors un des fantassins ira à lui, lui parlera avec douceur et le conduira dans quelque place plus écartée et séparée de la troupe, où il restera gardé à vue jusqu'à la nuit.

Les soldats s'abstiendront de le maltraiter de paroles ou autrement. Ils pourront lui dire qu'ils sont plusieurs déserteurs cachés dans cet endroit, où ils attendent la nuit pour se remettre en route. A la nuit close, le détachement ira prendre son poste de nuit, et lorsque les soldats qui gardent la personne détenue (paysan ou passant) jugeront que le détachement est à une certaine distance, ils feront prendre à leur prisonnier une direction opposée, et lui enjoindront de poursuivre son chemin, et lorsqu'il se sera éloigné d'eux, ils iront rejoindre le détachement dans le lieu qui leur aura été indiqué, ayant soin en abordant le poste de nuit de battre des mains de la manière convenue pour se faire reconnaître, et à laquelle il sera répondu de la même manière, parce qu'il pourrait y avoir de l'inconvénient lorsqu'on est fort près de l'ennemi à se servir du sifflet.

La dernière précaution à prendre est d'indiquer à tous les soldats du détachement une place de ralliement, dans le cas ou le détachement se trouvant investi est obligé de se disperser et de marcher à sauve qui peut. Cette place doit être choisie avec discernement dans les endroits les plus couverts.

Le jour où le détachement doit être relevé, l'officier enverra au camp un des cavaliers qui connaît le mieux le pays pour servir de guide au nouveau détachement, et le conduire dans un des postes de nuit qui lui aura été désigné.

Le fantassin ou cavalier qui dirige et conduit le nouveau détachement fera en sorte de n'arriver dans les environs du poste d'observation que vers l'entrée de la nuit; il y restera couvert et caché jusqu'à ce que l'obscurité soit telle que la marche du nouveau détachement ne puisse être aperçue de l'ennemi.

En approchant du rendez-vous, le guide fera le signal convenu en frappant des mains, auquel signal il sera répondu de même, si l'ancien détachement occupe encore cette place, ce qui ne saurait se dire positivement, parce qu'il peut arriver que d'un moment à l'autre, l'officier ait été obligé de changer poste : dans ce cas, le guide conduira le nouveau détachement dans l'autre poste de nuit, et l'ancien détachement retournera au camp par le chemin qui lui paraîtra le meilleur à prendre.

L'officier continuera ses pénibles fonctions jusqu'à ce qu'il soit rappelé par son général, ou qu'il ait quelque heureuse occasion de faire un rapport important qui terminera la commission.

§ IV.

Il est encore une sorte de reconnaissance par rapport aux mouvements que l'on peut craindre de la part de l'ennemi ; c'est lorsque les armées sont campées fort près et que l'ennemi pourrait attaquer l'autre par surprise pendant la nuit.

Dans ces circonstances, il arrive que les patrouilles des deux armées se rencontrent très-souvent dans l'obscurité, et que le feu qui s'en suit tient les camps dans l'inquiétude ; mais bientôt aussi il arrive qu'on s'accoutume à ce tapage et qu'on y fait peu d'attention. Cependant celui des deux généraux qui aura formé le dessein d'attaquer l'autre de nuit, ordonnera à ses patrouilles d'inquiéter continuellement les grand'gardes de l'ennemi pendant plusieurs nuits de suite, espérant par là l'induire dans une fausse sécurité, et pouvoir à la faveur de ce bruit faire approcher ses colonnes de manière à se jeter à la pointe du jour sur les principales batteries et forcer le camp, avant que les troupes aient eu le temps de prendre les armes en totalité et de venir occuper en bon ordre leur champ de bataille. Les probabilités d'une pareille attaque sont ordinairement indiquées par les circonstances du terrain. Tantôt c'est un bois facile à traverser, ou bien dans lequel il y a plusieurs chemins qui mènent sur le camp qui peut être attaqué, tantôt ce sont de petites vallées qui se succèdent et masquent la vue de fort près.

Pour savoir à quoi s'en tenir du côté où l'on peut craindre d'être attaqué de cette manière, il est d'usage de faire sortir du camp, à la nuit close, quelques détachements d'une certaine force, lesquels vont se placer un peu au delà des grand'-gardes et vis-à-vis des endroits par lesquels on suppose que l'ennemi pourrait déboucher.

Ces détachements se tiennent couverts et dans le plus grand silence, à quelques centaines de pas en avant de leur front, ils poussent une patrouille fixe de deux hommes, laquelle se tient aux écoutes, l'oreille à terre. Au premier avis donné par cette patrouille qu'un bruit insolite se fait entendre du côté de l'ennemi, le commandant portera son détachement en avant et l'arrêtera à la hauteur de la patrouille fixe.

Là, l'oreille à terre, il étudiera lui-même la situation, et s'il juge par le bruit, le murmure qui décèle presque toujours une marche de nuit ou un rassemblement, il ordonnera à sa troupe de faire grand feu sur le côté où le bruit aura été entendu. Quelque sévère que soit la défense, il est néanmoins difficile d'empêcher les troupes de faire du feu pendant la nuit lorsqu'elles se croient attaquées, et bientôt il sera répondu au feu du détachement d'une manière qui ne laissera aucune incertitude sur la présence de la colonne ennemie.

Par cette marche en avant, l'officier s'étant procuré la connaissance du véritable état des choses, en informera immédiatement le général par un avis au crayon, qu'il lui fera passer à l'instant même par un cavalier, le plus intelligent de sa troupe, parce que, pour se rendre au camp, ce chasseur aura à traverser un terrain croisé par les patrouilles de l'ennemi.

Son rapport expédié, l'officier se reploiera lentement sur les grand'gardes ou sur le camp selon les circonstances; s'arrêtant de temps en temps pour remettre sa troupe ensemble et aussi pour écouter ce qui se passe aux environs, prenant à droite ou à gauche lorsqu'il entendra du bruit. Mais le moyen le plus certain sera de marcher toujours serré et de charger brusquement ce qui se trouvera sur son chemin. Si ce ne sont que des patrouilles ordinaires, il les mettra facilement en fuite, par la force de son détachement.

§ V.

Parmi les reconnaissances qui sont à faire, tant de jour que de nuit, il arrive assez souvent que l'on détache particulièrement pour savoir si l'ennemi occupe ou n'occupe pas tel ou tel endroit, et au cas qu'il y ait pris poste, quelles peuvent y être sa force et ses dispositions?

Le commandant du détachement commencera, comme il a été dit ailleurs, par régler son avant-garde sur la force de son détachement, ainsi que le nombre de ceux qui doivent couvrir ses flancs, ce qui doit se faire également pour les marches de jour et de nuit.

Si la reconnaissance doit se faire de nuit, l'avant-garde et les flanqueurs doivent se tenir près du détachement pour ne pas se séparer les uns des autres.

Le plus grand silence doit être ordonné avec défense de fumer et d'avoir des chiens qui sont quelquefois dans l'habitude de suivre les soldats.

A la rencontre de plusieurs chemins, le caporal ou le sergent qui sera en tête de l'avant-garde y laissera un homme montrer au détachement lequel de ces chemins celui-ci doit prendre.

Si l'obscurité est grande, il sera nécessaire de placer quelques hommes entre l'avant-garde et le détachement, formant une espèce de chaîne au moyen de laquelle la marche de l'avant-garde sera uniformément suivie par le détachement, lequel s'arrêtera et marchera en même temps et de la même manière que son avant-garde.

Les deux hommes qui marcheront en front de l'avant-garde s'arrêteront souvent pour écouter. Si les chiens aboient le long de la route, il peut arriver que ce soit par l'approche du détachement, mais il se peut aussi que ce soit à cause de ce qui pourrait venir d'un autre côté.

Dans le doute, le détachement s'étant arrêté, le commandant enverra deux ou trois hommes intelligents qui s'avanceront avec précaution vers l'endroit où les aboiements se font entendre.

Si c'est un village ou une maison isolée dont ils se seraient approchés sans avoir été découverts, ils examineront si quelque lumière se laisse apercevoir; s'ils en découvrent une, ils se dirigeront de ce côté, en se glissant par les haies, les cours et les jardins, évitant autant qu'il sera possible les chemins par où ils pourraient être rencontrés.

Parvenus près de cette maison, ils tâcheront de reconnaître, en s'approchant doucement de la fenêtre éclairée, si elle n'est pas occupée par des soldats.

S'il ne s'y trouve que les gens de la maison, l'un des fantassins frappera doucement à la porte et demandera à parler au maître de la maison. Il le priera de parler bas et d'être assuré qu'il n'a rien à craindre de sa part, désirant seulement savoir de lui s'il y a des troupes dans le village ou aux environs, et pour autant que cela peut être à sa connaissance, en quel nombre et de quelle espèce elles sont? Ayant reçu ces renseignements, ils se retireront sans bruit pour en faire le rapport au commandant, lequel se dirigera en conséquence, soit que les éclaircissements obtenus ainsi aient rempli l'objet de sa commission, ou qu'il faille pousser plus loin pour en apprendre davantage.

En s'y prenant de cette manière, il se peut faire que le commandant ait l'occasion de surprendre l'ennemi dans quelque ferme ou village où il se serait mal gardé, comme il arrive quelquefois.

C'est au commandant à considérer les moyens de son entreprise, le chemin qu'il aurait à faire pour se retirer en sûreté, ainsi que la nature de ses instructions.

Dans le cours de cette reconnaissance, il peut arriver qu'on aperçoive un feu à quelque distance; en ce cas, le détachement s'arrêtera pour le faire connaître et savoir quelle espèce de gens en font usage? si ce sont des troupes ennemies, des charretiers du pays ou des gardeurs de troupeaux?

Si ce sont des troupes ennemies, l'officier laissant le détachement où il se sera arrêté, ira de sa personne jusqu'à l'endroit d'où l'on peut observer ceux qui sont autour du feu. Ce sera à lui de juger de leur force et de ce qu'il pourrait y avoir à faire, d'après la manière dont ils se gardent et sont postés.

S'il croit pouvoir les attaquer, il fera couler une partie de son détachement sur leurs derrières avec ordre d'avancer et d'attaquer de leur côté, dès qu'ils entendront les premiers coups de fusil, et lorsqu'il jugera que cette partie du détachement sera arrivée à la hauteur nécessaire, il attaquera de front en se jetant brusquement sur l'ennemi qui, se trouvant surpris, sera promptement mis en fuite. Alors il arrivera que les fuyards seront rencontrés par la partie du détachement qui les aura tournées; ce qui donnera occasion de faire quelques prisonniers.

Les choses en cet état, le commandant fera siffler le ralliement, remettra sa troupe en ordre, et pour le surplus il se conformera au contenu de ses instructions.

Si l'on reconnaît que les gens qui sont autour du feu sont du pays et sans armes, un des fantassins envoyés à la découverte s'en approchera et les questionnera sur ce que l'on veut savoir et en fera le rapport à l'officier, qui pourra venir prendre de plus grands éclaircissements par lui-même s'il y trouve quelque utilité.

Lorsque le détachement est envoyé du camp, les officiers de l'état-major chargés de le faire partir et de lui donner ses instructions, ont ordinairement le soin de lui fournir un guide pour l'endroit où il s'agit d'aller; mais il arrive aussi que le détachement est envoyé et reçoit ses instructions d'ailleurs.

Dans ce dernier cas, c'est à l'officier à se pourvoir d'un guide par lui-même.

Il s'agit alors de considérer, par rapport à la manière d'agir avec les guides, si l'on est ou non sur le territoire de l'ennemi; parce que lorsqu'on a sujet de se méfier d'eux, il y a des précautions à prendre.

Dans ce cas, il convient d'avoir pour guide quelque propriétaire des environs ou son fils, auquel on dira : que, s'il trahit le détachement en lui faisant prendre une fausse route, on mettra le feu à sa maison et l'on ravagera ses propriétés de fond en comble pour l'en punir; mais que s'il tient le bon chemin, s'il avertit l'officier de tout ce qui peut être à sa connaissance, par rapport aux endroits où l'on pourrait rencontrer l'ennemi ou avoir de ses nouvelles, il en sera récompensé par une lettre de sauvegarde qui l'exemptera de corvées et de réquisitions pendant toute la durée de la guerre.

Si, à défaut de propriétaire, on est obligé de se servir d'un valet de charrue ou de tout autre ouvrier, qui pourrait s'échapper sans courir d'autre risque; alors il sera nécessaire de le faire attacher par le milieu du corps et de le mettre sous la garde d'un homme du détachement, qui attachera l'autre bout de la corde à sa propre ceinture, en lui déclarant qu'il a l'ordre de le tuer s'il fait effort pour s'échapper ou s'il conduit le détachement à l'ennemi, mais qu'il sera bien traité et même récompensé s'il tient le bon chemin.

Les hommes employés dans les détachements de nuit doivent être choisis parmi ceux qui parlent le mieux la langue du pays. A la faveur du langage, ils pourront pendant la nuit se donner pour amis auprès des habitants, et en recevoir des avis ou des informations fort utiles.

Si le détachement doit passer un point sur un cours d'eau non guéable, ou quelque digue entre des étangs, des marais ou autre défilé quelconque, le détachement s'arrêtera et ne passera le défilé qu'après avoir fait reconnaître s'il n'y a point d'ennemi en deçà ni au delà.

De plus, il sera laissé quelques fantassins pour garder le passage; ceux-ci pour se faire entendre du détachement, tireront des coups de fusils en l'air si l'ennemi vient à se présenter pour s'en emparer. Si, le vent étant contraire, on jugeait que le bruit n'en fût pas entendu, il faudra laisser de distance en distance quelques hommes pour répéter ce signal, en faisant observer que les coups doivent être tirés en élevant le fusil en l'air, afin que, si le bruit n'est pas entendu, le feu de la poudre puisse être aperçu de loin pendant la nuit, et les fantassins dans chaque poste regarderont du côté du signal.

Ces précautions sont indispensables quand le détachement se propose de revenir par le même chemin, mais si le projet était de se servir d'une autre route, elles ne seraient pas nécessaires.

Si le chemin qu'on se propose de suivre se trouvait approcher le front et les avant-postes de l'ennemi, l'officier prendra la précaution de faire marcher sur le flanc qui regarde l'ennemi, et à quatre ou cinq cents pas de lui, deux ou trois petits détachements de cinq ou six cavaliers, afin que si quelque parti ennemi se trouvait dans les environs il fût arrêté par ces petits détachements, ce qui donnera le temps au corps de la troupe de se mettre hors de portée et de continuer sa route. Quant aux petits détachements, ils pourront retourner au camp sans chercher à rejoindre le détachement.

Lorsqu'une commission de cette espèce doit s'exécuter de jour, l'officier, comme on l'a dit ailleurs, fera marcher quelques hommes en avant et sur les flancs pour fouiller les bois et le fond des vallées, et gagner le sommet des hauteurs sur la route du détachement pour mieux découvrir le pays, et, en attendant que cette reconnaissance soit faite, le détachement doit s'arrêter dans quelque endroit couvert, où il attendra pour s'avancer de place en place, la rentrée des rapports de ses éclaireurs.

Si quelques patrouilles ou détachements sont aperçus, l'officier jugera, par le chemin qu'ils tiennent, s'il peut rester caché dans la place où il se trouve, ou s'il doit se retirer ailleurs. Sa principale attention est ici d'éviter d'être vu ou rencontré.

Arrivé à l'endroit marqué dans ses instructions, il cherchera de l'œil quelque taillis ou autre espèce de couvert où il puisse se tenir caché, et il posera sur le contour des sentinelles pour ne pas être surpris. Il détachera de plusieurs côtés les soldats qui parlent avec le plus de facilité la langue du pays. Ces hommes s'embusqueront sur les chemins qui vont à l'endroit dont il s'agit. Ils éviteront de se montrer aux personnes qui vont de ce côté, mais ils s'approcheront, sans violence, de celles qui viennent du susdit endroit et leur feront les questions données par l'officier, ajoutant qu'ils sont déserteurs et ont un grand intérêt à savoir s'il y a des troupes ou non dans l'endroit dont il s'agit.

Si, par hasard, la personne ainsi arrêtée voulait retourner sur ses pas, ils s'y opposeront; et le plus sûr alors sera de s'en saisir avec menace de le tuer au moindre cri. Le prisonnier sera conduit à l'endroit où sera le détachement pour y être gardé jusqu'au moment du départ.

Dans d'autres occasions il s'agit de savoir promptement si l'ennemi occupe ou n'occupe pas tel bourg ou tel village; tel bois ou telle hauteur : c'est ce que l'on appelle reconnaître directement l'ennemi. Dans ce cas, les dispositions de marche, d'attaque et de retraite, qui ont été indiquées dans le § 1er, pourront servir à faire ces dernières sortes de reconnaissances. Quant à celles qui concernent la direction des marches et la nature des camps à prendre, elles sont, comme on l'a dit, l'affaire de l'officier d'état-major, et l'infanterie légère ne peut y être comprise que pour la partie qui regarde le service de l'escorte, lequel a été précédemment expliqué.

SECTION DEUXIÈME.

Reconnaissances militaires du ressort des officiers de l'état-major.

PRÉLIMINAIRES.

DE L'UTILITÉ DES PLANS DÉTAILLÉS.

La connaissance des lieux et des accidents du terrain sur lequel on doit agir est nécessaire pour l'exécution des manœuvres et des dispositions qui se rapportent aux opérations de la guerre.

Dans les dispositions d'attaque ainsi que dans la défense, la première règle à observer est de placer chaque arme dans la situation où elle pourra agir avec le plus d'effet et d'avantage selon ses facultés.

Si l'on fait arriver l'artillerie sur un terrain bas et offusqué, duquel elle ne puisse rien découvrir, ou si elle se trouve opposée à des hauteurs dominantes, l'artillerie, placée et disposée de cette manière, ne pourra plus remplir le service auquel elle est destinée.

De même si la cavalerie est conduite sur un terrain coupé et embarrassé, où elle serait encore exposée au feu des petites armes et du canon, cette arme si décisive restera sans autre action et sera bientôt contrainte d'abandonner la place.

Les armes qui ne se trouveront pas placées et employées selon leur faculté ne seront pas seulement inutiles ; mais, en plusieurs cas, elles pourront encore devenir nuisibles : ne suivant pas le mouvement général, elles occasionneront des ruptures et un désordre dans la ligne dont l'ennemi pourra profiter.

Comment asseoir toutes les parties d'un camp de manière qu'aucune ne puisse être surprise ou insultée ; de manière que toutes les troupes puissent marcher sans difficulté au soutien les unes des autres, et changer de front, s'il est nécessaire, sans se trouver désavantageusement placées?

Comment, enfin, combiner et commander tant de mouvements divers, sans une connaissance parfaite du terrain sur lequel on se propose d'agir ?

Il ne dépend pas des troupes les plus braves et les mieux disciplinées de remplir des ordres dont l'exécution se trouve contrariée par la nature des lieux.

Si, d'après cela, on venait à demander à quoi peut servir un bon plan? Nous nous répondrions par une autre question : à quoi peut servir le terrain même ?

Un bon plan étant une image fidèle des circonstances et des accidents du terrain, il s'ensuit que les éléments qui peuvent servir à combiner les dispositions étant les mêmes, les résultats n'en sauraient être différents.

Nous disons, de plus, qu'un bon plan donnera plus de facilité pour combiner tous les moyens et toutes les parties d'une disposition que la vue du terrain même.

A moins de supposer une plaine parfaitement découverte dans toute son étendue, et le général sur un clocher, la lunette à la main, au milieu de son armée ; dans tout autre situation, où la vue serait interceptée par des hauteurs et des bois différemment placées, on ne comprend pas comment un général pourrait du même coup d'œil examiner, combiner toutes les parties de sa disposition séparément et dans leur ensemble, et juger encore, à quelques heures de distance, les mouvements et les manœuvres de l'ennemi, relativement au terrain par lequel il peut attaquer.

Ne trouvant pas un point duquel il puisse tout voir et tout ordonner en conformité des accidents du terrain, il sera donc obligé de parcourir toute l'étendue de son champ de bataille et d'en visiter toutes les parties en détail.

Une pareille besogne exige nécessairement un certain temps, et une mémoire débarrassée de toute autre objet pour retenir en idée tous les détails respectifs que peut occasionner la diversité des accidents du terrain sur l'étendue du champ de bataille.

En attendant que le général ait acquis cette connaissance par lui-même, les ordres nécessaires ne pourront être donnés que provisoirement, et une suite continuelle de changements en sera la conséquence inévitable.

Si, pour parer à ces graves inconvénients, on suppose que le général chargera plusieurs officiers très-capables de visiter le terrain, d'en faire une reconnaissance exacte et de lui en rendre compte, dans ce cas, si ces rapports ne sont pas des plans, ils ne peuvent être que des descriptions verbales ou par écrit.

Les descriptions verbales ne laissant point de traces après elles sur lesquelles la réflexion puisse s'arrêter, il serait très-difficile au général de se faire un ensemble de tant de rapports séparés, et de mettre à leur place toutes les circonstances et les accidents qui sont à considérer.

Les descriptions par écrit seront plus utiles, pouvant être relues et comparées, mais lorsqu'il s'agit de décrire d'une manière claire et distincte ce qu'on a vu ; l'idée précise d'une pareille description tient sans doute au choix des expressions, et tout le monde n'a pas la même logique ! Celui qui écrit croit transmettre au lecteur l'image qui est dans son esprit ; tandis que celui qui lit y voit tout autre chose.

De même que la physionomie d'une personne sera plus aisément reconnue et plus sûrement exprimée par un portrait dessiné, que par un portrait écrit, de même le relief d'un terrain et ses autres accidents, seront plus aisément expliqués et plus sûrement exprimés par un dessin figuré, que par des paroles verbales ou écrites, dont tout l'effet ne pourra jamais produire qu'une image difficile à former, et qui reste encore à faire par celui qui lit ou qui écoute, tandis que cette image se presente toute faite lorsque le rapport est dessiné d'une manière qui ne laisse aucune incertitude sur la nature des objets qui y sont représentés. Alors un quart d'heure de silence et de réflexion peut suffire au génie du général pour reconnaître, combiner, ordonner et fixer toutes les parties de sa disposition.

Le moyen de se procurer des rapports dessinés avec la promptitude nécessaire est tout à fait nouveau. Jamais on n'a mis en doute leur utilité par rapport à l'art de la guerre ; mais la manière de s'en acquitter n'a jamais été bien connue ni bien développée.

Ce que nous avons examiné à cet égard étant déjà vérifié par la pratique, il ne s'agit plus d'argumenter sur la nature et l'existence de ces moyens, il s'agit d'en prendre l'habitude et de s'y conformer.

Cependant, si tant de grandes actions se sont faites sans le secours de ces moyens, il se pourrait que quelques personnes fussent encore portées à penser qu'ils ne sont pas absolument nécessaires à la perfection de l'art militaire.

De même que les pierres d'un palais ne sont pas le génie de l'architecte, de même les moyens de la guerre ne sont pas le génie du général ; mais l'ordonnance d'un palais et le succès d'une campagne ne sauraient être que le produit combiné des talents et des moyens. Tantôt plus de génie et moins de moyens, tantôt plus de moyens et moins de génie.

Quand tout est inégal, tout est bientôt soumis, et quand tout égal, c'est alors la mort de Turenne qui donne l'avantage à Montécuculli.

Quel que soit le génie il ne peut cependant pas se passer de moyens ? Le propre du génie est donc de savoir se faire des moyens et de bien savoir s'en servir.

Si de tous les temps la connaissance du terrain a été réputée un moyen essentiel à la guerre, il s'ensuit que les plans détaillés, relativement à cet objet, avec assez d'exactitude, pour être considérés comme une image fidèle du terrain, sont alors un moyen précieux pour guider le génie et lui fournir des combinaisons nouvelles.

La principale difficulté fut toujours dans la confection de ces plans.

Les moyens géométriques employés dans les levés réguliers sont beaucoup trop lents. Pour être véritablement utiles, ils doivent être faits en moins de temps qu'il n'en faudrait au général pour parcourir toutes les parties du terrain sur lequel il se propose d'agir.

Sans doute que ce ne peut être l'ouvrage d'un seul homme, sans doute qu'il faut ajouter au nombre des moyens ce qu'il s'agit d'abréger sur le temps ; mais lorsque huit, dix ou douze personnes, selon la force des armées et l'étendue de leur champ de bataille, pourront rendre ce service au général, cela lui sera de la plus grande utilité.

On jugera que ce moyen nouveau, dont le germe est sorti des idées de Frédéric II, roi de Prusse, est peut-être celui de tous qui peut le plus contribuer à faciliter et à perfectionner la science du commandement, et à prévenir ces lourdes fautes que l'on remarque encore dans la marche et l'arrivée des colonnes, dans le calcul du temps, des vitesses et défilements relatifs à la formation des attaques et des ordres de bataille. Enfin on jugera qu'une telle instruction ne saurait être négligée sans préjudice pour les États qui sont exposés aux événements de la guerre.

§ I.

DE L'ESPÈCE DES PLANS ET CARTES QUI PEUVENT ÊTRE NÉCESSAIRES AUX OPÉRATIONS DE LA GUERRE.

Trois espèces de plans ou de cartes sont nécessaires aux différentes parties du service des officiers de l'état-major dans les armées où ce service est le mieux réglé.

La première de ces cartes est la carte d'opérations; la seconde est la carte ou plan particulier et topographique de chaque position, et la troisième est celle des forces et moyens que le pays où l'on fait la guerre est en état de fournir.

C'est sur la carte d'opérations que l'on trace la marche des armées, les camps qu'elles occupent, les champs de bataille, les cantonnements jusqu'à la fin de la campagne et pour chaque corps d'armée en particulier.

Pour le surplus des combinaisons où il ne s'agit que des distances, on se sert des cartes imprimées aussi bonnes qu'on peut se les procurer. Lorsque le pays est ouvert et que la topographie en est facile, il peut suffire que cette première carte soit faite sur une échelle d'un pouce ou 28 millimètres pour une minute du degré du méridien ou mille géographique.

Cette carte doit comprendre les villes, les bourgs, les villages, les hameaux, les maisons isolées, les fermes, les moulins à eau et à vent, le cours des rivières, des ruisseaux, les étangs et les marais un peu considérables, les forêts, les bois, les étendues en bruyères, les côtes qui bordent les vallées, les grandes hauteurs et les montagnes ; les grandes routes et les chemins vicinaux, les principales rues et les enceintes des villes, bourgs et villages doivent y être figurés dans la proportion de l'échelle et à la manière ordinaire ainsi que les eaux et les bois. Les côtes et les hauteurs y sont seulement indiquées par des hachures plus ou moins fortes dans le goût des cartes gravées, ce qui peut suffire pour l'intelligence des mouvements, marches et positions des armées considérées dans leur ensemble, et pour montrer le rapport que ces opérations ont entre elles.

La présence des troupes y est marquée en ligne pleine, soit dans les camps ou sur les champs de bataille, sans les désigner par bataillons et par escadrons : ces détails étant réservés pour les cartes de position.

Lorsque le pays qu'il s'agit de représenter sur la carte d'opérations se trouve coupé par beaucoup de ruisseaux, de vallées, d'habitations séparées, et nombre de bois petits et grands, il convient alors d'augmenter cette échelle et de lui donner quarante-deux millimètres et même jusqu'à cinquante-six par minute du degré du méridien.

La carte d'opérations doit être dressée par les chefs d'état-major généraux sur les meilleures cartes générales et particulières.

Les cartes ou plutôt les plans dont l'objet est de faire connaître tous les détails d'une position, doivent être faits sur une échelle de cent soixante-huit millimètres par minute du méridien, afin de rendre sensibles tous les accidents du terrain au-devant de chaque bataillon et de chaque escadron et de pouvoir marquer la place des gardes, des sentinelles, des vedettes et des postes d'avertissement employés pour veiller à la sureté de l'armée.

Il faut que le relief du terrain y soit représenté de manière à pouvoir faire connaître les avantages et les inconvénients d'une position ; les parties hautes et basses respectivement soumises à des commandements plus élevés, ainsi que tous les accidents qui peuvent arrêter la cavalerie et l'empêcher d'agir doivent être indiqués et marqués d'une manière qui ne laisse aucune incertitude sur tout ce qui peut apporter obstacle au mouvement et à l'action des troupes et de l'artillerie, en sorte qu'on puisse juger, par la seule inspection du plan, comment chaque espèce d'armes aura été employée et disposée, soit pour l'attaque ou la défense. L'étendue et la variété des combinaisons, résultantes de ces éclaircissements, demandent une échelle proportionnée aux détails que ces plans doivent représenter. Ces sortes de plans sont faits sur les lieux par les officiers d'état-major, de la manière qui sera particulièrement expliquée.

Il importe en plusieurs cas de connaître les secours que l'on peut tirer des provinces où les armées se trouvent. Les événements de la guerre peuvent rendre nécessaire une marche imprévue par un corps d'armée, par une étendue de pays où l'ennemi aura tout consommé, et dans laquelle contrée les circonstances n'ont pas permis que l'on puisse y former des magasins. En pareil cas, ce corps d'armée doit être suivi de ses vivres et fourrages pour tout le temps qu'il emploiera pour arriver à l'endroit qui peut lui fournir des subsistances.

La quantité de voitures et de fourgons destinés au service de l'armée ne pouvant pas suffire pour voiturer à la suite des troupes toutes les provisions nécessaires, il faut donc avoir recours aux voitures du pays, et, alors, il convient de savoir d'avance ce que chaque paroisse en peut fournir, et le temps qu'il leur faudra pour arriver à l'endroit où elles doivent charger.

Dans d'autres circonstances, il s'agit de former des magasins plus ou moins considérables, en plus ou moins de temps; il devient encore nécessaire de recourir aux voitures du pays, de les commander et de les faire marcher dans un ordre relatif à cette espèce de service.

Lorsque les armées sont obligées de prendre subitement une position défensive, il se trouve tant de retranchements à faire, tant de postes à garder, tant de précautions à prendre à l'égard de l'ennemi, qu'il ne reste pas toujours assez de troupes disponibles pour suffire à ces travaux, et qu'il faut nécessairement y employer tous les habitants des campagnes, et même jusqu'aux femmes dans les cas extrêmes, lorsque le nombre d'hommes que les environs peuvent fournir ne répond pas à l'exigence du moment.

C'est par rapport à plusieurs cas de cette espèce qu'il convient de savoir ce que chaque paroisse aux environs contient d'habitants, afin de régler d'une manière raisonnable la proportion et l'étendue de ces sortes de réquisitions.

Il est encore nécessaire que la carte des forces du pays fasse connaître la quantité de charrues, de chevaux, de bêtes de somme, de trait, de labour et gros bétail employés et nourris habituellement dans chaque paroisse. C'est par ce moyen qu'on peut estimer ce que le pays est en état de fournir en fourrages secs pour les besoins des quartiers d'hiver, et jusqu'à la saison où l'on peut couper les fourrages verts. Ce que le pays ne peut fournir doit venir nécessairement d'ailleurs, et pour y pourvoir à temps, il convient de savoir d'avance ce qu'il pourra fournir et le déficit auquel il faudra suppléer.

C'est pour faciliter ces calculs qu'il est nécessaire de faire dresser une carte des forces et moyens des endroits que l'on occupe et des lieux aux environs du théâtre de la guerre. D simples mémoires statistiques ne rempliraient pas également bien cet objet, parce que la situation et la distance respective des paroisses doivent être prises en considération aussi bien que la mesure et la quantité des choses, et que l'œil peut plus facilement les combiner sur une carte et dans leur ensemble, que sur des rapports écrits et séparés qu'il faudra feuilleter et refeuilleter sans cesse.

Les officiers d'état-major adjoints sont ordinairement chargés du tracé et de la rédaction de cette carte; mais les détails et les matériaux leur en sont fournis par les ordres du chef d'état-major général, de la manière expliquée dans le règlement général dressé dans chaque service, pour ce qui concerne les fonctions de l'état-major.

§ II.

DE CE QUI DOIT ÊTRE MARQUÉ ET REPRÉSENTÉ SUR LES PLANS DE POSITIONS ; DE L'ÉTENDUE DE TERRAIN QU'IL PEUT ÊTRE NÉCESSAIRE DE LEVER A VUE POUR FORMER UNE MARCHE, POUR ASSEOIR UN CAMP, OU PRENDRE UNE POSITION, UN CHAMP DE BATAILLE, AVEC LA CONNAISSANCE DES HAUTEURS ET AUTRES ACCIDENTS DU TERRAIN DONT L'ENNEMI POURRAIT PROFITER POUR INSULTER OU ATTAQUER LA POSITION QU'ON SE PROPOSE D'OCCUPER.

N° I. — Le premier mérite des plans figurés sur le terrain pour faciliter les dispositions que les généraux ont à faire, consiste dans la promptitude avec laquelle ils sont faits et mis sous leurs yeux.

Par rapport aux dispositions militaires, la description des chemins et passages, la situation des villes, bourgs et villages où ces chemins conduisent sont les premières choses à marquer sur un plan.

Le cours des rivières et des ruisseaux, la profondeur et la rapidité de leurs eaux, la nature de leurs bords, escarpés ou marécageux, exigent de même une description suivie sur les lieux et de proche en proche, attendu que ces objets ne sauraient s'apercevoir de loin.

Les défilés par certaines gorges et par des marais, sur des digues, entre des étangs, exigent également d'être reconnus de près.

Toutes les hauteurs doivent être marquées, mais la principale attention doit se porter sur les hauteurs dominantes et sur les distances qu'elles ont entre elles à la portée du canon.

La nature des bois, leur étendue, leur figure, leur situation, sont encore des objets importants pour les dispositions militaires. Il est nécessaire de les reconnaître de près pour juger de leur intérieur. Sous certain point de vue et certain aspect, des bois séparés par des vallées et d'autres intervalles, paraissent ne former qu'une seule masse et une même forêt, tandis que, par cette prétendue masse ou forêt, il se trouve des passages pour une ou plusieurs colonnes.

Les rivières, les ruisseaux bourbeux, le fond des marais, doivent être reconnus avec un soin particulier. Il ne suffit pas de les marquer sur le plan, il faut les faire sonder avec des perches pour en connaître la nature.

Les gens du pays assurent quelquefois qu'un marais est impraticable, et quelquefois il arrive qu'en le faisant sonder on trouve à peine deux pieds d'eau ou de vase sur un fond solide et pierreux, ce qui n'empêcherait pas l'ennemi de traverser ce marais, ce prétendu obstacle, s'il était informé de cette circonstance.

Dans quelques occasions, on croit pouvoir se dispenser d'établir des ponts sur un ruisseau, parce que les gens du pays le traversent à gué dans plusieurs endroits; cela demande à être examiné de plus près, et surtout quand il s'agit de la marche d'une colonne d'artillerie ou de cavalerie. C'est à cet égard qu'il convient de faire sonder le fond de ces passages, afin de s'assurer s'ils ne seraient pas de nature bourbeuse, qui supporte les premiers qui passent, mais qui ne résiste pas longtemps au poids des voitures et à l'impression du pied des chevaux, de manière à se gâter de plus, et à devenir un abîme impraticable pour les dernières voitures et les derniers escadrons.

Ces sondages et ces reconnaissances particulières, doivent être faites par les guides attachés au service de l'état-major, sous la direction de l'officier d'état-major chargé de dessiner cette partie du terrain; et à mesure que les guides lui rendent compte de ce qu'ils ont reconnu, c'est à lui à en marquer les résultats sur sa feuille topographique, par des signes particuliers dont il sera ultérieurement parlé.

N° 2. — Les motifs qui peuvent obliger un général à quitter subitement un camp pour en prendre un autre, ou pour marcher à l'ennemi dans le dessein de le combattre, ou pour occuper une position dans laquelle il s'agit de le prévenir, sont très-multipliés dans le cours d'une campagne, et comme ces sortes de mouvements doivent être faits à propos et toujours en conséquence de ceux de l'ennemi, on ne peut pas toujours s'y préparer d'avance, et souvent il devient nécessaire que le terrain par où il faut marcher, et celui sur lequel il s'agit d'arriver, soient reconnus, dessinés et représentés avec au moins leurs principaux accidents à peu près dans le même temps qu'il faut aux troupes pour faire cette marche, et de manière qu'en s'y prenant un peu avant leur départ, les officiers d'état-major chargés de cette besogne soient en état de fournir au général le plan et les principaux traits du relief du terrain qui leur aura été indiqué, afin que le général puisse combiner ses mouvements et ses dispositions d'après les circonstances et les accidents du terrain, et donner ses ordres en conséquence, soit pour la marche et la force des colonnes et l'espèce de troupes dont elles doivent être composées, soit par rapport à la manière dont elles doivent se déployer pour combattre ou pour camper sans retard ni perte de temps dans les mouvements qu'il s'agit d'exécuter.

Dans ces sortes de cas, il faut de toute nécessité que le nombre des ouvriers soit proportionné aux étendues à parcourir, au temps qu'on peut employer, à la nature des lieux plus ou moins chargés de détails et sur lesquels la vue se trouve plus ou moins interceptée.

S'il s'agit d'une marche et d'un changement de camp, il convient en premier lieu de distinguer ce qui concerne seulement le plan et le relief du terrain, de ce qui se rapporte aux travaux à faire pour l'ouverture des passages, aux ponts à établir, aux précautions et autres objets qui concernent plus particulièrement les marches et les mouvements des armées.

Si l'objet de la marche n'est qu'un changement de camp hors de portée de l'ennemi, il suffira que la route des colonnes dans la direction indiquée soit exactement reconnue et dessinée sur environ trois cents pas de largeur à droite et à gauche de la route jalonnée pour chaque colonne, afin de savoir où elles pourront se former en bataille ou en colonnes serrées par bataillon.

Le surplus de l'intervalle qui pourrait se trouver entre les colonnes se dessine, autant que la vue peut s'étendre, pour joindre la route des colonnes voisines jusqu'au camp qu'il s'agit d'occuper.

Lorsqu'il s'agit d'une marche ou mouvement quelconque en présence de l'ennemi, les reconnaissances doivent être faites avec le plus grand soin, non-seulement sur la route de chaque colonne, mais également bien dans toute l'étendue qui les sépare, et de part et d'autre sur les flancs de la marche à la portée du canon, et surtout lorsqu'il s'y trouve aux environs des hauteurs dominantes. C'est dans ces occasions qu'il devient nécessaire de ne négliger aucun des accidents du terrain, et d'avoir une connaissance exacte des bois, de la nature des ruisseaux, de celle des marais et de toute espèce de passage, ainsi que des hauteurs qui commandent les autres, afin qu'en cas d'attaque on puisse s'arrêter, prendre position, et se former en bataille en conservant, s'il est possible, tous les avantages de la situation.

Il faut des raisons extraordinaires pour entreprendre une longue marche, en présence de l'ennemi, sur un terrain inconnu. Une armée allongée dans sa marche risque beaucoup d'être battue si elle est attaquée, ne sachant où s'arrêter pour se mettre en bataille sans désavantage.

Avant donc de s'engager dans une marche dangereuse, la prudence exige qu'on prenne le temps nécessaire pour faire une bonne reconnaissance, et ces sortes de marches doivent être les plus courtes possibles.

L'étendue du champ de bataille doit être levée à vue avec la plus grande exactitude. Quand nous parlons d'exactitude, ce n'est pas par rapport aux distances scrupuleusement mesurées : si dans un alignement il s'y trouve place pour un bataillon ou un escadron de plus ou de moins, ce n'est pas de cela dont il s'agit, une erreur de cette espèce serait bientôt réparée; c'est sur la nature du champ de bataille que l'attention doit se porter et sur la place que chaque arme pourra occuper pour agir selon ses facultés; c'est sur les hauteurs environnantes, sur les communications que les troupes auront entre elles, et particulièrement sur les flancs, pour pouvoir marquer exactement la manière dont ils seront appuyés.

L'étendue d'un champ de bataille est ordinairement proportionnée à la force de l'armée.

Nous disons ordinairement, parce que, dans certaines situations, il peut arriver qu'une partie de l'étendue du front de bandière ne soit pas garnie et défendue par des troupes ; il peut y avoir sur le front d'une position des marais impraticables, des bois impénétrables, différentes chaînes de rochers escarpés. Ces intervalles ne seront gardés et défendus que par des postes détachés et distribués selon le besoin. Les troupes alors divisées en plusieurs camps seront placées au-devant des endroits accessibles.

Dans les pays de hautes montagnes, les troupes pourront encore occuper différents mornes séparés par des vallées profondes qui diviseront la même armée en plusieurs camps. Alors, l'étendue de ces sortes de positions rompues peut être plus ou moins grande et sans proportion avec le nombre des troupes dont l'armée sera composée. Les reconnaissances dans un pareil terrain comprendront beaucoup plus de surface, mais à l'exception de ces cas particuliers, la règle est juste lorsqu'il s'agit de troupes campées avec les intervalles usités.

Le terrain autour d'un camp et sur toute sa circonférence doit être nécessairement reconnu, et le relief représenté à la distance où l'on peut supposer que le canon de l'ennemi pourrait incommoder le camp; et, dans plusieurs cas, il importe également de connaître à cette distance la domination des hauteurs sur les derrières du camp aussi bien que sur le front.

En face d'un ennemi manœuvrier, il faut qu'il se trouve des circonstances particulières dans la position que l'on occupe, pour s'assurer que l'on ne peut être attaqué que de front, et lorsque ces circonstances ne se montrent pas elles-mêmes, visibles à tous les yeux, les reconnaissances doivent être faites avec la même exactitude sur toute la circonférence du camp.

Le choix d'un camp et l'arrangement des troupes en présence de l'ennemi exigent absolument qu'aucune partie du terrain qu'elles occupent puisse être canonnée. Les effets d'une nombreuse artillerie sont toujours à redouter pour ceux qui sont sur la défensive et l'on est très-désavantageusement placé toutes les fois qu'on se trouve dominé à moins de quatre mille mètres de distance.

C'est toujours un désavantage d'être dominé, même à cinq mille mètres de distance. Si l'incertitude des portées n'empêche pas la défense, l'ennemi peut néanmoins se servir de cette attitude pour juger de vos dispositions et découvrir vos mouvements, tandis qu'il pourra cacher les siens.

Si l'ennemi s'en tenait à canonner à quatre mille mètres de distance, et au delà, il perdrait nécessairement ses munitions, et deux mille coups de canon ne tueraient peut-être pas cent hommes; et c'est pourquoi l'on se permet, quand on ne peut mieux faire, de se tenir en bataille à cette distance.

Mais, par rapport à la sûreté d'un camp où les troupes sont disposées dans leurs tentes sur plus ou moins de profondeur, il devient nécessaire de se tenir plus éloigné des hauteurs dominantes, et cette distance par rapport à la sûreté d'un camp peut être fixée à six mille mètres. Il est encore à remarquer que cette distance ne peut couvrir le camp que des effets sensibles du canon de l'ennemi, et si on lui connaissait dans son train d'artillerie de très-grosses pièces, il serait encore possible qu'il incommodât beaucoup le camp à cette distance. Mais, à cet égard, il n'y a point de remède, parce qu'un canon peut tirer de bas en haut, comme de haut en bas.

Quand nous disons que cet inconvénient est sans remède, cela doit s'entendre seulement par rapport à ses effets sur l'emplacement du camp. Car, si l'ennemi venait à placer à découvert ses gros obusiers, il ne serait pas impossible de les faire taire et de les démonter, en faisant avancer contre eux, aussi près que possible, une batterie de moyen calibre avec les troupes nécessaires au soutien de cette opération.

Si l'ennemi, prévoyant cette opposition, s'était placé pendant la nuit, et qu'il eût élevé un parapet pour couvrir ses obusiers, on ne pourrait se débarrasser de cette incommodité qu'en faisant attaquer cette batterie d'obusiers de vive force, soit de jour ou de nuit, et il faudrait se préparer aussi à les enclouer sur place, d'autant que ces machines très-pesantes pourraient n'être pas facilement transportées. Nous faisons mention de ces particularités peu communes, parce que les dernières expériences se sont portées sur ce sujet et qu'il pourrait en résulter de nouveaux moyens pour insulter certaines parties d'un camp ou position, et en faciliter l'attaque, et c'est pourquoi il convient d'éviter, autant qu'on le peut, de faire camper les troupes sur le champ de bataille qu'elles ont à défendre, et en vue de l'ennemi, mais à mille mètres au moins en arrière selon les circonstances du terrain, afin que l'ennemi ne puisse pas si facilement découvrir le camp et chercher à l'insulter de cette manière; ce qui serait un grand inconvénient par rapport à la cavalerie. De toute nécessité, il faudrait lui trouver un autre emplacement, et l'ordre de bataille pourrait être dérangé par ce changement d'une manière tout à fait désavantageuse.

N° 3. — En se rappelant les règles de la castramétation on trouvera qu'il faut compter environ un mille géographique pour la profondeur d'un camp, en y comprenant la distance du champ de bataille à la tête du camp ou front de bandière, la distance de la première à la seconde ligne, la distance de la seconde ligne à la réserve ou aux parcs d'artillerie et des vivres, avec la profondeur de ces différents parcs.

Nous avons vu que pour mettre un camp hors d'insulte de la part du canon, il fallait avoir la connaissance des hauteurs environnantes à 6,000 mètres des flancs et du front de la position que l'on veut occuper, et que c'est à 1500 mètres que les gardes qui couvrent le camp doivent être placées.

En traitant de la garde des armées, il a été remarqué que la disposition des gardes dépendait des circonstances locales, qui pouvaient servir à bien découvrir le terrain au devant en unissant tous les postes ensemble pour en former ce que l'on appelle la chaîne, et que, c'était d'après la nature de ces circonstances que la chaîne se trouvait plus ou moins éloignée du camp, lorsqu'on n'était pas gêné d'ailleurs par la présence de l'ennemi. Joignant ensemble ces considérations on jugera qu'il faut compter environ deux mille de distance depuis le champ de bataille jusqu'aux grand'gardes, et quelquefois plus selon que les accidents du terrain rendront la disposition des gardes plus ou moins facile.

Il faut compter autant de terrain en profondeur sur les derrières du camp, et nous en avons donné les raisons. Au total, il faut compter environ six mille de profondeur, dont la connaissance est nécessaire pour disposer toutes les parties d'un camp d'après les règles de la castramétation, et les précautions relatives à la sûreté des troupes et autres parties de l'art de la guerre.

Il y a des circonstances dans lesquelles on peut prévoir que l'on sera inévitablement attaqué. Si dans ces occasions la position que l'on occupe est très-forte sur le front, on peut croire que l'attaque ne sera pas dirigée de ce côté, et que l'ennemi fera des mouvements pour gagner le flanc et les derrières.

Il est rare de trouver des positions sur lesquelles on puisse faire front également de tous les côtés sans aucun désavantage ; l'ennemi, par un mouvement demi-circulaire exécuté de jour ou de nuit, pourrait venir se présenter à dos du camp que l'on occupe, et il ne conviendrait pas de le laisser manœuvrer de cette manière sans s'être fixé sur le parti qu'on veut prendre, et sans avoir parfaitement reconnu les avantages et les désavantages du terrain, au cas qu'il fallût changer de front et former les troupes sur une autre disposition, conformément aux circonstances du nouveau champ de bataille. Il y a donc des occasions où le terrain à dos du camp doit être reconnu sur une bien plus grande profondeur que celle dont nous avons parlé ; mais c'est à ceux qui se gardent dans ces occasions particulières à prévoir et à juger par eux-mêmes de ce qu'ils auront à faire.

Maintenant il suffit d'établir que la profondeur du terrain, qu'il est ordinairement nécessaire de reconnaître et de représenter pour y placer un camp, doit être d'environ six mille géographiques, depuis les gardes de sûreté sur le front de la chaîne jusqu'aux derrières du camp. (1).

L'étendue qu'il faut nécessairement reconnaître autour et au delà des flancs étant au moins de six mille, cette mesure, multipliée par la profondeur du camp que nous venons de fixer à un mille, donnera une étendue de surface de six mille

---

(1) Il faut cependant faire remarquer que ce qui vient d'être dit ne doit s'entendre que des positions défensives dans lesquelles on se propose d'attendre l'ennemi, ou des camps pris, dans le voisinage d'une armée hostile, dans une attitude défensive, et qui, dans ses mouvements, cherche l'occasion de combattre.

En pareille circonstance, il est évident que le terrain à dos du camp doit être reconnu avec autant de précaution que celui du front de bandière même.

Dans les autres circonstances, qui sont également fréquentes, il peut suffire ordinairement de lever le terrain sur trois mille de profondeur, savoir : deux mille de profondeur pour l'assiette du camp et du champ de bataille, et un mille au delà plus ou moins pour avoir la position de la chaîne sur le front et sur les flancs.

Cette différence dans les circonstances peut abréger d'un tiers le travail des reconnaissances et, à proportion, le temps qu'il faut y employer. Mais nous avons dû calculer sur les cas extrêmes et non sur ceux qui exigent moins de temps.

Il en est à peu près de même par rapport aux reconnaissances qui ne précèdent que de quelques heures le départ des troupes et qui doivent être faites avec la plus grande célérité. Dans ces circonstances, on se contente de marquer seulement les principaux traits du terrain, tels que les rivières, les ruisseaux, les vallées, les villages, les bois et particulièrement les hauteurs dominantes, ce qui peut suffire pour régler les principales dispositions militaires, en indiquant les avantages ou les désavantages du terrain par rapport au choix d'un champ de bataille. Ces sortes de dessins étant occasionnels n'exigent pas autant de temps que le plan d'un camp ou position défensive, avec toutes ses gardes et ses circonstances.

carrés de surface à reconnaître sur chaque flanc. Ce qui fait douze mille carrés de surface pour les deux flancs, laquelle se trouvera à peu près commune à toute espèce de camp quelle que puisse être l'étendue de son front de bandière.

Maintenant, et, dans tous les cas, on voit qu'il suffit d'estimer l'étendue du front de bandière pour fixer en totalité l'étendue qu'il s'agit de reconnaître pour asseoir un camp dans une position définitive, et pour en former les dispositions dans une situation quelconque.

Si l'étendue du front de bandière est de deux mille, cette mesure, multipliée par la profondeur du camp de six mille, donnera douze mille carrés de surface, auxquels il faut ajouter constamment six autres mille carrés pour les flancs, ce qui fera en tout dix-huit mille carrés de surface à reconnaître.

Si l'étendue du front de bandière est de trois mille, on trouvera de la même manière que l'étendue de la surface à reconnaître sera de vingt-quatre mille.

Si l'étendue du front de bandière est de quatre mille, sa surface à reconnaître sera de trente mille carrés, et ainsi à proportion, c'est-à-dire que l'augmentation sera régulièrement de six mille de surface pour chaque mille de plus sur le front de bandière.

§ III.

SUR LE NOMBRE DES INDIVIDUS NÉCESSAIRES POUR LEVER A VUE UNE ÉTENDUE DÉTERMINÉE DE SURFACE DANS UN TEMPS DONNÉ.

La diversité des accidents qui composent la figure du terrain sur la surface de la terre est si grande, qu'il n'est pas aisé de fixer avec précision le temps qui peut être nécessaire pour lever à vue une certaine mesure de cette surface dans tous les cas relatifs à ces différences.

Il suffira de pouvoir estimer le temps nécessaire pour lever à vue une certaine mesure de terrain dans les pays couverts et les plus chargés de détails et d'objets. Ceux qui pourront s'acquitter de cette besogne dans les parties les plus difficiles et dans un temps donné, auront encore plus tôt fait lorsque le terrain sera plus ouvert et plus facile, et c'est à peu près tout ce qu'il s'agit de remarquer.

On peut assurer, d'après l'expérience, que les personnes qui auront l'habitude des choses pourront lever à vue trois mille carrés de surface en quatre heures de temps, supposant qu'il faudra faire environ neuf mille de chemin pour remplir les conditions de cette reconnaissance, et qu'il faudra s'arrêter environ quarante fois, à raison de deux, trois, quatre ou cinq minutes pour les observations nécessaires à chaque station.

A ces quatre heures il faut encore ajouter une heure à peu près pour s'accorder sur le partage du terrain, et parce que tous ceux qui doivent travailler séparément ne peuvent pas toujours entrer en besogne en même temps et à la fois. Il en résulte qu'il faut compter environ cinq heures pour le travail sur le terrain dans les pays difficiles.

Maintenant, si l'on suppose que l'étendue du front de bandière d'un camp ou d'une position pourrait être de six mille géographiques, ce qui indiquerait au moins une force de quarante bataillons de chacun deux cent cinquante files, et de quarante escadrons campés régulièrement en première ligne ; par la règle que nous avons établie, la surface qu'il s'agirait de reconnaître, en conséquence de ce camp, serait de quarante-deux mille carrés, et à raison d'un individu par trois mille carrés, le travail de cette reconnaissance, exécutée en cinq heures de temps, exigera un emploi de quatorze personnes, outre la reconnaissance du terrain compris dans l'assiette du camp. Il peut arriver que les projets du général exigeront que la route des colonnes, depuis le camp présentement occupé jusqu'au nouveau camp, soit reconnue en même temps, à l'effet de mettre l'armée en marche au premier ordre.

En ce cas, le travail à faire sera augmenté en proportion du nombre des colonnes dont cette marche sera composée. Dans les pays coupés et chargés de bois, il est rare qu'une armée puisse marcher sur plus de cinq colonnes, et, lorsque le pays est ouvert, qu'on a la facilité de pouvoir marcher sur huit ou neuf colonnes, ce qui est la plus grande division dont les marches des armées soient susceptibles; alors les reconnaissances en pays couverts se trouveront toujours suffisantes lorsque la même armée se trouvera dans les plaines ouvertes.

Les reconnaissances qui concernent la marche des colonnes se faisant sur une même ligne de peu de largeur, ne demandent pas autant de temps. Telle est la besogne pour une marche moyenne de douze mille géographiques par ceux qui en ont l'habitude.

Il est encore à faire remarquer que ce travail n'a pas besoin d'être fait en même temps que celui qui concerne le nouveau camp; car, avant d'ordonner comment on doit marcher, il faut savoir comment on doit camper et comment on veut combattre.

Il suffira d'employer un lieutenant d'état-major ou un officier d'ordonnance, pour marquer et reconnaître la route de chaque colonne; et, si l'on suppose que l'armée marchera sur cinq colonnes, ce sera cinq individus de plus qu'il faudra compter pour ce travail particulier. Il convient encore de rappeler ici que l'étendue du front d'un camp ou d'une position qu'il s'agit de reconnaître, peut excéder de plusieurs mille l'étendue du front de bandière de la même armée campée régulièrement. Ces différentes considérations pourront servir à fixer le nombre des individus nécessaire pour remplir les parties du service qui concerne particulièrement le département du quartier général, c'est-à-dire que, pour une armée de 60,000 hommes d'infanterie et de cavalerie, nous estimons que cette partie du service de l'état-major doit être composée ainsi qu'il suit :

Du chef d'état-major général;

De quatre chefs d'état-major de division;

De quinze officiers d'état-major et officiers d'ordonnance;

Total vingt; et, ainsi à proportion de la force des armées

ou des différents corps d'armée qu'un Gouvernement se proposerait de mettre en campagne.

En temps de paix on jugera qu'il peut suffire de conserver seulement les cinq ou six premiers officiers de ce département; les adjoints pourront toujours être choisis et nommés selon le besoin des circonstances.

Quant au temps nécessaire pour dessiner et figurer le tableau entier du nouveau camp, nous verrons, dans la section qui traite de cet objet, que cette besogne pourra prendre trois ou quatre heures de temps au plus, et nous avons compté séparément cinq heures pour ce qui concerne le travail sur le terrain.

Maintenant, si l'on suppose que le général ait donné ses ordres pour faire cette reconnaissance la veille où elle doit s'exécuter, à quelque heure que ce puisse être avant minuit du même jour, dès lors le chef d'état-major général, suivi des officiers qui lui seront nécessaires, pourra se mettre en route pour arriver à la droite ou à la gauche du nouveau camp, immédiatement après le lever du soleil. Si l'on suppose que la reconnaissance pourra commencer à six heures du matin, elle sera faite à onze heures avant midi, en comptant trois heures pour se retirer au quartier général, dont il est censé être parti, ou pour quelque temps de repos. On trouvera, d'après ces différentes suppositions, que le dessin du plan pourra commencer à deux heures après-midi, et qu'à six heures du soir, au plus tard, le chef d'état-major général sera en état de mettre sous les yeux du général en chef le plan figuré de l'assiette du nouveau camp, et de prendre ses ordres sur la manière dont il doit être occupé, en conséquence de la figure du terrain; ce qui le mettra à même de dresser aussitôt son ordre de marche, et de former ses colonnes relativement à l'ordre de bataille d'après lequel les troupes, cavalerie et infanterie, doivent être disposées dans le nouveau camp.

En comptant depuis six heures du matin à six heures du soir pour reconnaître et dessiner l'assiette d'un camp dans les pays les plus difficiles, on peut être assuré que cette estimation excède la réalité du temps nécessaire pour des personnes bien exercées dans ce genre de dessin.

S'il ne s'agissait pas de camper, mais de marcher pour combattre, il est encore évident qu'il faut avoir quelques notions du poste occupé par l'ennemi et de la nature des lieux par où l'on doit marcher, afin de développer les troupes en conséquence du point ou des divers points d'attaque. Un pareil projet doit être précédé de quelque connaissance antérieure des lieux, ou d'une reconnaissance actuelle quelconque qui peut être figurée sur le papier, comme nous l'avons dit, avec promptitude, afin de servir à dresser avec clarté les ordres de marche, et à désigner avec plus d'exactitude les parties du terrain, ainsi que la manière dont il doit être occupé pour former les attaques.

Les idées ne sauraient être qu'une image des choses, et quelque imparfaite que puisse être l'image du terrain, elle sera toujours de la plus grande utilité pour le général, non-seulement pour combiner les mouvements des troupes, mais particulièrement pour en guider l'exécution en prévenant l'incertitude des sous-ordres, qui reconnaîtront mieux ce qu'ils auront à faire en conformité du détail des accidents du terrain.

§ IV.

Des signes indicateurs dont il est nécessaire de convenir pour marquer les dominations respectives, ainsi que la nature des passages, des côtes, des bois et autres parties du terrain.

N° 1. — Nous avons dit ailleurs que le principal et peut-être l'unique mérite des plans faits pour faciliter et assurer les dispositions des généraux, en mettant sous leurs yeux les accidents du terrain qui pourraient être à l'avantage ou au désavantage d'un camp ou d'une position quelconque, consistait particulièrement dans la prompte exécution de cette espèce de dessin. Il faut entendre par prompte exécution et d'après les détails que nous avons donnés, un espace de temps de quelques heures de plus pour placer et représenter sur le papier l'ensemble des objets que le plan doit faire connaître.

Cette promptitude indispensable ne permet pas de supposer que l'on puisse recourir pour aider le coup d'œil à aucune espèce de mesure ou moyen géométrique dont l'usage dépendrait de quelque instrument.

De même qu'un peintre en miniature ne mesure pas les traits d'un visage pour en faire un portrait ressemblant, de même, celui qui reconnaît un terrain doit en représenter le relief et la forme, avec la situation semblable et proportionnelle des objets qu'on peut y trouver, par la seule habitude du coup d'œil.

Si les reconnaissances doivent se faire fort vite, il faut de même que la manière de les représenter prenne, s'il se peut encore, moins de temps. Mais, pour faire connaître et distinguer clairement la nature de tous les accidents que l'on peut rencontrer sur le même terrain, on conçoit qu'il devient alors nécessaire de recourir à des signes particuliers qui puissent suppléer à l'imperfection du dessin.

Ces signes tout à fait arbitraires peuvent être considérés comme une manière d'écrire convenue, positive par elle-même et qui ne laisse aucune incertitude sur la nature des objets représentés par le signe. C'est un avantage que les plans qui ont coûté le plus de soins et de temps n'ont pas toujours par rapport aux parties dominantes de leur relief, et à certaines circonstances qui ne pourraient se dessiner que très-difficilement et toujours aux dépens de l'expédition qui fait leur principal mérite.

N° 2. — De toutes les parties de la topographie, la plus intéressante pour les dispositions paraît être celle qui concerne le relief du terrain, et nous en avons fait voir les conséquences en parlant des effets de l'artillerie.

On peut se servir de deux moyens pour distinguer et marquer les dominations respectives dans une certaine étendue de terrain, telle que l'assiette d'un camp ou la longueur d'une marche.

Le premier de ces moyens est de chercher des yeux la partie du terrain qui paraît la plus élevée aux environs de l'étendue que l'on se propose de dessiner, et de marquer à compter de ce point, graduellement et comparativement, le décroissement des hauteurs comprises dans le relief de cette partie, depuis la plus grande élévation jusqu'à la plus basse et la plus rapprochée du niveau des eaux.

Le second moyen est de commencer à compter du niveau des eaux les plus fortes et de marquer les ascensions différentes à mesure que l'on s'élève.

Il faut ensuite convenir que : le n° 2 commande le n° 1, le n° 3 commande le n° 2, le n° 4 commande le n° 3, et ainsi de suite, jusqu'au commandement le plus élevé. Dans les contrées qui ne font pas partie des pays de hautes montagnes, comme les Alpes, les Pyrénées, il est rare qu'il soit nécessaire de diviser les commandements en plus de douze ou quinze numéros. Il est néanmoins à remarquer que les différences entre les numéros et leurs valeurs n'ayant rien de positif en elles-mêmes, et n'étant que des mesures de comparaison, il faut attendre, pour placer définitivement ces numéros, que l'on ait pris connaissance de toutes les hauteurs environnantes pour établir les rapports qu'elles peuvent avoir entre elles. On peut toujours, pour soulager la mémoire, les numéroter provisoirement; mais on comprend que lorsque six ou huit personnes, et même plus, sont employées à la confection d'un seul et même plan, les numéros pris séparément doivent s'accorder ensuite pour ne former qu'une seule et même série dans la graduation des hauteurs dessinées sur l'ensemble du plan.

Soit le chemin AAA, fig. I, pl. VIII, la ligne de séparation de deux parties BC du même plan. Les officiers d'état-major dont les dessins se joignent par les côtés du chemin AAA, auront reconnu respectivement les hauteurs qui bordent cette limite, et ayant de part et d'autre égard à la hauteur opposée qui lui paraît la plus élevée, les auront numérotées chacun d'après la suite des numéros particuliers employés sur son plan. Il peut résulter de cette supposition quelques cas différents :

En premier lieu, les deux officiers auront pu donner le même n° 7 aux deux hauteurs B et C les ayant jugées également élevées au-dessus de l'horizon. En ce cas, il n'y aura rien à changer dans l'ordre des numéros de cette partie du plan.

En second lieu, il peut arriver que l'un aura marqué dans sa partie l'élévation du point B par le n° 7, ayant jugé ce point plus élevé d'un commandement que le point C par le n° 6 : alors il doit arriver que l'autre qui dessine le terrain du côté du point C, ayant aussi numéroté par 7 l'élévation de ce point dans sa partie, et ayant jugé le point B plus élevé d'un commandement, aura indiqué l'élévation de ce point B par le n° 8. Pour accorder ces différences, il suffit d'examiner de quel côté les eaux sont les plus basses et les plus fortes. Si le ruisseau NN est faible, ou s'il va tomber à certaine distance dans le ruisseau RR, on peut en conclure que le terrain est plus abaissé vers ce ruisseau. Les eaux les plus fortes doivent couler dans les vallées les plus basses, car elles ne sont plus fortes qu'à raison de la plus grande quantité des eaux collatérales qu'elles reçoivent.

Si l'élévation du terrain du côté du ruisseau RR peut être réellement divisée en sept commandements, il faut nécessairement conserver ces différences. Il résultera de cette observation que le point C ne doit point être coté 6, qu'il doit conserver son n° 7, et que le point B doit être coté n° 8. En changeant les numéros correspondants dans cette partie du plan, en leur conservant la différence des commandements telle qu'elle aura été marquée, et ainsi de suite de proche en proche, pour toutes les autres parties du même plan; en se servant toujours, pour accorder les différences qui pourraient se trouver dans la valeur des numéros sur les lignes de jonction de la partie du plan où les eaux sont les plus fortes et les plus basses; en réglant les commandements à compter de cette partie, faisant observer d'ailleurs que ces différences ne sont que relatives : on conçoit qu'une hauteur dominante, quel que soit son numéro, ne cesse pas de l'être si tous les numéros suivants sont marqués en progression décroissante.

Pour définir la mesure d'élévation nécessaire pour former un commandement, en premier lieu, elle doit être assez forte pour que tous les yeux puissent juger également de cette différence, et que la même hauteur, comparée avec les hauteurs environnantes, ne puisse pas donner lieu à un jugement différent.

Quand les hauteurs opposées ne fournissent aucune marque positive pour en fixer la différence, il serait inutile de les distinguer par une différence de commandement. Quelques pieds de plus ou de moins ne sauraient être un avantage ou un désavantage fort important pour les dispositions militaires.

Si d'un point quelconque on observe que la vue plonge au delà d'une hauteur opposée, et que l'œil découvre encore d'autres objets éloignés entre cette hauteur et l'horizon, on peut être assuré que le point sur lequel on se trouve est sensiblement plus élevé que celui que l'on observe.

Quant à la mesure de cette élévation, on n'en peut juger que par comparaison avec les hauteurs environnantes.

Quand le sommet des hauteurs opposées au point où l'on se trouve paraît immédiatement bordé par l'horizon, on peut juger qu'elles sont sensiblement dominantes; mais la mesure de cette domination ne peut se trouver, de même, que par comparaison avec les autres parties du relief que l'on dessine.

Lorsque le sommet d'une hauteur n'est pas bordée immédiatement par l'horizon et qu'on découvre en arrière une assez grande étendue de terrain au niveau de l'horizon, on peut juger que le point où l'on se trouve est à peu près à la même élévation que celui que l'on observe.

Quant à la différence apparente qui peut servir pour établir et distinguer un commandement à une certaine distance, elle peut être estimée d'environ quinze ou dix-huit pieds pour établir une différence sensible et qui ne laisse aucune incertitude par rapport au numéro qu'il s'agit d'employer.

Tel est à peu près ce qu'il convient d'observer et de remarquer par rapport à la manière de numéroter les parties du relief qu'il est important de faire connaître relativement aux manœuvres et dispositions militaires.

N° 3. — La seconde partie des signes qui peuvent servir à expliquer la diversité des accidents du terrain dans l'étendue d'un plan, sont ceux qui, par eux-mêmes, indiquent la nature des passages, et jusqu'à quel point ils peuvent être praticables pour l'infanterie, la cavalerie et l'artillerie, ou si, en effet, l'obstacle qu'il s'agit d'indiquer est de l'espèce de ceux qui ne permettent aucun passage.

N° 4. — Une rivière, un ruisseau, un marais peuvent être guéables en tout ou en partie. Les endroits de passages particuliers seront marqués par le signe (o̲), et lorsque ce signe est répété seul sans mélange dans l'étendue d'un marais ou le long des bords d'une rivière ou d'un ruisseau, il signifie qu'on peut passer partout.

Les endroits impassables, soit par la profondeur ou la rapidité des eaux, ou par la nature du fond, ou même des bords ou autres obstacles quelconques, seront marqués par le signe (=).

Il peut arriver aussi qu'un ruisseau soit impassable pour la cavalerie, non par la profondeur de ses eaux, ou la nature de son fond, mais par rapport à son lit encaissé entre des bords escarpés, ce qui pourrait ne pas être un obstacle insurmontable pour l'infanterie, mais qui n'en serait pas moins un passage très-dangereux pour la cavalerie, surtout en présence de l'ennemi. Les obstacles de cette nature seront marqués par le signe (+). Dans certaines places le fond d'un ruisseau ou d'un marais pourrait être assez ferme pour supporter l'infanterie, tandis que cette résistance ne serait pas assez grande pour supporter la cavalerie et donner passage à l'artillerie. Les endroits de cette espèce seront marqués de même par le signe (±).

N° 5. — Les bois en grandes masses, comme les forêts, ceux dont l'enceinte isolée est moins considérable, et ceux divisés par bosquets épars peuvent être en tout ou en partie différemment plantés et de nature à permettre ou à refuser le passage; c'est ce qu'il s'agit de marquer et de distinguer sur le plan des reconnaissances.

Quelquefois, dans certaines étendues ou parties de forêts, les bois de haute futaie sont tellement éclaircis de tous arbustes et nettoyés de ronces, que la cavalerie peut facilement les traverser. Ces particularités doivent être soigneusement remarquées et indiquées par le signe du passage (O̲).

Les bois de cette espèce ne sauraient empêcher les mouvements; mais ils peuvent servir à les cacher et donner lieu à nombre de combinaisons dont le mérite dépend des circonstances.

Les autres espèces de bois doivent être de même reconnus et marqués du signe qui peut leur convenir. Leurs différentes épaisseurs peuvent fournir des moyens de résistance dans la défensive, ou devenir de très-grands obstacles dans les mouvements qui appartiennent à l'offensive.

Un bois pourrait être pénétrable pour l'infanterie, lequel cependant ne pourrait être traversé par la cavalerie et l'artillerie en aucune manière. Cette nature de bois doit se marquer par le signe (×).

Certains taillis sont si forts, si épais, si remplis d'épines et de ronces, qu'ils peuvent être considérés comme absolument impassables, et dans ce cas ils doivent être marqués par le signe (=).

En disant qu'un bois peut être marqué du signe impassable, cela ne signifie pas que quelques hommes à la file ne puissent trouver le moyen de le traverser, ni qu'on puisse s'exempter de le garder avec les précautions que l'état des choses exige. Cela signifie simplement qu'un corps de troupes ne saurait le traverser ensemble à moins d'y faire des passages exprès et d'y employer un temps trop considérable par rapport aux manœuvres d'une seule journée.

N° 6. — Le relief du terrain dont la connaissance est d'une si grande importance pour les manœuvres et les dispositions militaires se trouve presque partout mélangé de certains accidents infiniment multiplés dans les pays de hautes montagnes, et toujours moins fréquents à proportion que le relief s'abaisse et se rappoche du niveau des plaines.

Les plus remarquables de ces accidents sont les escarpements à pic sur plus ou moins de hauteur et sur des étendues plus ou moins considérables ; tantôt une suite de rochers présente l'apparence d'une muraille, tantôt les montagnes semblent avoir croulé sur leurs bases ; à travers ce bouleversement on découvre quelques passages praticables pour les gens de pied, mais dont la roideur ne saurait être surmontée par la cavalerie et encore moins par l'artillerie. Ces circonstances sont intéressantes et doivent être marquées sur les reconnaissances dessinées, savoir : les escarpements à pic ou en muraille par le signe (=) impassables, et les pentes roides et bouleversées par le signe (×) qui marque que ces endroits ne sont accessibles que pour des gens de pied.

Cest à l'œil à juger de la nature de ces accidents, ainsi que de la force et de la fréquence des obstacles. Les différences qu'on y remarque peuvent être indiquées en mettant plusieurs fois et près à près le signe qui leur convient à proportion de la difficulté du passage.

En indiquant que la pente d'une côte ou d'une montagne est inaccessible à la cavalerie, cela ne signifie pas que quelques cavaliers ne puissent parvenir à la monter ou à la descendre, mais seulement que la nature des lieux ne permet pas le passage en corps de troupes à la cavalerie et particulièrement en présence de l'ennemi. Cette remarque concerne également les mouvements de l'artillerie pendant les batailles. Là où la cavalerie ne saurait passer en corps de troupes, on conçoit de même que les pièces de bataille ne sauraient y passer avec facilité.

Lorsque les pentes sont longues et douces et qu'elles se rapprochent du niveau des plaines sans aucun obstacle, alors il n'est pas nécessaire d'y placer aucun signe particulier. Le signe (O), qui indique la facilité du passage, est plus nécessairement employé lorsque, parmi une suite d'obstacles, il s'y trouve des passages où ce signe peut être appliqué. Sans cette distinction, on pourrait supposer une continuité d'obstacles là où il se trouve des passages ou parties de côtes accessibles à la cavalerie et à l'artillerie, et c'est ce qu'on peut marquer en faisant usage de ce signe.

Les obstacles également communs aux pays de plaines et aux pays montagneux sont les chemins creux, dont la plupart sont impassables pour la cavalerie et l'artillerie sur des étendues plus ou moins considérables. Ces sortes d'obstacles doivent être reconnus et marqués avec beaucoup de soin, rien n'étant plus propre à tromper la cavalerie et à lui faire faire de fausses manœuvres.

Quelquefois ces chemins sont tellement enfoncés dans des ravins que cet obstacle pourrait aussi arrêter l'infanterie, les talus se trouvant presque à pic sur une grande profondeur. Dans ce cas ces accidents doivent se marquer par le signe (=) impassable, répété sur la longueur du chemin, et seulement par le signe (X), lorsque l'on juge que cet obstacle ne pourrait arrêter que la cavalerie. Nous avons déjà fait remarquer que les obstacles indiqués par rapport au passage de la cavalerie ont la même signification par rapport à celui de l'artillerie.

§ V.

SUR LA MANIÈRE DE PLACER A VUE ET SANS OPÉRATIONS GÉOMÉTRIQUES, LES OBJETS QU'IL S'AGIT DE MARQUER SUR UN PLAN DE POSITION POUR EN FAIRE UN TABLEAU RESSEMBLANT ET PROPORTIONNEL A CELUI DU TERRAIN.

N° 1. — Nous avons dit, paragraphe I (2me section), numéro 2, que les points principaux de la carte d'opérations comme villes, bourgs, villages, etc., étaient pris, par rapport à leur situation et distances respectives, d'après les meilleures cartes gravées générales ou particulières que l'on pouvait se procurer, pour en former une feuille correspondante à l'étendue de la ligue des opérations projetées, sur une échelle depuis un jusqu'à deux pouces par mille géographique (950 t, 14) ou minute du degré du méridien, selon que la nature des lieux fournissait plus ou moins de détails à placer dans l'intervalle des points principaux considérés comme le cadre qu'il s'agissait de remplir.

Lorsqu'en partant d'un camp ou d'un point quelconque, on se propose de marcher sur un autre point, le projet en est ordinairement formé sur la carte d'opérations par le général, et c'est à lui de marquer et d'indiquer sur cette carte le point qu'il veut occuper et sur lequel il veut marcher. En conséquence de cette information, c'est aux chefs d'état-major à préparer le cadre que les officiers d'état-major auront à remplir en faisant la reconnaissance du terrain par lequel il faut marcher et qu'il s'agit d'occuper. Nous avons dit aussi, même paragraphe, même section n° 3, que le cadre des plans de position eu égard aux détails qu'ils devaient faire connaître devaient être faits sur une échelle de six pouces par mille géographique.

Le cadre dressé sur cette échelle par les chefs d'état-major contenant les points et les circonstances géographiques que la carte d'opérations peut fournir, doit être remis le plus tôt possible au chef d'état-major général, ou à telle autre personne de l'état-major qui commandera la reconnaissance ordonnée par le général, en y joignant les instructions nécessaires par rapport à l'espèce de la marche ainsi que par rapport au camp, à sa position et au champ de bataille, le tout en conformité des ordres du général.

Nous avons fixé, même section, paragraphes IIe et IIIe, l'étendue de surface à reconnaître relativement à l'objet de la reconnaissance, ainsi que la quantité d'individus nécessaires pour cette besogne en proportion du temps qu'on pouvait y employer.

Il nous reste maintenant à enseigner comment on doit s'y prendre pour lever à vue une étendue de surface déterminée, et pour marquer sur le plan qui la représente la place des objets qui font le sujet de cette reconnaissance.

N° 2. — Si les campagnes étaient parfaitement libres, rases et ouvertes, on peut croire que les routes qui conduisent d'un point géographique à un autre ne s'écarteraient pas beaucoup de la ligne droite ; l'habitude guidant les gens du pays leur apprendrait à la fin le plus court chemin, qui ne peut être que la direction la plus droite.

Il résulte de cette observation que ce n'est pas à volonté que les chemins s'écartent de cette direction la plus droite, mais à raison de quelque obstacle naturel ou artificiel qui détourne le passage, et qu'alors, en cherchant toujours la voie la plus courte, le chemin reprend le plus tôt possible la véritable direction dont il s'était forcément écarté. La plupart des cartes géographiques ont été faites sur les relations des distances de paroisse en paroisse données par les gens du pays. Ces distances, qui comprennent les détours des chemins, ne sauraient être considérées comme des mesures trigonométriques prises en ligne droite ; elles en diffèrent plus ou moins à proportion que la nature des lieux présente plus ou moins d'obstacles au passage des voitures.

En levant à vue le terrain qui peut se trouver compris dans le cadre formé par trois, quatre ou cinq paroisses dont la situation géographique aura été prise d'après les cartes ordinaires, mises en premier lieu à l'échelle de la carte d'opérations, et ensuite sur la grande échelle des plans de marche et de position, il arrivera souvent que l'on rencontrera nombre de points tels que des églises, ou chapelles succursales, des hameaux, des châteaux, des fermes et des maisons isolées qui ne se trouvant pas sur les cartes géographiques n'auront point été marqués sur la carte d'opérations et sur laquelle ces points ne pourront être placés que d'après les reconnaissances à faire pour les marches et les campements pendant le cours de la campagne.

Pour placer les points entièrement isolés dont la situation serait inconnue et qui se trouveraient compris dans la reconnaissance à faire, ou s'informera des gens du lieu et particulièrement de ceux qui sont dans le cas de conduire des voitures, quelle est la distance dudit endroit aux trois ou quatre paroisses qui se trouveront sur le cadre donné de la reconnaissance à faire, et l'on écrira séparément ces distances qui serviront à déterminer sur le plan de position la situation géographique du point qu'il s'agit d'y placer, afin de rapporter à ce point les directions du coup d'œil pour servir à trouver la situation respective des objets environnants.

La distance d'un point quelconque à deux points géographiques donnés pourrait suffire pour placer ce point en connaissant son orient par rapport aux deux autres, si ces distances étaient des mesures trigonométriques ; mais de la part des gens du pays, on ne peut obtenir que des à peu près géographiques auxquels on ne peut accorder la confiance. Il sera donc pour le mieux de s'informer de la même manière de la distance de ce point à trois ou quatre autres points du cadre donné, ce qui servira à corriger les distances indiquées par les gens du pays.

Ces erreurs sont inévitables, puisque en comptant les distances par la longueur du chemin avec ses sinuosités, cette mesure sera toujours plus longue que la ligne droite d'un point à un autre, et de toute la différence que les détours occasionnés par la nature des lieux pourront y apporter.

Ces observations ne sont point faites pour en tenir compte immédiatement. Les reconnaissances doivent se faire à vue sur le terrain sans y avoir égard ; c'est seulement quand il s'agira de rapporter sur le papier les différentes parties d'un même dessin qu'il deviendra nécessaire de placer avant tout et en commun les principaux points auxquels on voudra rapporter les autres points de la reconnaissance.

Plus on pourra se procurer de ces points fixes, plus il sera aisé d'y ajouter les détails qui concernent la figure du terrain.

Ce moyen de placer les points fixes doit être considéré comme la base des opérations qu'on se propose de faire par les seules facultés du coup d'œil. C'est pourquoi nous donnerons en premier lieu le tracé de cette pratique.

Soient supposés A,B,C, représenter trois paroisses du cadre donné (fig. 2, pl. VIII);

La distance de A en B de cinq mille et demi;

La distance de A en C de six mille;

La distance de A en C de six mille et demi, soit un point D compris dans la reconnaissance qui vient d'être faite et qu'il s'agit de placer d'après les renseignements pris sur les lieux.

Soit la distance donnée par les gens de l'endroit :

Du point D au point A, trois mille;

Du point D au point C, cinq mille;

Du point D au point B, quatre mille et demi. Des points A,B,C, comme centre et avec les distances respectives données par les gens du pays comme rayons réduits à l'échelle du plan, on tracera ou décrira les petits arcs (zy, yx, xz) qui se couperont en trois points ($x\,y\,z$). En supposant, comme il arrive ordinairement, que les distances données excèdent plus ou moins la vraie distance en ligne droite, dans ce cas ces sections seront plus ou moins rapprochées entre elles selon que les distances données différeront en plus ou en moins de la ligne droite.

En plaçant le point D vers le milieu de ces différences, on aura très à peu près la position géographique d'après laquelle on ajustera les détails topographiques qui auront été dessinés sur le terrain.

Si, au lieu de trois points A,B,C, il ne se trouvait dans l'étendue du cadre donné que les deux points géographiques A et B, on décrira de même avec les distances données les arcs de cercle (xy, xz) qui se couperont en un point z, et l'on placera de même le point D dans l'intérieur de cette section en raison de ce qui a été remarqué que la longueur d'un chemin avec ses sinuosités devait être plus grande que la même distance mesurée en ligne droite, et l'on pourra juger de cet excédant par la connaissance qu'on aura acquise de la nature des chemins.

Il peut arriver encore qu'il se trouve sur le cadre donné un autre point géographique E. Si le point D se trouve situé de manière que pour aller de D en E il faille passer par le point B, on comprend qu'il serait inutile de se servir de la distance DE, puisque, étant à peu près sur la même ligne, ce ne serait qu'une addition d'erreurs dont l'une ne saurait corriger l'autre, étant toutes deux dans le même sens.

Si l'on suppose qu'on ait reconnu un autre point F dont on aura pris la distance aux quatre points du cadre donné A BCE, on décrira autant d'arcs de cercle qui se couperont en différents points. On marquera de même un point F dans l'intérieur de ces sections, un peu plus rapproché des quatre points donnés que les distances indiquées par les gens du pays : nous en avons donné la raison. Si dans cette reconnaissance il se trouve un chemin qui aille directement du point F au point D, on s'informera de la distance estimée par les gens du pays, et l'on se servira de cette mesure pour vérifier si en effet les deux points D et E sont respectivement bien placés. On corrigera la différence en prenant un milieu propre à concilier l'excès des plus fortes erreurs.

N° 3. — La manière qui vient d'être indiquée pour placer les points auxquels on veut rapporter les détails de la topographie n'est pas la seule dont on puisse se servir pour trouver la position des objets qui en dépendent.

En commençant un dessin et en suivant les routes comme elles se présentent, le coup d'œil ne saurait s'étendre à la fois sur toutes les parties du terrain, et ce n'est que successivement que l'attention peut se porter sur les directions que l'œil peut découvrir et qui peuvent encore servir à fixer les différentes parties d'un plan.

Bien que la description des chemins de toute espèce puisse être considérée comme une des principales parties de la topographie militaire à laquelle les autres détails doivent être soigneusement rapportés, il devient néanmoins nécessaire de les quitter souvent, soit pour gagner le sommet des hauteurs, soit pour reconnaître de plus près les divers accidents du terrain.

En premier lieu, c'est du sommet des hauteurs que l'on peut le mieux juger de leur situation respective.

En second lieu, c'est encore du sommet des hauteurs que l'on peut le mieux reconnaître la situation des objets dans la plaine, considérés dans la direction que l'œil peut découvrir. C'est pour ces raisons que les sommets des hauteurs doivent être considérés comme des points d'observation propres à tirer des rayons dont les directions peuvent servir à placer les objets dans la situation qu'ils occupent respectivement les uns à l'égard des autres, et à rectifier par ce moyen les erreurs de positions qui pourraient être faites dans la description particulière des chemins et des campagnes environnantes.

Cependant ces deux opérations doivent être entièrement séparées l'une de l'autre.

La feuille d'observation ne doit contenir que les directions prises sur chaque place d'observation avec des remarques nécessaires.

La feuille topographique doit contenir l'ensemble des objets ainsi qu'ils se sont présentés en suivant les chemins avec la description du paysage, de proche et sans interruption, afin de marquer les liaisons et les rapports que les objets ont entre eux, et sous quelle apparence ils ont été vus au premier coup d'œil.

La rapidité avec laquelle on parcourt les chemins permettrait difficilement tous les rapports de situation, et de figurer tout ce qu'on aperçoit en mettant exactement chaque chose à sa place : c'est pourquoi, figurer et placer les objets sont deux opérations différentes, bien que faites en même temps par la même personne.

Plus on prendra de directions en marquant les points et les parties du terrain par lesquelles elles passent, plus on assurera la véritable situation des objets et les détails topographiques qui s'y rapportent, de manière que sans mesurer les distances d'un point à l'autre, ni faire usage d'aucun instrument, on pourra, avec un peu d'habitude, faire un tableau ressemblant dont l'exactitude sera suffisante pour diriger les dispositions militaires de toute espèce en faisant connaître la situation et la nature des lieux et tout ce qui concerne le relief et les accidents du terrain.

Lorsque le pays où l'on fait la guerre est peu connu et que les points géographiques donnés sont rares, et qu'il s'y trouve peu d'habitations isolées, que les maisons sont toutes rassemblées en hameaux ou en villages à de grandes distances, ou lorsque la vue est encore interceptée par de grandes masses de bois, on comprend qu'il n'est pas facile de trouver des directions pour y rapporter la situation des objets trop distants ainsi que des détails topographiques trop épars.

Dans ces circonstances il devient nécessaire de se faire des points de vue en choisissant des arbres remarquables, quelques parties saillantes des hauteurs dominantes, ou quelque remarque prise dans la figure des bois, afin de s'en servir pour établir des directions auxquelles on pourra rapporter la situation des autres parties du terrain.

A défaut de points géographiques, et lorsque les distances indiquées par les gens du pays paraissent incertaines, on peut faire mesurer à *pas de cheval* la distance de trois objets entre eux qui serviront de point fixe. Un triangle peut être rapporté sur le papier lorsqu'on en connaît les trois côtés.

Ces trois objets fourniront ainsi les directions nécessaires pour y rapporter les autres parties du dessin. Pour faire de ces trois objets des points géographiques, il ne faudra avoir que la distance d'un de ces points à un point géographique quelconque de la carte d'opérations, en orientant cette distance au moyen de la boussole, ou tout simplement en observant la direction du soleil à midi par rapport au chemin qui conduit sur le point géographique donné par la carte d'opérations. Cela pourra suffire, d'autant que la précision astronomique n'est pas ce qu'il y a de plus nécessaire aux opérations de la guerre. Il est plus important de remarquer, lorsque la besogne est pressée, que l'officier chargé de lever à vue une étendue de terrain, ne doit, ni ne peut employer son temps à mesurer des distances. Dans les circonstances où cela peut être nécessaire, c'est aux guides de l'armée qui accompagnent l'officier d'état-major à tenir compte de ces distances, et à les mesurer à pas de cheval entre les points qui leur sont indiqués.

Pour avoir la mesure d'une distance, il faudrait pouvoir la prendre par le plus court chemin; et lorsque l'attention est occupée à dessiner le paysage avec la situation respective des objets, il ne serait pas facile de tenir compte de la quantité de pas qu'il faut faire en tous sens pour découvrir le pays et la nature des lieux. Ce serait retarder la besogne sans un avantage proportionné, d'autant que les dispositions militaires ne dépendent pas de la précision rigoureuse des distances, mais de la situation haute ou basse des objets et autres accidents qui constituent la différence des terrains.

Reconnaître un terrain pour l'intelligence des opérations militaires, est tout autre chose que d'en faire un plan mesuré pour connaître l'étendue particulière de chaque propriété.

Dans les dessins topographiques ordinaires il est d'usage de figurer plusieurs corps de bâtiments pour marquer les dépendances d'une ferme ou autres habitations séparées. Ces détails minutieux prennent trop de temps et sont insignifiants par eux-mêmes. Chacun sait à peu près comment peuvent être faits et disposés les bâtiments d'une ferme. La seule distinction qui peut être bonne à y apporter est de marquer une grosse ferme ou une grande habitation par un point carré visiblement plus gros que celui qui indique une petite ferme ou une maison isolée; et, s'il s'agissait d'un château ou habitation seigneuriale, il suffira d'ajouter une girouette au point carré. Les détails plus étendus ne peuvent se faire qu'aux dépens du temps, et même de l'espace, qu'il faut faire plus grand que dans la réalité, lorsque l'échelle du plan n'y est pas relative. Le but de nos plans n'est pas de produire un beau dessin; il nous suffit d'indiquer clairement la nature des lieux et la situation des objets dans le moins de temps et avec le moins de travail possible.

Il faut que le dessinateur se fasse une habitude de se souvenir des noms des objets dans l'ordre où ils seront écrits sur la feuille d'observation, en rappelant à sa mémoire à quel point de la feuille topographique ce nom appartient, en conséquence de la route qu'il aura suivie, parce qu'il y aurait quelque inconvénient à les écrire à côté de chaque point sur la feuille topographique. Le plus souvent les noms resteraient illisibles et embrouilleraient en même temps le crayon qui marque le paysage et le relief de la situation, et surtout lorsque la pluie survient tandis que l'on dessine. Alors l'écriture des noms, délayée par l'eau, ne servirait qu'à effacer le souvenir et l'intelligence de la situation. Le dessinateur prendra, comme on l'a dit, séparément note de toutes les observations que les objets qu'il pourra découvrir lui permettront de faire pour fixer la figure du terrain aux environs de ce point d'observation sans cependant étendre ces remarques fort au delà, se bornant à fixer de cette manière les rapports de situation que les objets voisins peuvent avoir entre eux, et ainsi de proche en proche, car si on voulait prendre note de toutes les directions qu'un point de vue très-élevé peut offrir, il y en aurait pour une heure sur chaque point d'observation, ce qui allongerait beaucoup trop la besogne.

Il suffira d'ailleurs de choisir un petit nombre de grandes directions pour en faire les bases de l'opération, et particulièrement parmi celles qui paraissent les plus propres à établir les liaisons nécessaires de la partie du terrain qu'on dessine, avec les parties voisines du même plan dessiné en même temps par d'autres personnes. Mais il faut éviter de prendre note de toutes les directions possibles à grandes distances, à moins que ce ne soit, comme on l'a dit, par rapport à l'ensemble général du plan, ce qui ne doit arriver qu'à l'égard de quelques points choisis et non en toute occasion : ne tenant compte à l'ordinaire que des directions formées par les objets les plus voisins et qui ont un rapport immédiat avec les détails environnants et les plus proches.

Le dessinateur marquera séparément sur la feuille d'observations toutes les directions qui pourront servir à fixer la place de chaque point, de chaque gorge, celle des hauteurs dominantes, le bord des bois, les principales pointes, de leur contour et autres irrégularités, de leur contour, afin de rendre son tableau semblable à celui du terrain.

A l'égard des numéros qui doivent indiquer les dominations respectives et relatives des hauteurs sur le plan, il se conformera à ce qui a été dit paraphe n° 2. Ces numéros seront appliqués sur le sommet des hauteurs auxquelles ils se rapportent, et telles qu'elles seront marquées sur la feuille topographique, avec les autres signes dont la propriété sera, comme nous l'avons dit, de faire connaître la nature des passages, celle des bois, et de tous les accidents qui peuvent empêcher ou retarder la marche et les mouvements des troupes et de l'artillerie, et dont la connaissance peut être nécessaire pour l'exécution des dispositions militaires.

Enfin, le dessinateur achèvera de cette manière la reconnaissance du terrain jusqu'aux autres parties de la démarcation qui lui auront été désignées pour accorder son travail avec celui des dessinateurs qui ont levé le terrain sur le contour de cette commune démarcation.

De plus longs détails sur la matière de cette section serviraient à peu de chose. La pratique et l'habitude expliqueront beaucoup mieux le mécanisme de cette méthode qu'un discours plus étendu sans application réelle. La nature est trop variée pour pouvoir décrire d'avance toutes les remarques de cette espèce qu'il est toujours possible de faire sur les lieux avec la rapidité particulière au sens de la vue, tandis que tout ce qui dépend du coup d'œil ne peut être qu'imparfaitement indiqué par la lenteur de la parole.

N° 4. — En parcourant au trot l'étendue de surface que l'on veut reconnaître, on ne peut guère faire autre chose que de juger par comparaison les distances qui séparent les objets entre eux, c'est-à-dire qu'il peut paraître y avoir deux, trois ou quatre fois plus de distance de telle maison à telle maison, que de cette première maison à tel objet quelconque. En suivant les chemins, c'est à l'œil à chercher cette proportion relative, et à placer en conséquence les objets que le plan doit représenter avec le relief du terrain sur lequel ces objets se trouvent ainsi que les autres accidents du paysage dont ils sont environnés.

Ce que l'on aura marqué de cette manière sur la feuille cirée ne doit donc être considéré que comme des signes convenus pour rappeler à la mémoire la situation des objets et pour se faire ensuite une figure conforme à l'image du terrain dont il s'agit de faire le tableau.

Nous avons fait remarquer d'ailleurs que pour fixer ces distances relatives, il suffisait d'avoir la mesure positive d'une seule de ces distances, laquelle mesure peut être alors considérée comme l'échelle commune de toutes les parties du terrain représenté.

Nous avons indiqué de même comment on devait s'y prendre pour fixer plus particulièrement la situation des objets d'un plan, en remarquant ceux qui se trouvaient dans une même ligne droite et sur quelles parties du terrain ces lignes directrices venaient tomber lorsqu'elles étaient prolongées de part et d'autre, ce qui procurait autant de données géométriques auxquelles il fallait rapporter la véritable situation de chaque objet en particulier.

Maintenant, pour former le tableau de la reconnaissance que nous supposons avoir été faite de cette manière, on commencera par placer les points fixes dont la position aura été déterminée par leur distance aux points géographiques dont on se sera servi pour former le cadre de cette reconnaissance.

Secondement on marquera légèrement au crayon les chemins, les rivières, les ruisseaux ainsi que les autres objets dessinés sur la feuille topographique comme villages, maisons, bois, hauteurs principales, etc., etc.

Cela fait, on consultera les feuilles d'observations et toutes les remarques qui auront été faites sur le terrain, et l'on placera en conséquence les points d'observation.

Lorsque cet ensemble sera formé, on examinera comment les positions marquées au crayon s'accordent avec les observations faites sur le terrain. On cherchera par le tâtonnement à faire accorder les différences qui se trouveront entre le dessin de la feuille cirée, et les diverses parties de cette topographie avec les directions marquées sur les feuilles d'observation. Il faut se rappeler que ces directions sont des données géométriques.

Comme on peut toujours faire passer une ligne droite par deux points donnés, et que tous les points de cette direction appartiennent à la même ligne, de même il faut que les extrémités prolongées de cette ligne rencontrent sur le plan les mêmes objets qui se sont trouvés sur le terrain de cette direction.

De même, il faut que les objets qui ont paru plus ou moins à droite, ou plus ou moins à gauche de cette direction, conservent sur le plan les mêmes rapports de situation. C'est ce qu'il faudra examiner en faisant accorder, comme on l'a dit, par une sorte de tâtonnement la position des objets avec toutes les remarques et les observations faites sur le terrain. Nous appelons *tâtonnement* le déplacement et le replacement de chaque point autant qu'il peut être nécessaire pour mettre cet accord dont on vient de parler entre les observations faites sur le terrain avec toutes parties du tableau.

Les objets dont la position n'aura pu fournir aucune observation particulière seront placés dans la situation relative qui leur aura été marquée sur la feuille cirée, mais seulement après que l'on aura placé les objets qui auront pu être fixés par quelques données géométriques.

Il nous faut faire observer que la facilité de cette manière de lever à vue un terrain quelconque, ne peut s'acquérir que par l'habitude, n'étant guère susceptible d'une instruction plus détaillée par écrit. C'est donc dans sa mémoire que le dessinateur doit plus particulièrement retrouver la situation et la figure des objets et des choses pour en former une image qui ait quelque rapport avec ce qu'il aura vu sur le terrain, en consultant ce qu'il aura marqué sur la feuille cirée et sur les feuilles d'observation dont les traits ne peuvent servir qu'à lui rappeler le souvenir de ce qu'il doit exprimer. On doit juger qu'il ne peut y avoir aucune manière de bien dessiner, en parcourant un terrain à cheval.

Ayant ainsi donné dans le présent paragraphe la méthode la plus prompte de faire la reconnaissance d'un terrain pour en former un tableau qui puisse donner une idée suffisamment exacte de la position et de la situation des objets, les uns à l'égard des autres, de la nature des lieux et des passages, du relief des hauteurs avec leurs accidents, nous donnerons, dans le paragraphe suivant, la manière qui nous a paru la plus expéditive, pour donner à ce tableau l'expression de dessin la plus propre à bien distinguer toutes les parties du terrain dans le moins de temps et avec le moins de travail possible.

§ VI.

SUR LA MANIÈRE LA PLUS EXPÉDITIVE DE DESSINER LES PLANS ET CARTES MILITAIRES.

N° 1. — Dans le paragraphe précédent, nous avons donné le moyen de placer à vue les objets qui doivent être représentés sur un plan de position dans la situation où ils peuvent être sur le terrain les uns à l'égard des autres, et des points géographiques marqués sur le cadre donné. Il s'agit maintenant du paysage dont ces sortes de plans doivent être accompagnés.

Si l'on voulait embellir un plan de position avec tous les

agréments dont l'art du dessin peut être susceptible, ce serait le vrai moyen de rendre le travail des reconnaissances militaires parfaitement inutile. Il n'y a point de talent qui puisse dessiner à la manière ordinaire un plan de huit à dix pieds carrés de surface en quelques heures de temps; et nous avons fait remarquer que la reconnaissance et le plan pour servir aux vues et aux besoins devaient être faits et achevés dans le jour même où la reconnaissance pouvait être ordonnée.

Lorsque le dessinateur est le maître de son temps, il cherche autant qu'il le peut à imiter la nature et l'apparence des objets que le plan doit représenter : les prés doivent être traités d'une manière qui en imite l'émail et la couleur dans la plus belle saison, c'est ce qu'on appelle piquer les prés. On distingue les marais par des touffes de jonc d'un vert plus foncé que celui des prés, et on les sépare par des flaques d'eau. Les bois sont coloriés, massés et terrassés de façon qu'on peut en reconnaître la nature et l'espèce par l'effet qui les distingue entre eux et les autres objets du plan. Les montagnes seront traitées avec plus ou moins de travail, selon que leurs pentes seront douces ou relevées, ou tout à fait à pic; mais, dans ce genre de dessin, plus on veut imiter la nature, plus on perd de temps.

Pour donner aux reconnaissances et aux plans de position toute l'utilité dont ces choses pourraient être susceptibles, il a fallu nécessairement abréger toute la partie du dessin, et se faire des signes simples dont l'application pouvait suffire pour indiquer positivement et sans un long travail ce que le dessin le plus fini ne peut encore expliquer qu'imparfaitement à des yeux qui ne seraient pas exercés à bien lire les détails d'un plan.

Dans le quatrième paragraphe de cette section, nous avons fait connaître l'usage des numéros qui servent à distinguer les hauteurs dominantes des hauteurs dominées, et nous avons expliqué ce que signifiaient les autres signes, par rapport à la nature des bois, des marais et des passages qu'ils doivent indiquer.

D'après cela, on peut juger que la partie du dessin dans les plans de position se trouvera très-simplifiée.

Il suffit de la couleur verte pour marquer un pré dont le fond est solide, en y appliquant le signe du passage. Si le fond des prés était trop humide pour supporter la cavalerie, alors on y ajoutera quelques traits horizontaux marqués à l'encre de la Chine, avec le signe qui annonce un obstacle pour la cavalerie. S'il s'agissait d'un marais tout à fait impassable, pour l'infanterie et la cavalerie, on pourra le dessiner avec beaucoup de traits horizontaux et le signe impassable.

Dans ce genre de dessin, il faut absolument renoncer à tous les embellissements, qui ne signifient rien par eux-mêmes, et s'en tenir aux signes qui peuvent expliquer encore plus clairement la nature des lieux et les accidents du terrain. A l'égard des bois, comme ils font partie des choses dont la situation et la figure doivent se rapporter aux objets environnants, on en marque d'abord les contours à l'encre d'après les observations faites sur le terrain. L'intérieur se remplit d'un vert foncé, assez épais pour bien marquer sur le fond et sur la pente des montagnes; il suffit ensuite d'y appliquer le signe du passage qui leur convient et qui en indique la nature. Il ne faut pas même penser à y faire çà et là quelques têtes d'arbre. On ne dessine guère la figure des arbres que quand il s'agit de marquer des bois de sapin.

On peut aussi employer une teinte noire pour exprimer toute espèce de bois. Ces différences sont peu importantes; la plus importánte de toutes est celle du temps.

Les étendues de bruyères se traitent avec la teinte violette; quelquefois on y rencontre des trous ou excavations avec des bords escarpés assez profonds pour faire obstacle à la cavalerie. On marquera ces endroits du signe qui leur est propre. Quelquefois les eaux pluviales se sont rassemblées en assez grande quantité dans ces trous; en ce cas, on y mettra un peu de bleu clair, pour marquer qu'ils sont remplis d'eau.

Dans les pays de vignobles, la plupart des vignes sont sur

le penchant des grandes côtes, et les sommets de ces élévations sont souvent couronnés de bois. En ce cas, il faut faire attention que la teinte dont on se servira pour marquer le fond des vignes, ne se confonde pas avec celle dont on aura marqué les bois. La couleur affectée aux vignes doit être rose.

Ou bien, lorsqu'on n'a pas de rose, on passe seulement une teinte de vert léger sur le fond, on figure quelques haies et au lieu des ceps, on placera sur la teinte la lettre V, avec le signe de l'obstacle au-dessus, ce qui peut suffire pour exprimer des vignes que la cavalerie ne saurait traverser.

Quand les côtes seront élevées et que les pentes seront assez douces pour être montées sans difficulté, on pourra les exprimer comme dans la fig. 1, pl. IX. Ces sortes de terrains, aussi bien que les pays de plaines, sont souvent traversés par des chemins creux. Nous avons fait remarquer que ces sortes d'accidents devaient être soigneusement reconnus, comme pouvant occasionner de grands désordres dans les mouvements et manœuvres de la cavalerie, lorsqu'il s'en trouve dont les bords sont si profonds et si escarpés, que l'infanterie même y serait arrêtée : on les marque alors du signe impassable. Voir même figure.

Lorsque le relief du terrain est moins considérable, il faut diminuer la force des teintes et des ombres en proportion ; la fig. 2, pl. IX, suppose cette différence.

Les hauteurs dans ce relief ne sont guère que des coteaux et des rideaux, dont les uns cependant commandent les autres, ce qu'il ne faut pas omettre de marquer d'une manière sensible, lorsqu'on en a le temps; quand le temps manque, il suffit des chiffres pour fixer ce que le dessinateur n'aurait pas le temps d'exprimer par une plus grande correction de dessin.

Il est inutile de donner un modèle de relief pour les pays tout à fait en plaine : il suffit, comme on l'a dit, de diminuer la force des teintes à proportion de la douceur des pentes et des élévations. Les autres parties du paysage et leurs accidents se représentent de la même manière, et nous croyons avoir dit à cet égard tout ce qui pouvait être nécessaire par rapport aux eaux, aux bois, aux habitations, etc., etc.

§ VII.

DERNIÈRES RÈGLES RELATIVES A LA MANIÈRE DE DESSINER LES PLANS MILITAIRES.

Nous avons déjà indiqué dans le paragraphe précédent une manière simple pour marquer les habitations isolées ou rassemblées, ainsi que les bois, les bruyères, les eaux courantes et stagnantes, les prés, les marais, et particulièrement la nature des passages et l'élévation respective des hauteurs dans l'étendue d'un plan.

En partant des chemins, nous avons dit qu'on marquait assez généralement les grandes routes par deux lignes pleines, dont celle sur le revers du jour était plus forte que l'autre, et que les chemins vicinaux se marquaient par une ligne ponctuée et une ligne pleine parallèle, également placée sur le revers du jour. Mais, ayant fait remarquer plusieurs fois que la prompte expédition faisait le mérite de nos plans, on jugera qu'il serait plus long et plus vétilleux de ponctuer régulièrement une ligne parallèle à une autre, que de la tirer pleine à main courante. C'est par cette raison que nos chemins sont également marqués en lignes pleines.

Cependant, comme il peut paraître nécessaire de distinguer les grandes routes d'une manière ou d'autre, quelques dessinateurs emploient pour cet effet une couleur de terre; mais cette méthode peut manquer son objet, lorsque le chemin passe par des hauteurs chargées d'une teinte fort noire, qui se confondrait avec la couleur du chemin, et empêcherait l'œil d'en suivre la trace. Les chemins tout blancs se montrent mieux au passage des montagnes très-élevées, et même à travers les bois ; c'est pourquoi nous n'employons point de couleur pour marquer les grands chemins; cependant on peut les marquer de cette manière, par rapport aux pays de plaines, où le fond du papier reste blanc.

Le moyen qui nous paraît le plus simple et le plus expéditif, est d'indiquer les grandes routes par le nom des villes où elles conduisent.

Quant à la manière de marquer les hauteurs et les montagnes, il n'y a qu'un principe, qui est de mettre la teinte ou de faire le trait plus fort au sommet, ou adoucissant vers le pied. La raison en est que, dans les dessins de cette espèce, c'est le blanc que l'on prend pour la couleur des objets.

Alors, il est évident qu'en regardant une montagne de bas en haut, le sommet étant plus éloigné de l'œil, la couleur blanche qui désigne l'objet en relief doit être moins forte en proportion, puisque la couleur des objets s'affaiblit selon qu'ils sont plus ou moins éloignés, selon les règles de l'optique. On se sert aussi, dans le relief des plans, d'une teinte plus forte pour exprimer la roideur des pentes ; mais cette méthode est plutôt fondée sur les effets des ombres que sur la mesure réelle des hauteurs.

La lumière ne nous vient à la fois que d'un côté, par le mouvement du soleil ; la lumière et les ombres se succèdent, mais la force et la longueur des ombres dépendent principalement de la hauteur du soleil sur l'horizon, et cette hauteur varie à toutes les heures du jour.

Si l'on suppose un plan horizontalement couché par terre ; dans cette situation, il n'y a aucun relief à marquer ; si l'on lève ce plan par un côté, il se trouvera successivement moins incliné, jusqu'au degré qui approchera le plus de la perpendiculaire, et les effets de la lumière sur ce plan seront différents, selon les différentes inclinaisons, et selon la situation de cette surface par rapport au côté du soleil.

Il résulte des différentes situations de ce plan que la surface sera plus ou moins vivement éclairée, selon que dans son inclinaison il s'approchera plus ou moins de la situation perpendiculaire aux rayons du soleil ; mais ces différences seront peu sensibles et ne donneront aucun moyen de juger de la force et de la hauteur des pentes par leurs effets. C'est plutôt par l'absence de la lumière que l'on peut juger de la hauteur d'un relief, que par sa présence ; les effets de l'ombre sont plus sensibles à proportion que le relief est plus élevé, et que la surface privée de lumière est plus perpendiculaire à l'horizon, et plus directement placée à l'opposé du jour, de manière que les ombres peuvent servir, du côté où elles sont placées, à juger en quelque façon de la hauteur du relief.

Ce n'est pas une objection fondée que de supposer que le côté de l'ombre pourrait faire penser que la pente de la montagne serait plus rapide de ce côté, parce que la teinte serait plus forte. Pour juger des hauteurs et de la nature de leurs pentes, il faut considérer plus particulièrement la connexion de leurs sommets et l'étendue de leurs bases, que les teintes faibles ou fortes que le dessinateur aura pu employer. C'est en cela seulement que réside le principe par lequel on peut juger de la grandeur d'une élévation et de la nature des pentes. Les ombres n'y sont pas autrement nécessaires. On peut s'en servir, quand on a le temps de les placer convenablement; elles donnent plus de relief et de ressemblance au tableau: c'est là tout le mérite.

Enfin, il résulte de ces éclaircissements, qu'il n'y a d'essentiel dans la manière de dessiner les montagnes, que d'en bien marquer le sommet et la longueur de la pente, qui exprime l'étendue de leur base d'une façon qui ne laisse point d'incertitude, et que le surplus doit être laissé, sans inconvénient, au goût et à l'art du dessinateur, et qu'il suffit, par conséquent, lorsqu'on est pressé dans l'expression des plans militaires, de marquer bien distinctement ces choses sans y ajouter des embellissements qui ne peuvent rien expliquer de positif par eux-mêmes.

Les pentes seront alors praticables ou impraticables, à tel ou tel degré; mais nous avons établi des signes pour exprimer et indiquer ces accidents, de manière que le goût du dessin est encore indifférent à cet égard.

Nous avons donné dans le paragraphe précédent quelques exemples d'expressions, pour des pays d'une nature différente, mais il nous reste à dire que ce n'est pas afin que l'on s'attache à les copier d'une manière tout à fait semblable.

Notre intention a été seulement de fournir quelques idées à ceux qui n'en ont encore aucune, pour les aider à exprimer la différence des lieux.

Pour ce qui concerne les rapports dessinés ou levés à vue, il n'est pas plus nécessaire que chacun dessine de la même manière qu'il n'est nécessaire que chacun se serve de la même sorte d'écriture; mais on conviendra que les mêmes mots doivent être écrits avec les mêmes lettres, pour signifier les mêmes choses; et il faut entendre par les mêmes mots, les principes que nous avons posés, et les signes dont nous sommes convenu dans le cours de cette section, pour marquer et distinguer sur le plan tout ce qu'il peut être nécessaire de connaître, par rapport aux dispositions militaires et aux opérations de la guerre.

FIN.

TABLE DES MATIÈRES

TROISIÈME PARTIE. — Marches et mouvements des armées.

QUATRIÈME PARTIE. — Service des compagnies franches.

CINQUIÈME PARTIE. — Des Reconnaissances en général et du Tracé des plans militaires.

FIN DE LA TABLE DES MATIÈRES.

Paris. — Imprimerie de J. Dumaine, rue Christine, 2.

PL.I

Fig. I
Fig. VII
Fig. II
Fig. VIII
Fig. III
Fig. IX
Fig. IV
Fig. X
Fig. V
Fig. XI
Fig. VI
Fig. XII

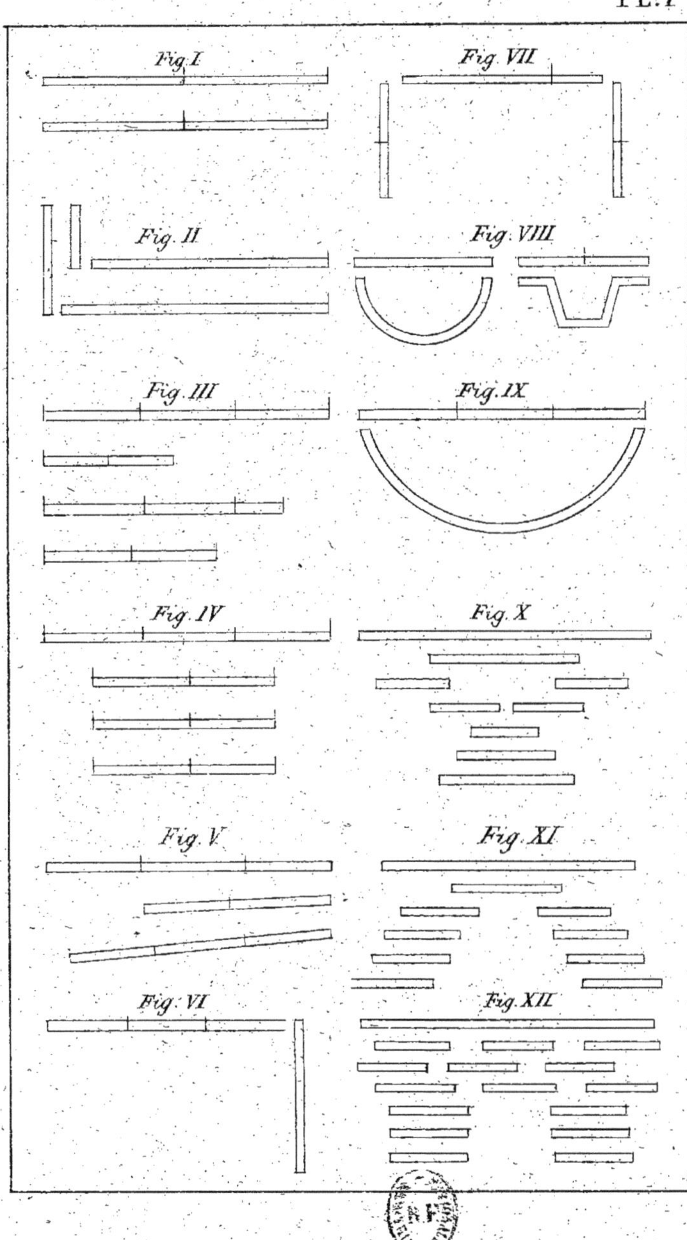

PL. 2

2.e Brigade
1.re Brigade
1.re Brigade
2.e Brigade
2.e Brigade
1.re Brigade

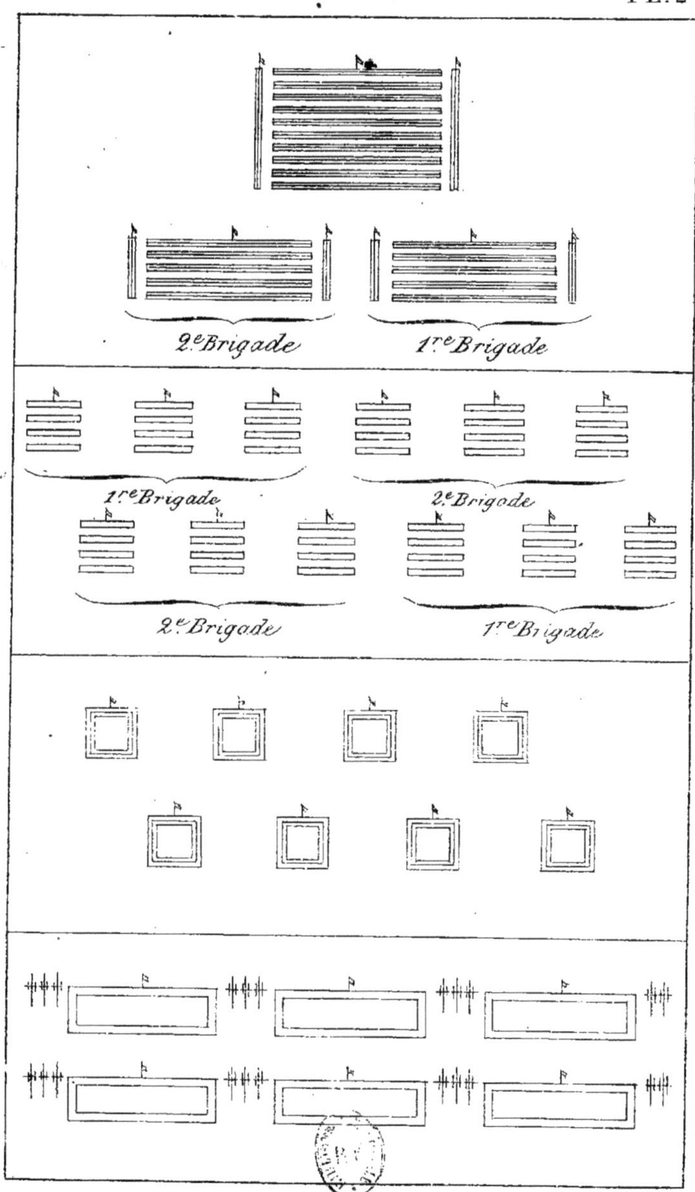

PL. 3

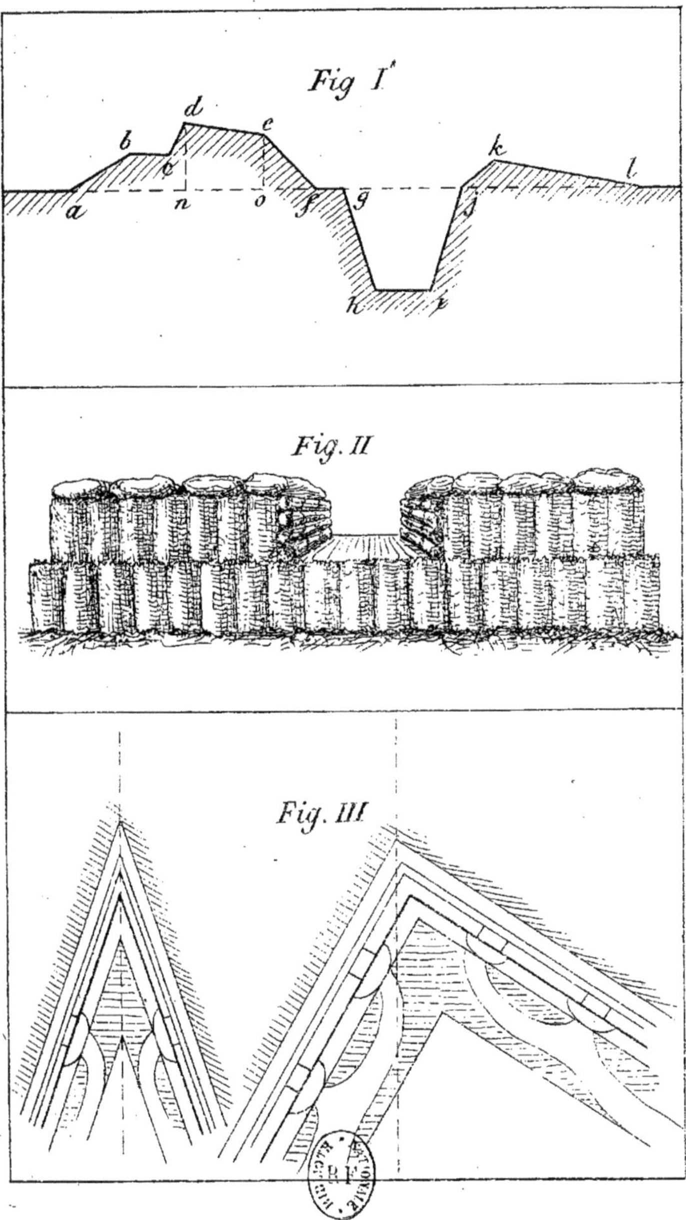

PL. 4

Fig. I
Fig. II
Fig. III
Fig. IV
Fig. V
Fig. VI
Fig. VII
Fig. VIII
Fig. IX
Fig. X

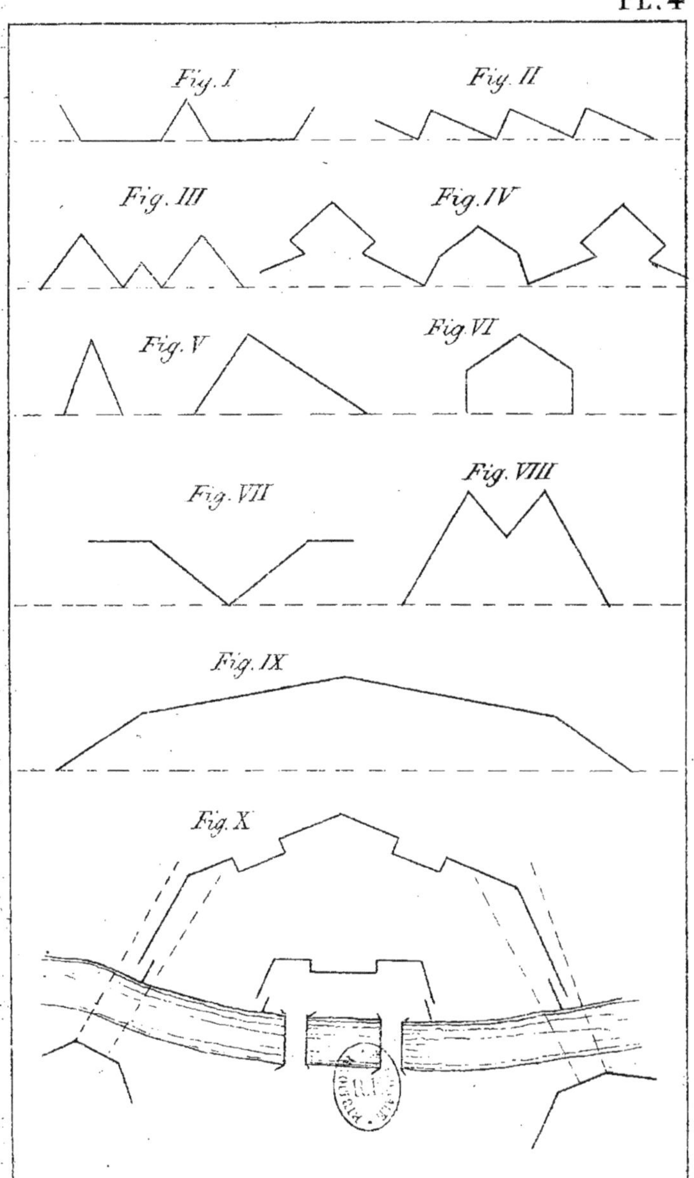

PL. 5

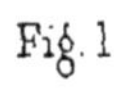

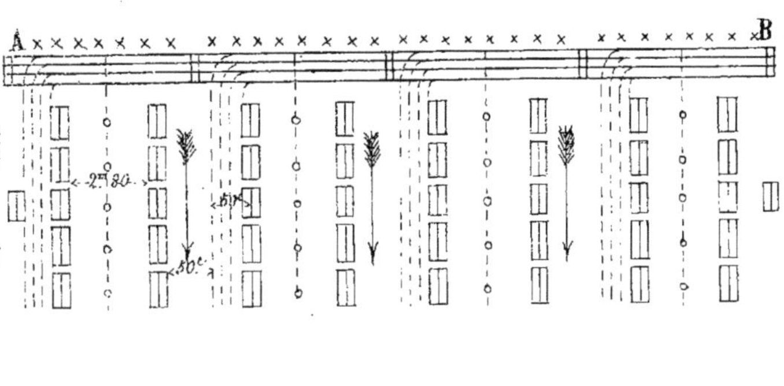

Fig. II

8 7 6 5 4 3 2 1

id. id. id. id. id. id. id.

Cuisines

Adj.t Cantinières Garde de Police Cantinières Tamb.

L.S. C. L.S. C. L.S. C. L.S. C. L.S. C. L.S. C. L.S. L.S. C.

Chirurg. Chef de Bat. Adj. Maj.

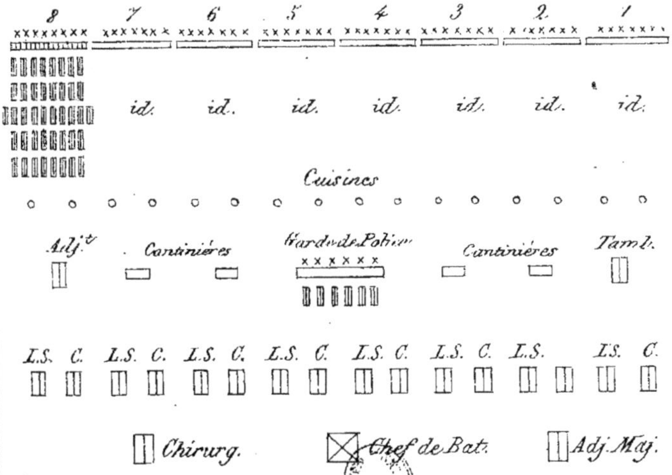

PL. 6

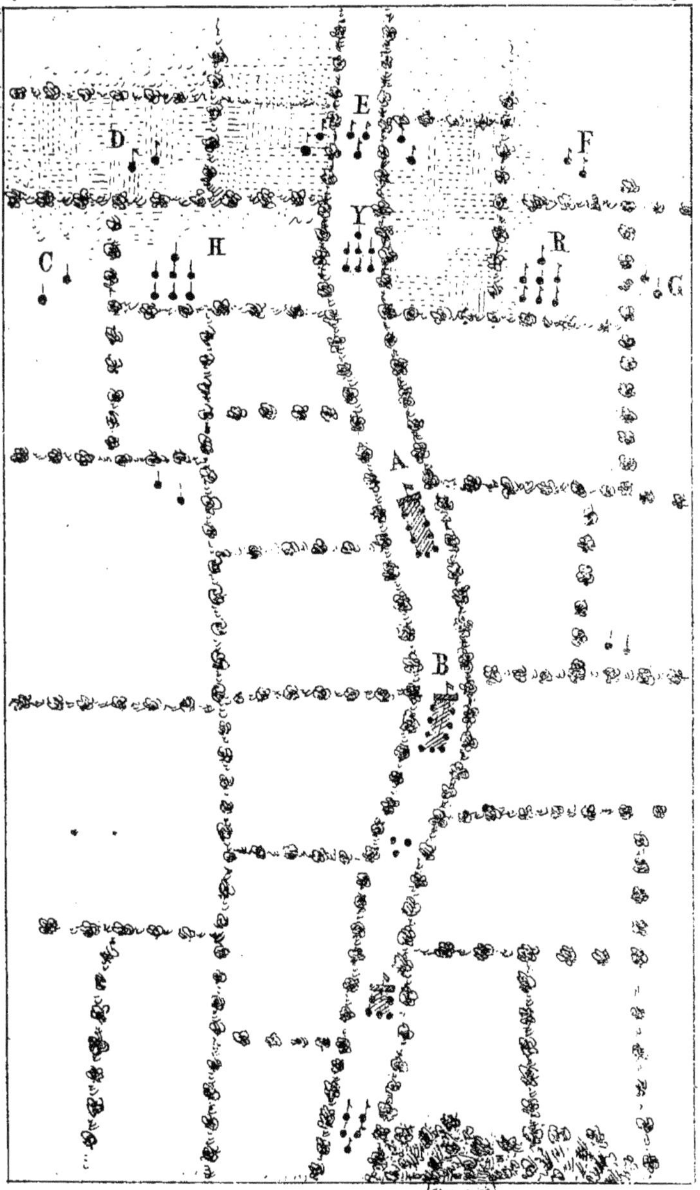

D
E
F
C
H
Y
R
G
A
B

PL. 7

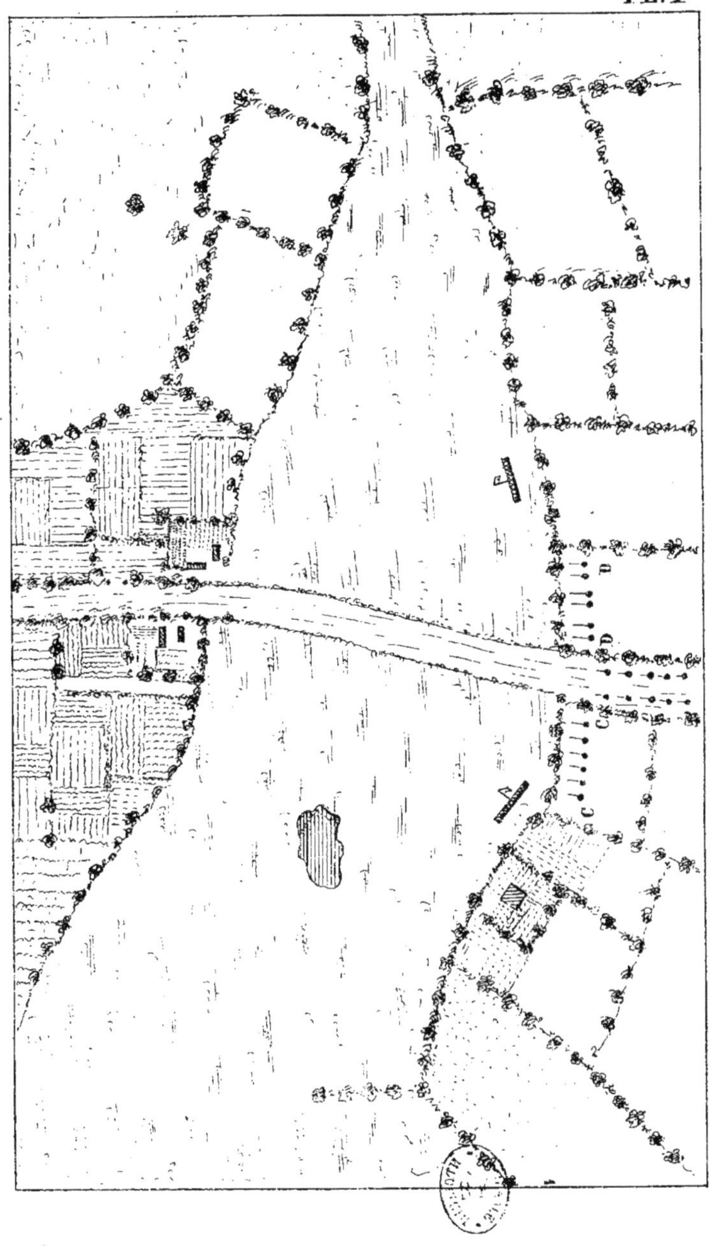

PL. 8

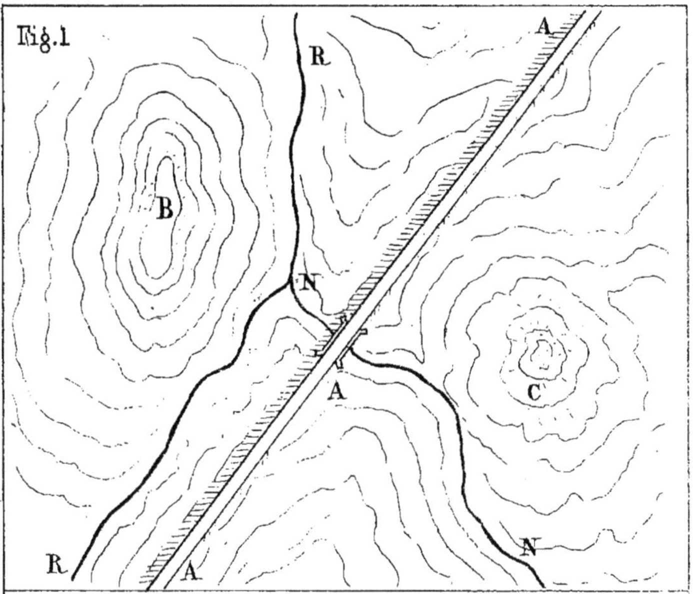

Fig. 1

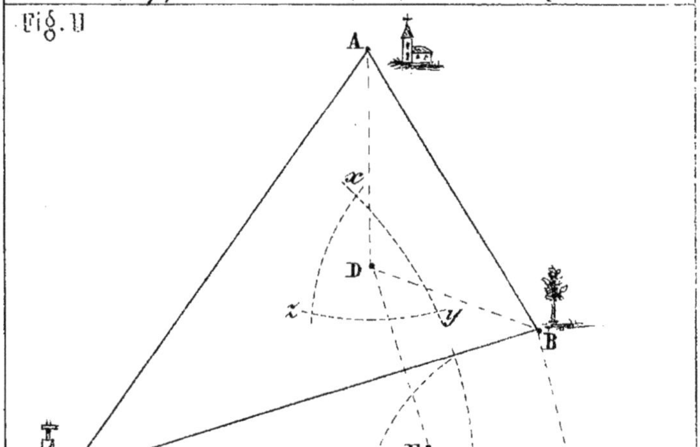

R
A
B
N
A
C
R
A
N

Fig. II

A
x
D
z
y
B
C
F
E

PL. 9

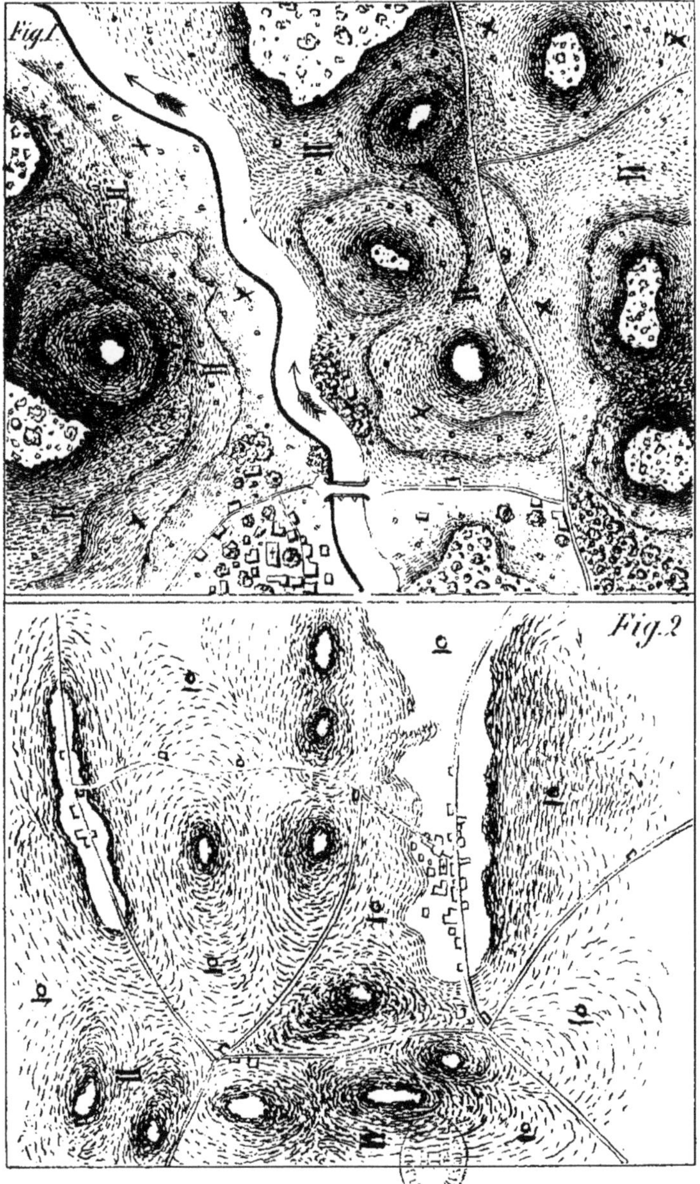

DU MÊME AUTEUR :

MANUEL DE GYMNASTIQUE ÉCLECTIQUE

POUR TOUS LES AGES

I. Gymnastique pédagogique. — II. Gymnastique supérieure. III. Gymnastique de chambre. — IV. Lutte française, art du bâton, canne, boxe française, jet de pierres, natation, javelot.

1 fort vol. gr. in-8° avec 14 pl. et 535 fig. dans le texte. 16 fr.

A LA MÊME LIBRAIRIE :

AIDE-MÉMOIRE de l'officier d'état-major principalement en ce qui concerne le service en campagne, par M. de Rouvre, lieutenant-colonel d'état-major. 2ᵉ édit., corrigée et augmentée. Paris, 1868, in-18, avec planches et figures dans le texte, relié en maroquin. 5 fr.

AIDE-MÉMOIRE (Théorie pratique) **du service en campagne** au bivouac et aux avant-postes. Paris, 1869, in-18 avec planches. 1 fr. 25

—Le même relié toile. 1 fr. 50

BRACK (F. de), général de cavalerie, etc. — **Avant-postes de cavalerie légère. — Souvenirs.** 4ᵉ édit. Paris, 1869, 1 vol. in-18, avec planches et figures dans le texte, relié en toile anglaise. 4 fr.

DUHESME (le comte), général de division, grand-officier de la Légion d'honneur. — **Essai historique sur l'infanterie légère**, ou traité des petites opérations de la guerre, à l'usage des jeunes officiers. 3ᵉ édit. Paris, 1864, in-12, avec cartes et plans. 5 fr.

—Le même relié en toile anglaise. 6 fr.

INSTRUCTION sur la fortification passagère, la défense et l'attaque des postes retranchés, précédée de notions sur le baraquement, et suivie de la nomenclature des parties qui composent un front bastionné. Adoptée et rédigée pour les écoles régimentaires. 4ᵉ édition, Paris, 1863, in-12 avec 12 planches. 2 fr.

Manuel des connaissances militaires pratiques utiles à MM. les Officiers et Sous-Officiers d'infanterie et de cavalerie. — Topographie militaire. — Exécution d'un dessin pittoresque. — Fortifications. — Artillerie. — Reconnaissances, étude, organisation et emploi du terrain, petites opérations, statistique. — Quelques principes d'hygiène. — Connaissance et hygiène du cheval. — Compte rendu d'une reconnaissance, exemple d'une question à traiter; par un Officier d'état-major. 1 vol. in-18 avec nombreuses figures gravées dans le texte. 5 fr.

L'auteur a cherché, dans des notes (curieuses) ajoutées au texte, à tirer des conclusions instructives de certains faits de la guerre (1870).

SAVOYE (Ch. de), Officier supérieur de l'armée belge, Chevalier de la Légion d'honneur. — **Règlement sur le service des armées en campagne, annoté d'après les meilleurs auteurs qui ont écrit sur l'art militaire.** 2ᵉ édition. Bruxelles. 1866, 1 vol. in-8. 7 fr.

PARIS. — IMPRIMERIE J. DUMAINE, RUE CHRISTINE, 2.

www.ingramcontent.com/pod-product-compliance
Ingram Content Group UK Ltd.
Pitfield, Milton Keynes, MK11 3LW, UK
UKHW021100220726
13924UKWH00005B/2166

9 782019 967567